人才培养这样做才有效

从0到1，构建企业人才培养体系“五步法”

赵晓光◎著

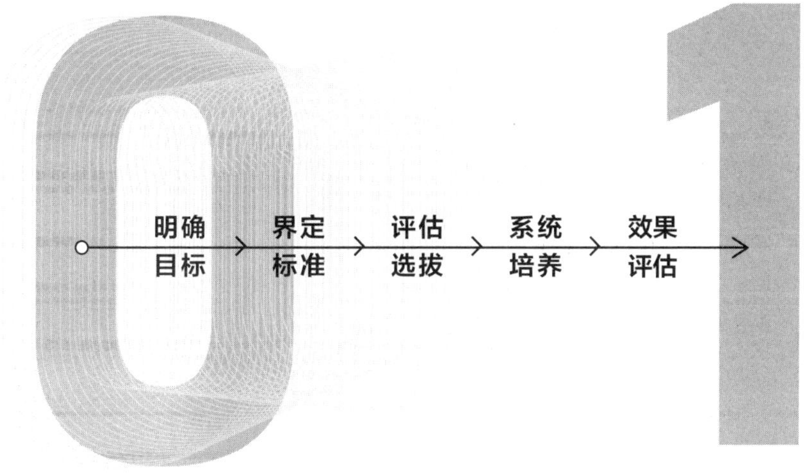

中国经济出版社
CHINA ECONOMIC PUBLISHING HOUSE
·北京·

图书在版编目（CIP）数据

人才培养这样做才有效：从 0 到 1，构建企业人才培养体系“五步法”/ 赵晓光著 . -- 北京：中国经济出版社，2021.1

ISBN 978-7-5136-6119-5

Ⅰ. ①人… Ⅱ. ①赵… Ⅲ. ①企业管理 – 人才培养 Ⅳ. ① F272.92

中国版本图书馆 CIP 数据核字（2020）第 054221 号

责任编辑　牛慧珍
责任印制　马小宾
封面设计　任燕飞工作室

出版发行　中国经济出版社
印 刷 者　北京柏力行彩印有限公司
经 销 者　各地新华书店
开　　本　710mm × 1000mm　1/16
印　　张　16
字　　数　210 千字
版　　次　2021 年 1 月第 1 版
印　　次　2021 年 1 月第 1 次
定　　价　58.00 元
广告经营许可证　京西工商广字第 8179 号

中国经济出版社　**网址** www. economyph. com　**社址** 北京市东城区安定门外大街 58 号　**邮编** 100011
本版图书如存在印装质量问题，请与本社销售中心联系调换（联系电话：010–57512564）

序　言

一场人才争夺战正悄然来袭

前段时间，一位任职某知名企业的培训总监向我咨询，他们公司刚从国内一些985重点院校招聘了几百名应届毕业生，想了解对这些尚未正式入职的毕业生们开展哪些培训课程，才能增强关系黏性，保证到岗率。

无独有偶，2019年网上爆出的一则新闻吸引了众多人的眼球：华中科技大学一名博士生刚完成博士论文答辩，就被华为公司以201万元的年薪签下，被誉为“最牛90后”。而实际上，同时摆在他面前的机会不止华为一家，还有其他几家国内顶级的公司也向他伸出了橄榄枝，甚至有的开出了300万元年薪的价码。但为什么这名博士最终选择了华为呢？他的解释是：“除了考虑岗位匹配、业界口碑、研究方向等因素外，华为有很多有经验的技术专家，我去了会有很多学习的机会，可以进一步提升自己。”

这，只是企业人才争夺战的一个缩影。

改革开放40多年来，中国经济获得巨大发展，企业增长速度非常之快，涌现出了很多新兴行业和优秀企业，堪称世界奇迹。但随着市场竞争的加剧和企业规模的扩大，企业对人才的需求也日益迫切，由此造成了企业持续发展的人才瓶颈问题。面对人才短缺，许多企业管理者常常感叹：“人到用时方恨少。”在这种情况下，许多企业寄希望于大规模地引入“空降兵”来解决问题。虽然此举也不失为一个解决办法，但这个办法很难适用于所有企业，也非长久之计。原因是外部引进人才费用高昂，短期内很难找到合适的“空降兵”，中小型企业在优秀人才的吸引和获取方面竞争力较弱等。即使引入“空降兵”，也存在“水土不服”、留存率低、打击内部员工的士气等问题。实际上，企业在发展过程中，除了初创期和快速发展期之外，引入外部人才都只是一种补充性手段而已，企业内部人才的培养才能为企业可持续发展提供最好的支持。而且从内部培养和选拔人才，双方彼此熟悉，减少了用人的风险和磨合的过程，还能增强员工对企业的归属感和忠诚度。例如，阿里巴巴集团创始人马云认为，企业不应该去费力“挖人”，而应该努力培养自己的年轻人，并认为最好的人才一定是自己发现、培养和训练出来的。

在以互联网为主要特征的知识经济时代，市场风云变幻、产品推陈出新、竞争日益加剧，许多企业已经意识到，机会和资金往往不是问题，只有人才才是决定企业战略能否成功实现的关键要素，只有人才才是企业获取竞争优势的最重要资本，可谓“得人才者得天下”！同时，从人才角度来讲，什么样的企业能够吸引他们并愿意留下来发挥聪明才智呢？据国内一家权威研究机构的调查，“90后”的成就动机最强，对自我成就有较高的预期，追求有价值的工作并高标准要求自己。他们更看重工作的成长性、挑战性和丰富性，当企业提供的发展计划无法匹配个人职业发展规划时，有68%的人会考虑离职。这一现象反映了“90后”的人才价值观逐步由物质追求转变为自我实现。

但是，目前企业的人才培养尚处于起步阶段，市场上鲜见对人才培养体系进行系统阐述的著作，而大多只是关于培训项目设计和培训方法技巧的介绍，缺乏系统性和完整性。笔者根据自身在人才培养领域10余年的经验和深入研究，总结了一套系统性的人才培养体系构建方法，即企业人才培养体系构建“五步法”：明确目标、界定标准、评估选拔、系统培养、检验成效。本套培养体系构建的方法，以支撑企业战略为导向，以解决业务问题为核心，以提升胜任能力为基础，将企业的发展与员工的成长紧密结合在一起，能够推动企业人才培养工作系统而有效地开展，在不断提高员工能力的同时，提高企业竞争力，支撑企业战略目标的实现。

本书为国内第一部系统阐述人才培养体系构建的著作，希望能对中国企业人才培养工作的有效开展、提升企业核心竞争力有所助益！

目 录

引 子

企业人才培养所面临的窘境

社会发展日新月异，变化是亘古不变的真理。近年来，互联网尤其是移动互联网的不断发展和普及，已经对我们的生活方式、思维方式、工作方式、管理方式，甚至企业经营模式，都产生了深刻的影响，带来了巨大的改变。那么如何在这样的大背景下实现自己的战略目标，在竞争中抢占先机、保持领先地位呢？——人才是关键。

企业为了在激烈的市场竞争中赢得竞争优势，纷纷打起了“人才争夺战”，期望能够拥有行业内最优秀的人才。但是，市场上的优秀人才毕竟是有限的，随着越来越多的企业加入“人才争夺战”的角逐，人才的竞争也会愈演愈烈。激烈的人才竞争，导致企业的薪酬水平不断上涨，人工成本压力不断加大，最终那些赢得“人才争夺战”的企业将发现过高的薪酬支出抵消了来之不易的竞争优势。而且，更致命的是，一旦有更高的薪酬诱惑，这些被视为“制胜法宝”的优秀人才又将会投奔而去。

举个现实的例子，某国内知名的房地产企业H公司为了抢占市场、赢得先机，推出了“千人计划”的抢人策略，目标锁定在行业前五的房地产企业工作的优秀人才，据说只要是目标企业招来的人才，薪酬直接在原来基础上增加30%～50%，甚至翻倍。一时间，H公司将很多知名地产企业的优秀人才招至麾下。但是，具有讽刺意味的是，以高薪闻名的H公司，离职率也同样居高不下。

所以，企业的重点不应放在如何争夺人才上，而是应该关注如何培养人才、如何用好人才、如何留住人才。

虽然很多企业认识到了人才培养的重要性，但还是经常出现“叫好不叫座”的局面。在培训界有这样一句顺口溜：“培养人才是说起来重要，做起来次要，忙起来就不要。”这句话正是人才培养工作在很多企业中所处位置的真实写照。

既然人才培养的重要性很多企业都明白，那为什么企业领导还不重视呢？

原因主要有以下几个方面：

1. 没有明确的人才培养目标

《爱丽丝梦游仙境》中有这么一个情节：

爱丽丝走到了一个通往各个不同方向的路口，但她不知何去何从，于是向小猫邱舍请教。

“邱舍小猫咪，能否请你告诉我，我应该走哪一条路？”

“那要看你想到哪儿去。”小猫咪回答。

“到哪儿去，我无所谓。”爱丽丝说。

“那么，你走哪一条路，也就无所谓了。”小猫咪回答。

小猫咪的回答颇有哲理：如果我们不知道要前往何处，那么，任何道路都失去了意义。有一句英国谚语说得好：“对一个盲目航行的船来说，任何方向的风都是逆风。”

人才培养也是一样的，常见的问题就是目标不明确，把培训当成一种任务完成，不清楚为什么要做培训，不清楚要重点培养哪些人，不清楚要培养员工的哪些能力。经常是“眉毛胡子一把抓”，为了培训而培训，什么流行培训什么，或者一搞培训就让所有人都参加不做区分，这怎么能见到效果呢？要想达到人才培养的效果，必须要首先明确希望解决哪些人的什么问题，希望达成什么培养目标。只有回答好这两个问题，才能有的放矢。

2. 缺乏人才选拔和培养的统一标准

目前在大多数国内企业，人才的评判标准和选拔流程不够清晰透明，缺乏统一标准，造成这些公司对人才评价的主观性。“老板说你是人才，你就是人才。说你不是，你就不是！”各级领导都以自己的尺度去评价人才、选拔人才。人才在公司能否脱颖而出，过于依靠上级管理者的主观判断和喜好，很容易形成“团团伙伙”和“拍马屁”的企业文化。尤其是某些国有企业，在给人才打分评估时，往往打上“感情分”“背景分”“关系分”，因此选出来的人才也不一定是最能干的。

因为没有统一的衡量标准，既不能对内部人员进行合理区分，又无法与业内水平进行有效对标，导致不论是竞聘上岗、岗位轮换还是梯队建设，都缺乏有效的依据。

3. 人才培养的方式方法不足

很多企业将人才培养等同于课堂培训。

我曾经问一名培训经理，他们企业的人才培养做得怎么样。他回答说：做得很好啊，这两年学员培训的平均满意度都在 90% 以上。我继续追问：有多少学员把所学的内容用到了工作中呢？他说：我们主要是课堂培训，用没用到工作中，还真没统计过。

实际上人才培养的方式方法是非常丰富的，主要包括 SD（自我发展）、OFF-JT（脱岗培训）、OJT（在岗实践）三大类。

● “SD”，即 Self-development 的缩写，就是自我学习与开发，比如自己看书、在线学习、参加外部培训班等。此类方式，主要是员工从兴趣爱好、成长发展以及解决自身问题角度进行的主动自发学习。

● “OFF-JT”，即 Off-the-job Training 的缩写，就是离开岗位到培训教室里参加由企业统一组织的集中培训，比如中层管理者技能提升、沟通技巧等课程。

● “OJT”，即 On-the-job Training 的缩写，是指在日常工作中由上级或技能娴熟的骨干员工对下属、普通员工和新员工，进行现场演示和指导的一种培训方法，也就是“工作即学习，学习即工作”。除了现场指导，还可以让被培养对象承担一些具有挑战性的任务、轮换岗位、担任项目负责人等。

按照培训的 721 法则，通过课堂培训和自学的方式学习知识和技能只能达到 20%~30% 的学习效果，过不了多久就会忘掉。正所谓“绝知此事要躬行”，要想真正掌握，必须“做中学”，即将所学知识应用于实践，“学以致用，用以促学”。因为，从职场中员工的学习进程来看，从知识的取得到信念的成形，都只能算是“学”，必须进入行动，才算是“习”的开始。

4. 人才培养滞后于企业发展速度

种一棵树最好的时机是什么时候？回答是：最好的时机在十年前，也在现在。

我曾给深圳一家民营企业做咨询项目，企业老板向我诉苦说：“我们这几年赶上了好的机遇，规模扩张很快，但遇到了人才短缺的问题。管理干部都是匆忙提拔的，业务能力和管理能力都跟不上，导致在发展过程中出现各种各样的问题，结果现在反倒不太敢往前冲了，因为没有合适的人去干。”

在现实中，这种“临时抱佛脚”的现象并不少见。平时重视不够、投入不足，一旦机遇来临，各级人才无论是数量还是质量上，都不合要求，只好求助“空降兵”或“拔苗助长”，常常“士兵当排长用，排长当连长用，连长当团长用”。这种做法经常导致管理问题层出不穷，战略执行也难以到位。

所以，人才培养是一场“持久战”，绝不能速战速决。为了保证企业的未来持续发展，需要提早做好相应的人才储备和培养。企业在谋划好未来 3 ~ 5 年甚至更长远的发展路径之后，一定要从当下开始布局人才的事情，因为士兵不可能一下子成为将军。

5. 人才培养的整体协调不够

前几年兴起企业大学建设风潮，很多企业大学和培训负责人为了凸显培训在公司中的位置和重要性，发起了脱离“HR 部门”的运动，希望与人力资源部门平起平坐，直接向公司高管甚至老板汇报。

我认为，企业大学隶属于人力资源部也好，作为独立部门也罢，只是组织机构的设置问题，并不重要。

关键是人才培养一定要与人力资源管理的选、用、留等功能结合起来，形成联动机制，才能起到效果。经常看到很多企业的人力资源团队规模越来越大，分工越来越细，但是不同模块之间的协作却越来越弱。往往做培训的不懂招聘、不懂绩效，做薪酬的不了解培训和招聘，做绩效的不清楚培训，等等。如此一来，无法发挥 1+1>2 的协同效应，人才培养的作用必然会大大降低。

6. 培养效果难以转化和衡量

我曾与很多企业的培训负责人做过交流，大家普遍对培训效果的评估感到头疼。国内外研究机构的调查和众多企业的实践，都反映出一个比较尴尬的现实问题，即期望的培训绩效和实际的培训绩效之间往往存在很大的差距。即使学员在培训过程中学习得非常好，但是回到工作岗位后，如果缺乏必要的实践机会和相应支持，就会很快恢复培训前长期形成的工作行为和习惯，达不到培训的目的。

如果培训后学员绩效确实有所提升，那么随之而来的另外一个问题就是培训的效果往往是间接的，很难说清楚培训的贡献到底是多少。因为业绩的增长受到多种因素的影响，比如员工个人的努力程度、市场经济环境、产品定位策略、竞争对手影响等。在这种情况下，培训管理者承受着巨大的压力。培训能解决什么问题？培训的效果该如何衡量？培训到底该不该继续投入？这些问题一直困扰着企业培训管理者们。

正是以上这些常常出现的问题和难点，导致企业培训的整体表现不容乐观，成了可有可无的“鸡肋”，也成了一块横在许多培训管理者发展道路上的绊脚石，让他们难以展现自身价值。

我们到底该如何破解？接下来的几章内容，我将根据自身积累的一些经验和思考，与大家做一下探讨，可能想法还不太成熟，只是希望能给各位读者带来一些启发。

第一章

企业进化：重构企业人才培养战略

享有“行动学习法之父”之称的英国重量级管理大师雷格·瑞文斯认为，一个有机体要想生存下来，其学习的速度（L）必须大于或等于其环境变化的速度（C）。反之，如果学习的速度跟不上时代的变化，那就只能是死亡，所以要 $L \geqslant C$。

一、一支点：人才培养撬起企业战略目标

我们经常强调人才培养要支撑企业战略的实现，但什么是企业战略？很多培训管理者并不太清楚，认为制定战略是企业高层的事情，我们执行就好了，上边告诉怎么做，我们就怎么做。然而这话只说对了一半。虽然大多数的培训管理者在企业中只是执行者，一般没有机会参与制定企业战略，但是只有先明白和理解了自己企业的战略是什么，学会从企业战略角度去主动思考，才能明确人才培养工作的目标、定位和价值，避免工作陷入被动和只见树木不见森林的狭隘境地。

首先，我们一起来了解企业战略。

1. 什么是企业战略

战略（strategy）一词最早指军事将领指挥军队作战的谋略，后来被引申至政治和经济领域。关于企业战略的定义有多种，核心含义主要是企业为了实现长久的生存和发展，在综合分析企业内外部条件和环境的基础上做出的一系列带有全局性和长远性的谋划，也可以理解为帮助企业从今天的位置走向它所希望位置的一张导航图。企业战略要保持相对的稳定性，因为企业战略规定的是企业方向性和全局性的策略，应至少保持3~5年的连贯性，除非所确定的战略目标已经实现或者内外部环境发生重大变化，实施战略的条件已经不具备。

现代管理学大师彼得·德鲁克曾提出“做正确的事”和“正确地做事”，而企业战略要解决的问题是“什么是正确的事”，即“选择正确的事”。

战略实际上就是企业的战略决策者一手拿着“显微镜”，另一手拿着“望远镜”。

“显微镜”，意味聚焦，懂得取舍，而不是什么都做或什么来钱快做什么。哈佛商学院的教授迈克尔·波特在《什么是战略》一文中指出：“战略就是在竞争中做出取舍，其实质就是选择不做哪些事情。”如华为成立30多年，战略定位非常清楚，就是专注于通信行业，把全部力量都聚焦于这一领域，集中火力对准同一个城墙口冲锋，从未偏离过自己的发展方向。

万科的创始人王石曾讲道：一个企业要把注意力放在核心业务和自己的核心优势上，因为偏离航向而失败的例子太多了。不懂得放弃永远什么也得不到，做减法有时候比做加法更重要。正是当年王石的这个果断决策，让万科走上了专业化房地产公司的发展道路，为万科后来的大发展奠定了战略基础。

所以，越聚焦，越简单！

“望远镜”，就是站在今天看明天，在日子好的时候想想日子不好的时候做什么，思考未来 3 年、5 年，甚至更长时间后要做什么。提前规划，未雨绸缪。正如高明的棋手，不是在开局时急于“吃子”，而是提前谋划布局，核心在“做眼”，有两个真眼，才能成活棋。在这个局真正形成并产生实际效果之前，可能不被人理解甚至误解，但不理解的，未必就是错的。马云先生曾说：很多人输就输在，对于新兴事物，第一看不见，第二看不起，第三看不懂，第四来不及。

比如阿里巴巴的履带战略，马云认为：没有一家互联网公司能够 3 年到 5 年都保持优势的。所以阿里巴巴形成梯队发展、有序作战，让每一家公司轮流领跑，轮流扛鼎，形成一个循环。举例来说，先是 B2B 领跑三年，然后是淘宝领跑三年，天猫领跑三年，再往后三年是蚂蚁金服领跑，随后阿里云接棒，菜鸟网络跟上。

企业在发展过程中，可能会面对各种看起来有利可图的发展机会，该如何进行取舍呢？答案是，基于核心能力来取舍。有助于企业培养其核心能力的“取”，对培养企业核心能力没有帮助，甚至会损害企业核心能力的就要果断地“舍”。然而战略的聚焦和取舍，说起来简单，但真正做起来，却是对企业决策者的一种考验。如果企业决策者没有勇气做出战略取舍，企业就很难把力往一处使。在现实中，往往有很多企业禁不住短期的利益诱惑，盲目走上多元化扩张的道路，结果由于规模扩张太快、摊子铺得太大，而又缺乏足够的管理经验、人才和资金的支持，导致曾经的商业帝国一夜倒塌，从风光一时的佼佼者瞬间跌落到谷底，成为商学院教材中的反面案例，这样的例子比比皆是。

那么问题来了，核心能力又是什么呢？我在这里简要给诸位读者介绍一番。

2. 核心能力为何物

1990 年，美国著名管理学者普拉哈拉德（C. K. Prahalad）和哈默尔

（G. Hamel）在《哈佛商业评论》上发表了“企业核心能力”一文，文中首次提出了“核心能力”这个词。他们认为，企业的核心能力是企业内部组织学习的能力，尤其是关于如何协调不同的生产技能和整合各种资源获得持续竞争优势的能力。

我们可以进一步引申一下，所谓核心能力就是群体或团队中根深蒂固、相互弥补的一系列技能和知识的合力，是能够整合各种资源并有效运用的能力，是组织持续不断、积极主动学习的动力。它在企业内体现为两点：一是洞察力和预见性，有预见性地发现价值链中的“关键成功因素”，这种能力有助于企业发现并掌握具有先发优势的模式（欧高郭，2001）；二是实施和交付能力，即组织使用资源或技术的学习和应用能力、交付产品或服务的专业能力，以及拓展市场和客户的能力。

根据上面的定义，我们可以发现，品牌、专利、产品、高质量、高客户满意度都不能算核心能力，而只是核心能力带来的结果而已，产生这些优异表现和业绩的背后关键要素才是核心能力。核心能力在不同的企业有不同的具体体现，比如：3M公司不断发明成功产品的创造力，GE的业务运营系统，华为的快速学习、快速响应以及强劲的创新能力。

前几年有一本书非常流行，就是黄铁鹰老师写的《海底捞你学不会》，书中对海底捞如何成为中国餐饮业巨头做了详细的分析和说明，现在还有很多商学院将海底捞作为成功案例进行讲授。有意思的是，据说有一家知名餐饮公司的员工专门跑到海底捞做了几个月卧底，写了一篇几万字的海底捞经验总结。那么海底捞的成功秘诀到底是什么呢？实际上，成功的原因很简单，简单到让你觉得不可思议。海底捞成功的秘诀就是：“把员工当人！”这是当时大多数餐饮企业无法做到的，虽然服务员从事最辛苦的服务工作，但地位却极低，被认为是“伺候人”的人，而且很多餐饮企业对服务人员的管理基本都是命令式的，缺少人性化的关怀。而海底捞认为：企业最宝贵的财富不是体制，不是管理，不是资本，而是人！正是一直秉承着这样的理念，海底捞的各级管理者，从老板到门店经理，才能真正关心员工、信任员工、帮助员工，给员工持续的培训、公平的激励和发展的机会。只有员工开心了，才会卖力地工作，给客户提供优质的服务，客户才能开心。同时，海底捞提倡“人人都是管理者”，给员工充分的信任和授权，让普通员工也有先斩后奏的打折权和免单权。正是“员工第一”和“人人都是管理者”的理念，使得海底捞具备了不可复制的核心能力。这也是一些餐馆想方设法从海底捞挖人，试图抄海底捞的模式，却抄不出结果的真正原因。实际上，真正的核心能力是难以复制的。

有些企业为了赶超竞争对手，拼命地挖对手的墙脚，恨不得把对方的老板都挖过去。尽管确实挖了不少高手，甚至整个团队都连锅端过去，但是业务还是没有起色。这样的失败案例有很多，很少有被并购的企业或团队能够继续保持以前的竞争优势的，更多的是被并购后销声匿迹，比如惠普并购康柏、微软收购诺基亚等。原因是什么？《晏子春秋》中有云：“橘生淮南则为橘，生于淮北则为枳，叶徒相似，其实味不同。所以然者何？水土异也。”这充分说明了每个物种都有其特别适合的环境，如果换了一个生长环境，其本质就会发生变化。由此可见，核心能力的形成不是一朝一夕之功，也不是把竞争对手的人挖过来就能有的。外来的和尚不一定能念好经，关键还是要有适宜的机制、文化和土壤。

所以，我们要创建适宜的机制和文化，创造独特的内部环境，因地制宜地重点培养内部人才，才能形成别人学不去、偷不走的核心能力。

3. 企业战略与人才培养

战略的实施者是企业的人才，没有足够的人才，企业的任何战略都无从谈起。同样，战略是人才培养的根基所在，缺少战略的导向，人才培养将成为无本之木。所以，企业在进行人才培养时，要“谋定而后动”。所谓“谋”，就是站在企业发展战略高度进行人才的谋划；所谓“动”，就是在人才培养方面落实具体的行动。

人才培养，就是企业根据每个人的个性特点、能力素质，积极创造条件，采取有效措施，引导、教育、锻炼，以使其尽快成长、发展、成熟。从现代人才培养工作来讲，不能仅局限于KSA（Knowledge，知识；Skill，技能；Attitude，态度）的内容，更要从选才（即人才的选拔）、育才（即对人才的培养）和成才（即对育成人才的使用和激励）等整套环节入手，也就是按照“选才→加工→出库”的流程培养人才，才能取得最大的效果。如果忽视了选才阶段，没有对培养对象的发展潜力进行有效的评估，那么可能会选了一些根本不适合培养的人或者培养的方向不符合人才的发展潜质，做无用功。所以，一定把好人才培养的入口关。同时，人才培养要避免急功近利的思想，不要妄想通过培训使人“一夜成才”。著名学者道格拉斯·麦格雷戈曾做了这样一个比喻：人才培养模式类似一种农业种植技术，即采集各种有用的“种子”，把它们播入适宜的土壤，为它们施肥、浇水、调节光照，必要时再进行修剪和移植等。种子的潜力蕴藏在种子之中，但组织在创造环境、提供成长的最佳条件方面可以扮演一个重要角色。如果能合理安排，你将会发现，人才其实就在身边，依靠身边的人才，企业就可以获得高速的发展。

所以说，人才培养是企业战略实施和目标达成的重要保障。千秋大业，人才为本。企业的竞争说到底就是人才的竞争，如何发掘人才、培养人才和使用人才，充分发挥人才的积极作用，是摆在每一家企业面前的重要课题。

二、四阶段：人才培养因时而不同

人才培养在企业发展的不同阶段，有着不同的实施策略。有些咨询公司把世界500强企业的一套培养体系完全照搬到地方民营企业。东西好不好呢？当然好，但是太过于复杂，不符合实际，不实用，最后只能束之高阁。优秀企业的制度体系固然好，但它也是经过很长的时间不断迭代完善，也只适合某个企业的某个发展阶段。我们一定要因企制宜，因时制宜，不能完全照搬，操之过急、下药过猛反而会起到副作用。

人才培养的成熟度通常与所在企业的发展轨迹相一致，一般经历四个发展阶段：初步建立、逐步发展、规范成熟、战略变革（图1-1）。从把培训作为员工福利，到建立基本的流程规范，再到形成完整的培养体系，最终上升为企业战略目标的“支撑”，人才培养在这四个不同的发展阶段，其成熟度和发挥作用的立足点也是不一样的。

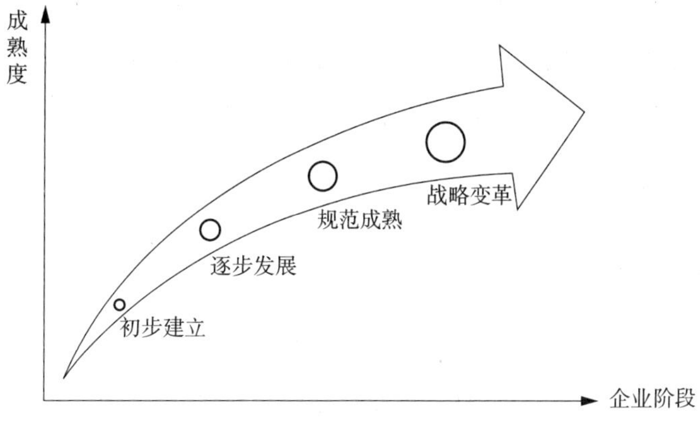

图1-1　企业人才培养演进阶段

1. 初步建立

此时企业处于创业期或整合初期，管理还不规范，以生存为重点。

因为公司规模较小，大家目标一致，创业的核心人物能够对每个人施加影响，所以效率很高。

企业开始引入培训的时候，通常把培训作为一种福利，重在扩充知识、提升素养、激发士气、调整心态。因此，这个阶段的培训，主要根据公司领导和业务部门提出的临时需求来确定，停留在“找课程、找讲师、找场地”的阶段，以员工现场满意度的感性评估为准。

在这个初级阶段，企业尚未开始培训体系的建设，培训管理的制度流程还不完善，也没有专职人员负责培训工作，通常是由内部人事行政部门相关岗位兼任。例如，有一家小企业的HR经理，除了日常的人事管理和培训工作，公司的行政、采购、库管等也都归她管，相当于公司的“大管家”。

这个阶段不建议搭建复杂的体系，主要原因有两个：一是初创企业发展时间短、起点较低，各项管理工作的基础也比较薄弱，为了生存发展，往往注重灵活性。在这样的企业背景下，推行复杂的培训管理体系，无异于自寻死路。二是中小企业规模较小，抗风险能力低，培训资源相对稀缺，投入能力也相对较弱，无法支撑复杂体系的运行。因此，在初创企业，需要寻找简单易行的突破口，如见效快的业务培训，用最小的投入获得最大的效果，才能使培训工作顺利推行和获得成功。

2. 逐步发展

此阶段，企业快速发展，员工大量增加，专业分工越来越细，跨部门沟通协作越来越多，管理工作变得复杂而困难，已经很难再凭少数几个创始人就可以把公司管起来。在这种情况下，要求企业管理逐步规范，建章立制，提炼企业文化。同时，为了提升员工的能力素质，跟上公司的发展需求，企业会设置专门的培训岗位或培训部门，制定基本的培训管理制度和流程，并且每年预留一定的培训预算，开展培训工作。除了从外部引进培训课程，也开始着手培养内部讲师。此时的内部培训，以管理培训、业务培训和新人培训为重点。但此阶段的培训还缺少前瞻性，没有系统地规划人才培养路径和方法，仍旧以应急性的培训为主。虽然制订了培训计划，但执行过程中的变数比较大，计划没有变化快，经常会出现改期甚至取消的情况。而且培训基本还是靠“天”吃饭，企业效益好时，在培训上的投入就多，一旦经济状况不好，就会首先压缩培训经费，甚至直接砍掉。

这个阶段，企业虽开始认识到人才培养工作的重要性，但培训管理者或培训部门的专业力量还比较薄弱，如果培训开展不好，就会给刚有所好转的形势蒙上阴影，影响后续培训工作的开展。所以，这个时候的培训工作，要重质量而非数量。建议培训部门从内部的 2~3 个重点人群入手进行试点，比如中基层管理者、新员工或关键业务团队等。通过深入的访谈调研，设计一套比较实用的培养计划，如新任经理管理技能提升项目、新员工快速融入计划等。通过策划和实施这样的精品培训项目，让学员和所在部门都感觉到培训有收获、有价值，才能逐步巩固和提升培训部门在企业中的位置和影响力，才能有机会获得更多的资源去尝试新的项目，发挥更大的作用。

3. 规范成熟

企业在初创和发展阶段，由于生存和发展的压力，往往以结果为导向，把有限的培训资源投放到业务能力提升和解决“救火式问题”上。而到了成熟阶段，企业已在市场中站稳脚跟，营收相对比较稳定，管理制度和流程都比较健全，开始注重规范性。在解决了初期的生存问题之后，企业开始关注未来的长远发展，并把员工整体能力素质的提升放到非常重要的位置。基于此，培训部门在公司内部的影响力逐步提升，开始搭建比较完备的培训课程体系，创建内部的专兼职讲师队伍，并制定相应的培养和激励措施，同时应用比较先进的教学技术手段，如网络学习（E-learning）和移动学习（M-learning），能够比较主动地尝试各种新式培训方法。

此阶段，大多数企业的培训目标还是以静态的岗位能力提升为主，根据绩效评估和需求调研的结果，找出员工能力现状与岗位要求之间的差距，然后按部就班地制订和实施培养计划以缩短这种差距。但存在的问题是，虽然规划了比较完整的培训课程体系，但相对比较滞后，不能及时紧跟公司业务需求的变化。例如，企业培训部门花费很大的精力绘制了各个岗位的学习路径图，规划了每个岗位1~3年的学习成长所需完成的课程计划，但是面对当今快速变化的外部环境，企业在战略实施以及业务部门开展工作的过程中将面临很多的问题和挑战，对员工的能力要求也会经常发生变化，如果再按之前确定的计划培养员工，势必产生滞后性，不能及时有效满足业务的需求。

4. 战略变革

随着企业规模的逐步扩大，一些财力雄厚的企业为了进一步培养自己所需的人才、传播企业文化，开始筹建企业大学，并为此划拨专门的培训经费，聘请专业的培训管理团队，比较有代表性的如平安金融培训学院、华为大学、忠良书院、万达学院等。有些企业大学在校园规模和软硬件设施方面都达到了一流水平，甚至超过了一些全日制高校。

但企业进入成熟阶段的后期，原有产品的市场已经饱和，增长放缓、停滞甚至出现衰退，市场出现新的竞争对手；成本开始上升，企业效益下降；组织规模庞大，汇报层级增多，流程变得僵化，工作效率低下，行动反应迟缓，企业内部出现本位主义和官僚习气，得了常见的“大企业病”。这时企业发展已进入瓶颈期，如果解决得好，能够突破各种阻碍，主动地进行自我革新，则企业会进入一个新的发展阶段，实现持续增长；如果解决得不好，企业就将由此走向衰落。

在这个阶段，为了积极地支撑企业的转型升级和战略变革，人才培养工作不能仅根据岗位要求去提升员工的能力，更需要重构人才培养体系，打造“紧贴业务，密联战略”的人才培养模式，成为企业解决问题的“主阵地”和创新变革的“智囊团”。

- 以解决问题为核心，是人才培养工作获得支持的关键。企业在战略执行和实际业务开展过程中，总会遇到各种各样的问题和挑战。有些问题是因为缺乏经验或方法不当造成的，我们可以组织相关人员针对真实问题和案例场景进行复盘和研讨，商讨出解决方案，然后在实践中不断改善，形成比较可行的解决方案后，进一步在内部进行传播和复制。这种行动学习的方式，一方面解决了实际问题，提高了组织绩效；另一方面又培养了参与者解决这些问题的能力。培训发展部门可以建立企业内部的“智库”：不断搜集各岗位在工作中经常遇到的难题和挑战，组织内部业务专家，提炼和萃取出基于不同场景的优秀经验和打法，整理成类别清晰、便于查找的案例库，给业务一线源源不断地输送“弹药”，快速掌握“战术打法”，从容面对竞争，促进业绩提升。

- 以企业战略为导向，是开展人才培养工作的航向标。我们首先需要理解和分析企业的战略目标，梳理出对战略目标实现起到重要作用的关键岗位，然后对关键岗位应具备的核心能力进行提炼，形成关键岗位胜任模型，并对标胜任模型定期组织人才盘点，选拔出满足企业未来发展所需的高潜人才，制定出有针对性的人才培养方案。接着，倾斜培训资源，通过集中培训、岗位实践、导师辅导、挑战性任务等多种方式实施培养，提升高潜人才的各项核心能力，助力战略目标的实现。同时，培养活动也是思想和文化传导的重要手段，通过持续性的培养活动，让企业上下一心、协同一致，更好地促进企业战略目标的实现。

关键岗位核心能力的提炼是关键。不同于业界普遍所讲的知识、技能、态度所构成的能力模型，我更关注的是一个人的底层思维模式和心智模式。因为当前的企业发展，面临的外部环境极其复杂，现实情况瞬息万变。因此，遇到突发问题，如果完全依靠指令行事，可能会错过重要时机，必须要培养前方将士相机行事的应变能力和对复杂问题的处理能力。企业案例库再丰富再有效也只能解决实际工作中的常规问题，而那些无先例可循的非常规问题，不能再依照前人总结的经验，一定要培养员工解决复杂问题的创新思维模式。

案例 万达学院——解决问题的平台

我曾有幸在万达学院与来自各个知名企业的培训大咖们共事，并一同参与了万达学院的筹建过程。万达学院成立于 2010 年，是大连万达集团投入巨资兴建的一所实体企业大学。万达学院独立于人力资源部，是万达集团内部专门培养中高层管理人才的人才开发部门，只有全部员工当中的 20%（1 万人左右，当时数据）才有机会到学院接受平均每人每年 5 天的培训。

在万达学院，教学体系重点聚焦三类问题：集团问题、部门问题和个人问题。因此，万达学院不是课堂，而是一个解决问题的平台，既能帮个人获得提升，也让大家留下真知灼见，用自己的智慧为组织做出贡献。

根据这个指导思路，众多培训教学伙伴们共同研讨和探索实践，创造了一套独具特色的教学方法。

1.“万达之道”——是一档以现场嘉宾访谈、学员互动为主要表现形式的新型跨界教学形式。万达之道紧紧围绕“生存之道、成功之道、快乐之道”三个主题，通过员工提问、情景解读、图画历史、看图说话、视频解读、嘉宾访谈等多种方式，来共同探讨、分享万达的组织智慧、文化精髓、管理技巧与工作方法。

2.“我是潜力干部”——这是一档干部选拔竞聘实战模拟课程，运用了国内外科学的测评中心技术，如行为风格测评工具DISC、公文筐、案例分析、情景模拟、角色扮演等，并结合实战模拟节目的制作流程进行全程跟踪拍摄，全方位综合地评估、选拔潜力干部。“我是潜力干部”整体由五部分组成：团队融合、实战模拟、视频剪辑、成果汇报与嘉宾点评。

3.“微电影学管理”——有两种具体的表现形式：一是将日常工作过程中的实践案例提炼出最佳管理手段和方法，学员结合提炼的最佳管理手段和方法，把人物、场景、管理过程及冲突再编写成剧本，自导自演成微电影；二是节选与课程主题比较契合的电影片段，通过学员的研讨、讲师对知识点的讲授、最佳实践的分享、学员现场的情景模拟以及讲师的深入点评，从电影中学习管理。

4.“任务树”——通过对综合体项目计划的模块化管理，明确集团各系统“要做什么”，万达学院的培训落脚于“如何做”。从这一目标出发，学院在教学中应用“任务树”方法论，帮助各部门逐级进行任务分解，更好地把握工作中的难点和要点。通过任务树的梳理，学员能够对全年的工作任务做到“心中有树”，理解年度工作目标，梳理各项工作任务，明确各项工作的关键节点，准确完成工作任务。

5.“工作逻辑图”——从具体工作案例出发，绘制出完成一项工作的动作流程，理解万达制度在具体工作中的应用，从而解决其中存在的边界不清、缺乏有效指令等业务问题。利用工作逻辑图，让学员理解处理某一类问题的标准动作和标准打法。

6.“能量集市”——每个学员都提出自己面对的问题、心中的纠结，让所有学员帮助自己寻找解决方案。每个问题都体现个性化，每个问题都绝对精准。在“能量集市”教学法的课堂中，每个学员都是讲师，每个人自身都充满着能量，而这种能量只有在传递的过程中，才能逐步壮大，见表1–1。

表1–1 “能量集市”教学方法

教学方法	能量集市
内容要点	· 解决业务主题下的个人工作困惑，精准到个人 · 用群体的智慧激发出创新性解决方案 · 收集个性信息，发现共性问题，群策群力解决 · 个人经验分享传播的高效平台
适用范围	· 没有固定答案，有成熟经验可以分享或有经验但没有固化的话题 · 创新的问题，需要集思广益 · 个人的、个性化问题

7.“解决之道”——能够激发群体智慧，通过结构化方法，创造性地解决业务部门中普遍的、影响程度大的、成功经验较少的、具体的难题。对问题发生原因达成共识，找到根本原因；整合不同利益相关者观点，对解决方案达成共识。

8.“荣誉之旅”——以小组为单位，采用团队PK的方式，各组从具体工作问题出发，挖掘问题发生的根本原因，然后运用集体智慧探寻解决方案，最后结合自己的工作实际制订具体的行动计划。具体方式是，每个小组依次在全班介绍本组的解决方案，其他组进行点评和打分，评选出最佳小组，再基于最佳解决方案讨论形成具体的行动计划。这里还有一个小插曲。在“荣誉之旅”刚研发出来开展实验课的时候，因为要进行小组之间的评比，得分最低的小组要站在前面一起向全班鞠躬致歉，并且组内要投票淘汰一名组员。这就引起一些人的反对意见，感觉自尊心受到了伤害，甚至有人被淘汰后第二天就去申请离职。后来，考虑到这种方式确实过于激烈，就对评比方式进行了调整，不再让最低得分的小组鞠躬致歉，也不再末位淘汰，而是采用对优秀小组进行奖励的正向激励方式。

类似以上这些方法还有很多，这里就不一一列举了。万达学院正是通过这些创新性的教学方法和工具，充分利用群体智慧，帮助人才在发现问题和解决问题过程中实现成长，从而让万达集团在快速发展过程中不断获得人才的支持。（节选自《万达工作法》）

三、四类人：同筑人才培养系统工程

我曾经在一次咨询项目中访谈企业的老总，询问这家企业人才培养的开展情况如何。这位老总很干脆地回答："什么？人才培养，不就是员工培训嘛，人力资源部负责这个工作，我不太清楚。"

这种情况并不少见，很多企业管理者认为员工培训应该是人力资源部的事情，平时忙于业务和管理，对培训的关注不多，只在出现问题时才会想起来。实际上，人才培养是一个系统工程，需要整个组织从上到下的认同和努力，特别是需要企业中"四类人"（图 1–2）的共同承诺和积极投入，才能做好人才培养工作，打造具有竞争优势的核心能力。

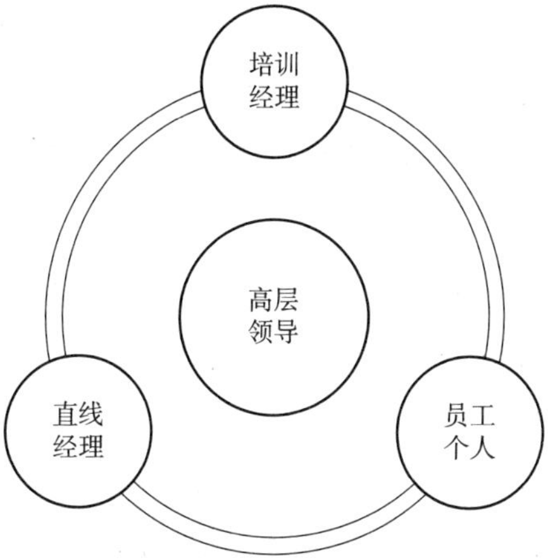

图 1–2　人才培养的"四类"关键主体

1. 高层领导高度重视

培养人才的关键在于企业的高层领导是否高度重视并持续地投入资源。“上行下效”，只有高层领导表现出对人才培养的足够重视，才能影响和带动中基层管理者也做出同样的行动，从而在整个企业内部逐渐形成培养人才的氛围。以行动学习法为例，如果没有高层的发起和支持，这种方法的实际效果会大打折扣。

然而在国内很多企业，CEO 对培训的重视还只是停留在口头上，每年只有在年初业务规划或年底业绩不好的时候才会想起培训，平时并不怎么关注和过问培训，更谈不上亲自上课，理由是 CEO 很忙，顾不上。

实际上，企业需要什么样的人才，如何培养需要的人才，建立什么样的人才培养文化，高层领导有决定性的影响。很多优秀企业的领导层都把人才培养作为自己的关键任务之一，例如，GE 前 CEO 杰克 · 韦尔奇在任职期间，把 50% 以上的时间都用到人才的发现和培养上，每月都要到 GE 的领导力发展中心两次，与 GE 最优秀的人才面对面地交流，给他们上课。

我们就拿培训预算的投入来说，经常有企业老板在公开场合大谈人才培养的重要性，强调对培训工作要给予大力支持，但在实际进行培训的时候，却很少给出真金白银。我们知道，每年的企业预算安排实际上是一个切“蛋糕”的过程，每个部门都希望给自己分得多一些，比如销售、研发、生产、财务、行政、人力资源等。而人才培养所分得的“蛋糕”大小，除了跟人才培养自身所发挥的价值大小有关，还与企业高层对人才培养的重视程度密不可分。有些企业遇到经济低迷，首先压缩甚至取消培训预算，把培训当作成本而不是投资，宁可勒紧腰带也把钱花到广告上、花到商务宴请上。实际上，越是经济出现波动，越是需要静下心来，分析问题出在哪里：是外部形势问题，是产品创新问题，是市场推广问题，还是员工能力问题？切不可遇到问题先“砍”培训一刀，不仅问题得不到彻底解决，更会导致内部造血不足，难以支撑企业长远发展。正如彼得·德鲁克所强调：千万不要在晴天时乱开支票，一旦天边出现第一朵乌云，就立刻大刀阔斧削减支出。所有良性的支出都必须长期执行才能见效，短时间拼命冲刺，不见得有效果，而突然削减经费可能在一夕之间毁了长期耕耘的成果。在20世纪90年代，华为处于发展的关键期，决定着其能否在国内通信领域占据领导地位以及今后的发展道路，华为总裁任正非当时就指出："培训工作很重要，它是贯彻公司战略意图、推动管理进步和培养干部的重要手段，是华为公司通向未来、通向明天的重要阶梯。"

2. 直线经理认真落实

直线经理是企业内部的一个职位通称，泛指那些有直接下属的管理职位，与层级高低无关。他们在本部门范围内，围绕部门工作目标，直接对员工进行激励、沟通、授权、培训等方面的管理。

目前，很多企业的直线经理有个误区，认为对员工的培养，应该是培训部门的事情。

但实际上，直线经理在人才培养中所起的作用非常关键，远远超过培训部门，是对员工培养效果最有影响力的人。因为，直线经理与员工的接触时间最长，对员工的情况也最了解，对员工的影响也最大。

著名的哈佛九宫格，通过对培训重要性相关因素的分析，按照培训的不同阶段（培训前、培训中、培训后）和培训过程中所涉及的主要角色（学员本身、讲师、学员的直接上级）两个维度构建一个表格（表1–2），分析这些角色对培训效果转化的影响程度，再根据影响程度从大到小的顺序，将数字填写到九宫格的相应位置（依次用数字1到9来代表，1为影响最大，9为影响最小）。

美国哈佛大学对七十余家机构的专家进行调查并得出结论：学员的直接上级在培训后的效果转化方面是三个角色中最重要的。

表 1-2 培训相关工作重要性的调查

	学员	讲师	学员上级
培训前	3	5	4
培训中	6	7	9
培训后	2	8	1

数据来源：哈佛大学对七十余家机构专家所做调查的结论。

这也体现了培训的 721 法则，即：首先员工 70% 的能力成长都是在岗位实践中实现的，比如完成特定的工作任务、参与具体项目、行动学习、岗位轮换等；其次教练和辅导对个人能力成长的贡献为 20%；最后是参加正式的培训项目，只能提供 10% 的贡献。在这个能力成长过程中，直线经理扮演着重要角色，他们能够提供及时的反馈指导，给员工设定具有挑战性的目标，拓展其能力；可以把自己的一些工作任务授权给下属去完成；等等。更重要的是，直线经理不仅要培养人才，帮助他们的成长，还要想办法留住他们。有一次，我应邀为湖南某合资企业分享“企业人才培养体系构建”的主题，发现现场学员有很多是生产和业务部门的负责人，甚至公司总经理也是一天全程听下来，非常难得。

但假如直线经理不愿意投入时间和精力去应用和落实，不愿意给员工提供指导和锻炼机会，不愿意去跟进员工学以致用的效果，那么企业也是很难促进员工能力提升的。

3. 培训经理专业支持

人才培养是人力资源管理中非常重要的一部分，发挥着自身“造血”的作用。培训发展部门是企业人才培养规划的制定和推动者、人才培养项目的设计和实施者、教学工具方法的研究和传播者，为其他部门的人才培养工作提供专业支持，对企业整体的人才培养效果负责。

因此，负责人才培养的培训管理者，除了要具备过硬的人才培养专业知识和技能外，还需要熟悉企业的业务特点和工作流程。毕竟，实施人才培养不是目的，支撑企业战略目标实现和业务部门的发展才是根本。培训经理虽然不能成为业务专家，但必须要对公司业务有基本了解，在与业务部门沟通时不能说外行话。做培养计划和项目设计时，千万不能闭门造车，一定要深入业务部门进行实地调研，与业务负责人一起讨论，分析出需要提升的团队能力，然后针对需要改进和提升的能力短板，设计人才培养方案，并有效实施。只有这样，才能确保所设计和实施的人才培养计划能够具有针对性和实效性，也才能获得业务部门的认可和支持。

4. 员工自身主动求知

我们都知道，事物的发展是内外因共同作用的结果，内因是事物发展变化的根本，而外因是事物发展变化的条件，外因通过内因起作用，二者缺一不可。所以，公司创造的培训环境和条件再优越、直线上级对员工的辅导再认真、培训部门提供的培训课程再对路，如果员工自身不努力、不积极地发展自己，其他人所做的一切都是徒劳。正如安德鲁·卡内基所说：人必先自助而后人助之。举个例子，一批背景经历都差不多的学员参加同一门课程的学习，但是他们学习的心态却有很大差异。有的人认为重要就听得非常认真，有的人觉得跟自己关系不大则心不在焉，还有的人学习的同时还带着工作，经常进进出出接打电话。学习的心态不同，当然收获也不一样。因此，我们说，员工一定要有主动求知的欲望，充分利用组织提供的学习条件和机会提升自己。我时常对年轻同事讲，年轻人不要怕吃苦，多学习多锻炼，学到的本领是自己的，只要能力真正提升了，不管将来到哪里，都会有自己的一席之地。

当然，如果员工的学习意愿不强烈或者根本就没有自我提升的欲望，我们也不能坐视不管，需要采取必要的外部干预措施，比如推行强制学习制度或不学习、不合格就淘汰等惩罚措施。还有的企业采取正向鼓励的办法，比如实施学习积分奖励制度或者根据"90后"新生代员工的特点，设计一些游戏化的方法，将学习做成闯关游戏、升级打怪等。但不论怎样，外部干预只能起到间接作用，持久性也较弱。

综上所述，为了确保人才培养的理念和决策能得到有效的贯彻和执行，需要在企业内部由企业最高领导（如董事长、总裁）亲自倡导，各部门负责人落实推动，基层和一线员工积极行动，自上而下，并辅以相应的制度和流程，才能最终在组织内部形成上下统一、协作一致的人才培养机制和氛围。

四、五步法：合理构建人才培养体系

越来越多的企业认识到人才培养的重要性，都期望能够构建一套属于自己企业的人才培养体系，以发挥人才培养的效力。但是，目前国内企业对人才培养的认知与实践尚处于起步阶段，市场上鲜见对人才培养体系构建进行系统阐述的著作，大多只是关于培训项目设计和培训方法技巧的介绍，缺乏系统性和完整性。我根据自身在人才培养领域10余年的经验感悟和探索研究，总结了一套系统性的人才培养体系构建"五步法"，见图1–3。

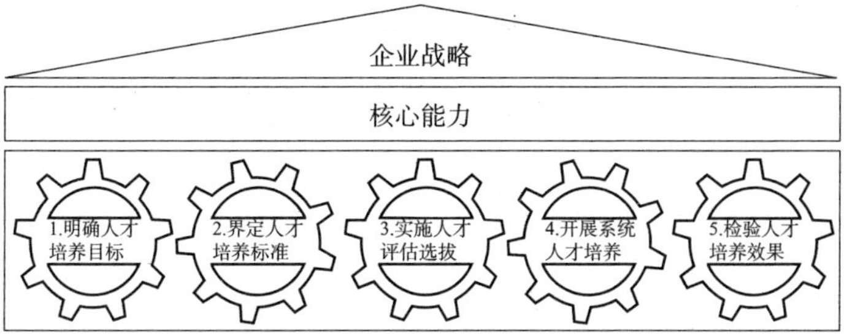

图 1-3　人才培养体系构建五步法

1. 明确人才培养目标

人才培养的最终目的是为达成企业战略目标源源不断地输送合格人才，因此我们在进行人才培养之前，首先必须对企业的战略目标和当前现状进行深入了解和细致分析，找到战略目标的实现需要具备哪些核心能力，以及承载这些核心能力的关键岗位有哪些，才能明确人才培养的工作方向和重点。

2. 界定人才培养标准

为了避免人才选拔与培养的随意性，企业需要构建一套衡量标准，也就是关键岗位的胜任模型。

根据企业战略目标分解的结果，明确企业成功所需的核心能力，开发相应的胜任模型，并基于胜任模型，选择胜任当前岗位并有潜质取得更优异绩效的人，而不仅仅是能做这些工作的人。只有建立起每个关键岗位的胜任能力标准，才能明确各个关键岗位需要重点培养什么样的能力。

3. 实施人才评估选拔

在构建完关键岗位的胜任模型之后，企业应着力于人才的评估选拔工作，选出“好苗子”，加以重点关注和培养。人才的评估选拔可以通过人才盘点的方式，采用评价中心技术，从业绩和潜质双维度对现有人才的状况进行评估，区分出不同的员工类别，制成人才九格图。然后根据人才盘点结果，选拔出具有高潜力的人才，纳入人才储备库，并分析这些高潜人才的能力现状与期望目标之间的差距，进而确定我们人才培养工作的聚焦点和实现路径，使人才培养工作能够有的放矢。

4. 开展系统人才培养

对于纳入人才储备库的高潜人才，需要安排有针对性的培养。培养的方式有多种，包括集中培训、定期轮岗、导师辅导、行动学习、挂职锻炼、挑战性任务、担任讲师等。各种培养方式的适用性不尽相同，需要根据不同的人才类别和所希望达成的目标，选择适当的方式，因材施教。

人才的系统培养，通常按照“学习→实践→反思”的路径开展，学以致用、学用结合，“在学习中实践，在实践中反思，在反思中成长”。

5. 检验人才培养效果

为了确保企业选拔出的高潜人才能够积极学习，促进能力成长，应对高潜人才的培养情况进行跟踪和定期考评，形成动态管理机制，使人才培养的效果与企业内部的绩效考核、职位晋升等衔接，充分调动被培养人的积极性。一方面，表现优秀的高潜人才，经过一段时间的培养，在企业出现空缺岗位时，可以获得优先晋升的机会，产生良好的激励作用。另一方面，对于工作业绩退步、培养期间表现较差的人员，要依据动态管理机制淘汰出人才储备库。只有动态管理机制有效运转，才能起到表彰先进、鞭策后进的作用，在整个企业内部形成积极向上的人才培养氛围。

当然，对人才培养工作的整体效果也要进行评估，衡量人才培养对企业战略和业务发展贡献的价值，并发现人才培养过程中存在的不足之处，不断改进，持续优化，提升培训发展部门在企业内部的地位。同时，对那些在员工培养方面投入较大精力并取得明显效果的培养人如内部讲师、员工导师、部门负责人等，也要给予适当的公开奖励，鼓励他们的积极性，起到示范作用。

人才培养的五个步骤就像旋转的车轮，源源不断地向关键岗位输送优秀人才，驱动企业这部列车向战略目标的方向高速前进。

从第二章开始，我将重点阐述以战略为导向的人才培养体系构建方法。

第二章

明确目标：瞄准人才培养的发力点

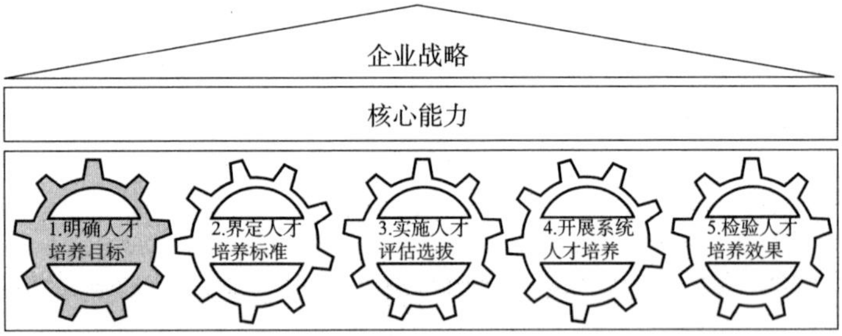

经常听到企业的培训管理者抱怨：现在培训很难做，老板不重视，业务领导不支持。一旦企业遇到经济困境，首先砍掉的就是培训经费，要裁撤的也是培训部门。培训管理者面对这样的局面，常常束手无策。

实际上，不被重视，只能说人才培养的方法不对，没有贡献出价值。如果你做出了成绩，帮助企业解决了实际问题，推动了业绩增长，哪个领导会不赞成呢？

打个比方，你跟老板说：老板，我帮你做事，可以每年多赚 100 万元的利润，前提是你给我 20 万元的工资。老板就会说了，你先做出 100 万元的业绩，我再给你 20 万元的工资。

老板和员工站的角度是不同的，老板是拿结果说话，你能创造多少效益，我就给你多少回报。而员工考虑更多的是你给我多少钱，我就干多少事情。

所以，在企业，要想获得企业领导的重视和业务部门的支持，培训管理者必须学会换位思考，只有人才培养给他们带去了价值，得到了认可，你才会获得更大的支持和更多的资源，从而可以进一步扩大人才培养的影响力，形成良性循环。

“有作为才有地位”。人才培养工作必须要牢牢把握“紧贴业务、密联战略”的定位，才能发挥出支撑企业战略实现的作用。

人才培养是一个系统工程，它不能单独地发生作用，必须要建立与人才管理的其他环节之间的链接，比如与晋升、激励、职业发展等动态协调，并在企业内部建立一种氛围和机制。只有这样，员工对学习的接受度才会大大提高，才能带来实实在在的效果。

同时，人才培养也是一项长期工程，“十年种树，百年育人”，人才培养绝不是一朝一夕之功，必须要具有前瞻性和持续性，坚持不懈、循序渐进地开展人才培养工作，才能造就出优秀的人才。

从本章开始，我将重点阐述在新的时代背景下，如何在企业内部运用“五步法”，成功构建以战略为导向的人才培养体系。

一、企业战略：人才培养的航向标

企业经营的四大命题为：我是谁，我现在在哪里，我要去哪里，我怎么去。而人才培养的作用是帮企业更快地到达目的地，就如一艘航行在大海中的舰船，通过对船员们进行有效的训练，提高他们的岗位胜任能力和处理问题能力，以更好地应对海上出现的各种风浪和紧急情况，更快、更平稳地到达目的地。

说到战略，可能给人的感觉比较高大上，跟自己的工作没有直接关联，很多人并不关注。我之前曾经问过一些人，他们公司的战略是什么，很多人回答得比较模糊，甚至经常跟企业愿景和使命相混淆。正是因为很多企业没有清晰地描述战略，公司上下对战略的理解不一致，才导致战略在执行过程中走样。

实际上，我们不仅要埋头“拉车”，还要抬头看路，只有将我们的工作与公司的战略目标联系起来，才能发现工作的意义和价值。我们的人才培养该如何站在企业战略的高度进行思考，更好地支撑企业战略目标的实现呢?

由于本书的重点不是介绍如何进行战略规划，而是假设企业已经明确了战略目标并具备了某种竞争优势，所以，此处不对战略的规划过程做过多阐述。

我提炼了企业战略与人才培养的 SCT 关系模型，即“战略目标—核心能力—人才培养”（图 2-1），通过对战略目标的解读，分析驱动战略成功的关键因素以及核心能力，然后通过人才培养不断强化核心能力，从而找到人才培养与企业战略成功之间的关系。

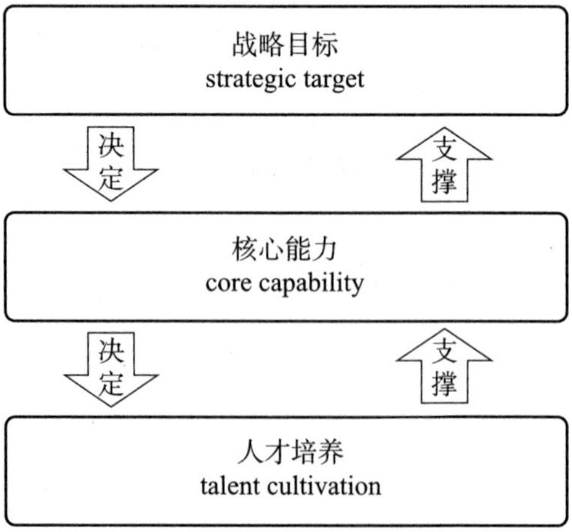

图 2-1　SCT 关系模型

从这个模型可以看出，人才培养的所有工作必须以战略目标为制高点，以核心能力为出发点；反过来，加强人才培养又有助于核心能力的提升，进而支撑企业战略目标的实现。

2016 年 12 月 16 日，世界著名运动时尚品牌 adidas 的全球首个零售学院在上海正式启动。为什么要在这个时候设立零售学院呢？

adidas 于 2015 年 3 月宣布了“立新”（Creating the New）的五年发展战略：希望通过提升品牌吸引力，加速实现销售和盈利的双增长。而作为长期战略“立新”的一部分，公司计划要在 2020 年之前大幅提高销售收入和盈利水平。具体来说，剔除汇率因素，2015 年至 2020 年要实现销售收入年均增长 10% ~ 12%，净盈利年均增长 20% ~ 22%，同时到 2020 年电商业务收入要达到 40 亿欧元。而中国市场作为 adidas 全球最重要的市场之一，在公司战略目标的实现中扮演着极其重要的角色。

自 2006 年 adidas 第 1 家自营店落户中国到 2016 年，adidas 在大中华区已拥有了 1 万家门店，并计划到 2020 年在大中华地区拥有 1.2 万家门店。这就必然对门店管理者和店员产生大量的需求，但中国零售行业的人才数量明显供小于求。

因此，在外部人才供给有限的情况下，adidas 大中华区需要建立起高质量的零售人才输送系统，快速培养和输送能够为顾客提供最佳消费体验以及具有强大渠道管理能力的优秀员工，以支撑公司发展战略。基于此，adidas 零售学院应运而生。

零售学院的创立，效果非常明显。在 2016—2019 年，大中华区连续实现两位数的营收增长，成为 adidas 全球增速最快的市场。adidas 大中华区前董事总经理 Colin Currie 认为：“这得益于不断推出的优质产品、富有吸引力的门店体验、振奋人心的市场营销活动，以及快速扩张的零售网络。”这句话也一语道破了adidas能够实现快速增长的秘诀以及所具备的核心能力，同时也说明了零售学院作为公司实现亮丽业绩的幕后英雄，功不可没。

我们通过分析adidas的案例发现，adidas的五年战略目标决定了其需要提升全渠道建设、渠道管理，以及打造卓越客户体验的核心能力，而当前中国零售行业具备这些能力的优秀人才数量较少，不能满足企业发展的需要，因此零售学院的人才培养目标就是加快培养并向企业输送掌握这些核心能力的各级人才，以实现对企业战略的支撑作用。adidas人才培养的战略导向关系与我提出的SCT关系模型一致，见图2-2。

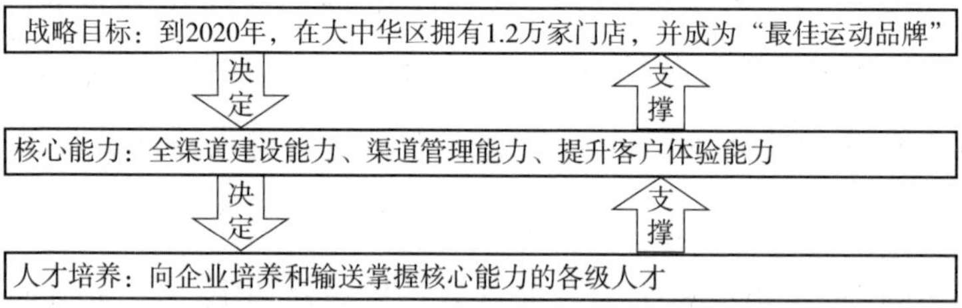

图2-2 adidas人才培养SCT关系模型

因此，为了满足企业快速发展的需要，人才培养应由“被动满足”转型为“主动支撑”，更多地从组织战略出发，关注人才培养的目的性、计划性和系统性，培养充足的人才，源源不断地补充力量。

可能有人会问了：我又不是公司老板，也不参与公司战略制定，我怎么知道公司战略是什么？建议通过以下几个途径了解：

（1）查阅公司资料

目前培训管理者在大多数公司中的职级往往不高，除非是设置了首席人才官或首席学习官的企业，否则大多时候无法参加公司的战略经营会议。那如何能了解到公司的战略发展方向和关注重点呢？一个有效的办法就是通过各种途径了解和查阅公司的资料，比如正式的文件通知、参加员工扩大会议时企业领导的战略宣讲、企业内刊或官网刊登的公司领导重要讲话精神。如果你所在的企业是上市公司，还可以看公司的季报和年报，其中也会有关于公司发展战略和业务重点的介绍。

下文是某大型发电集团董事长在专题会议上的讲话摘抄：

当前，“弯道超车”在集团内达成了共识，我们的发展势头良好，经济效益不错。利润方面，集团实现了9%的利润增长，净利润排在五大发电集团的第二位。装机方面，我们的增长速度达到了14%，而其他发电集团仅实现了个位数的增长。“弯道超车”，其实是一种精神。我们讲“弯道超车”，不只是规模，更注重结构、质量和效益。所以，一定要抓住改革发展中的焦点，有针对性地解决问题，提高企业的管理水平，为未来发展打好基础。

真正实现“弯道超车”，安全是基石。对于安全生产，集团公司花了很大的气力，认真部署，扎实推进，但到目前为止，安全生产的被动局面还没有得到根本扭转。我们要正视这个问题，认真总结，深刻反思。关键的一条，就是要狠抓学习教育培训，培养有经验、懂实操的人。我们常讲三支队伍的建设，现在领导干部队伍、管理人员队伍做得都不错，但技能人才队伍建设还有一定的差距。所以，要充分用好人才学院这个基地，发挥好教育培训体系的作用，抓好两头：一头抓领导干部，另一头抓基层干部员工，抓基本、抓常识、抓关键。“冰冻三尺非一日之寒”，安全生产工作是一项长期性的艰巨任务，我们要做好打持久战的准备，坚决把基础筑牢打实。

对此，集团公司安全监管部门、教育培训部门、思想政治部门、工会组织等，必须多管齐下，齐心协力创造安全生产的良好局面。

通过对上面这段董事长讲话的分析，我们可以提炼出几个与培训有关的关键词：抓住改革发展焦点，提升企业管理水平；抓好安全生产、培养两类人才（领导干部和基层员工）。由此，我们的培训目标，也要围绕这几个关键词设定。

（2）请教分管领导

一般每家企业都有分管人力资源和培训工作的HR VP（即公司人力资源副总裁），平时接触的机会相对多一些。可以利用工作汇报或HR VP参加部门会议的机会，向分管领导请教和了解关于公司战略及发展重点方面的一些信息。通常HR VP的经验、阅历都非常丰富，思考角度会更加深刻，往往能给予更精准的指导。

（3）旁听业务例会

通常这类会议都会定期举行，如月度会议、季度会议等。业务例会有一些业务数据分析和发展现状分析的内容，其中常常会谈到现实的困难和挑战，以及对方法策略的探讨。要尽力争取业务部门负责人的同意，参加这些会议。要做的就是多听、多看、多想，虚心请教，多参加几次就能发现和总结出一些当前业务发展面临的核心问题。

（4）访谈业务骨干

平时多跟业务骨干交流沟通，询问业务发展的现状，了解面临的问题和挑战，或者直接拜访业务部门负责人，当面求教，通常他们还是比较乐于分享的。

当然，方式还有很多，这里就不一一列举了。总之，要通过多种途径去获取信息，更准确地发现业务发展中的痛点。

二、核心能力：企业战略成功落地的关键

很多企业并不缺少好的战略和宏伟的目标，所缺乏的是落实战略以及达成目标的核心能力。组织如人，有愿望，还要有实现愿望的能力。如果企业空有正确的战略，却没有匹配的能力，那么即使出现商机，也

无法抓住机会。

移动互联网时代，市场竞争异常激烈，环境变化非常之快，各种新产品、新模式层出不穷，企业必须及时调整发展战略，快速执行，否则要付出很大的代价。按理说，一家公司规模越庞大、机构越臃肿，决策和行动就会越迟缓，越难以应对小竞争者造成的威胁。但为什么在很多产品上腾讯能够后来居上呢？为什么腾讯能够在如此庞大的组织体系下仍然保持极强的执行力呢？在回答这个问题之前，我要强调的是，在一个团队里，执行力低下的主要原因是 Leader（领导者）的执行力低，决策效率低，无法给团队传达明确清晰的目标，也没有及时地跟进、追踪，这就带来很不好的影响。一旦团队 Leader 的执行力低，下面的员工就会效仿。带着“反正领导也不会检查，早一天交晚一天交没关系”的想法工作，效率能高吗？我们来看看腾讯是如何做的。有一位腾讯前员工这样描述：一天早上我来到公司，发现 Pony（腾讯公司创始人马化腾）凌晨 4 点半发了邮件，总裁上午 10 点回了邮件，然后是 VP 上午 10 点半回复，接着几个总经理（在腾讯相当于中层）在中午 12 点回复了讨论结果，而到了下午 3 点，技术方案已经有了，当天晚上 10 点，产品经理就发出了该项目的详细排期，总共用时 18 个小时。

通过这个案例，我们可以发现，那些身价不菲的腾讯公司创始人和高管们，都有一种拼命三郎的精神。他们几乎是公司里最勤奋的人，他们决策的效率非常之高，对于想要做的事情决心之强、行动之快，都深深打动和影响着腾讯的员工。所以，我们也就不奇怪腾讯公司为什么具有强大执行力了。

从根本上讲，企业的核心能力就是企业的核心竞争力，是一个团队整体战斗力的 DNA，是组织自主拥有的，能够为客户提供独特价值的，并很难在短期内被竞争对手模仿和复制的，各种知识、技能、技术、管理等要素的集合。用 8 个字概括，就是“人无我有，人有我优”。

企业的核心竞争力来自向客户提供更好的产品或服务、比竞争对手更低廉的价格，或者将技术创新应用于研究或生产。以电商网站为例，人们选择在网上购物最大的原因就是选择众多、送货及时、价格实惠，也就是“多、快、省”。而以做 3C 产品网上售卖起家的京东，给广大消费者最大的印象就是送货快，这对京东从行业新兵快速发展到与阿里巴巴平分秋色，发挥了非常关键的作用。然而京东刚成立的时候，正处于电商网站混战的阶段，虽然行业增长很快，但未来也充满变数。当时的京东，一方面面临着来自阿里巴巴等电商巨头的强大压力，另一方面又有电商行业普遍存在的送货速度慢、服务态度差的问题，严重影响了用户的购物体验。如何杀出重围，建立自己的竞争优势呢？不变革就是等死。在 2007 年，京东创始人经过对行业的深入分析后，排除内外部各种阻力，将拿到的第一笔风险投资果断投入到耗资巨大的物流建设上，打造自己的配送体系，并率先在业内推出“211”限时达服务，即用户在晚上 11 点前下订单，就能在第二天下午 3 点前收到货，用户在上午 11 点前下订单，就能在当天收到货。正是这个大胆的决定，为京东带来了良好的用户口碑，也赢得了电商行业的领先地位。

京东的例子，同样可以从中欧国际工商学院杨国安教授的观点中获得解释，即“不同行业的企业，面临的经营环境不同，获取行业领先地位的关键因素不同，因此企业所选择的战略目标和所发展的组织核心能力也各不相同”。

同时，优秀的企业往往依据自己选定的战略方向，只专注于两三项与战略最直接相关的组织核心能力（如创新、低成本、服务等）。如果什么都做，反而无法集中资源建立优势，样样都不精不专。因此，企业要发挥自己的优势专长，把自己不擅长或者对企业价值不大的产业环节外包给其他专业公司去做，最明显的例子就是美国 Apple 公司。作为全球市值排名前列的 Apple 公司，没有自己的工厂，而是将零部件的生产和整机的组装全都交给成本低廉的亚洲企业代工，自己只专注于产品设计和市场营销，但Apple公司却获得了一半以上的产品利润。

三、轻重有别：人才培养重在关键岗位

作为中国民族企业的骄傲、全球排名第一的信息与通信产业解决方案供应商——华为，在1988年成立之初，公司只有6个人和2万元注册资金。零起步的华为无论是资金还是竞争实力都无法与思科、朗讯、贝尔、北电等全球通信行业的顶尖公司直接竞争，尤其在大、中城市，更是这些跨国巨头的天下。但华为公司的创始人任正非发现：县城以及农村更广阔的市场，因为条件比较艰苦，销售额也没那么高，所以很多国外厂商不愿涉足，这就给华为带来了机会。而华为认为以农村为突破口有两个非常明显的好处：首先，小县城和农村发展通信设备行业门槛低，承受风险小；其次，农村对于产品的技术和质量要求不高，也不是很关注品牌，而是更加注重实用性。因此，为了能够在国外厂商的垄断中活下去，华为在1992年制定了“农村包围城市”的发展战略。

为了有效执行这个战略，提高与跨国公司的竞争力，华为认为具有狼性的营销队伍和高潜质的研发人才是企业发展的两大关键人才。于是，华为很快就通过一系列的人才选拔和培养措施，建立和培养起了一支精良的营销队伍和一个优秀的研发团队。

华为在起步之初，正是依靠了“农村包围城市”的战略和具有坚强战斗力的团队，从一些偏远的城镇电信局突破，迅速抢去了一块国外大公司还没有顾及的“蛋糕”，包括华为后来进入国际市场，也是从相对比较落后的亚非拉地区开始，逐步发展壮大后，再挺进发达国家市场，最终成长为拥有18万名员工、年营业额超过1000亿美元的全

球通信产业巨头。

从华为的创立和发展历程来看，当时还非常弱小的华为正是依靠低成本扩张和“农村包围城市”的战略，建立和培养起了一支吃苦耐劳、敢打敢拼的营销和研发队伍，并凭借不达目的誓不罢休的狼性精神，一步步成长壮大，最终成为行业翘楚。

1. 要把水洒在真正有希望的20%的人身上

我们看到许多企业花了大量精力做了培训的需求调查和分析，然后把大量的培训资源投入到广大员工身上，看似下了很大的功夫，结果发现效果并不理想。

那么问题到底出在哪里呢？主要原因就是目前很多企业的人才培养都是“撒胡椒面”式的做法，用一种普惠方式把有限的培训资源平均分配到每个员工身上，却没有聚焦在那些对公司战略实现有着决定性作用的关键人才身上。相反，他们往往认为那些中高级管理者和专业技术骨干相对于普通员工来说能力已经很强了，平时工作又很忙，没必要给他们安排太多培训。结果，很多被抽调出来参加培训的，往往是平时工作不怎么忙的普通员工。

管理学中的“木桶理论”（图2-3）认为，木桶的盛水量是由最短的那块木板决定的，所以企业必须要想方设法弥补自己团队的短板，才能实现整体水平的提升。实际上，我们很多人都被这个理论所误导。因为，当你把木桶向长板一侧倾斜时，你会发现能装多少水取决于你的长板，所以团队的整体水平应该来自关键的具有优势的几个岗位。对于个人来讲，非要把不适合，或者不擅长的工作强加到自己身上，那是不切实际的，也违背了自然规律。毕竟每名员工的能力禀赋、价值观和发展目标各不相同，你不可能要求你的所有员工都达到最高的水平。

与其花精力和时间“治疗”自己的某些“顽疾”，不如花同样的时间和精力巩固并充分发挥自己的优势。

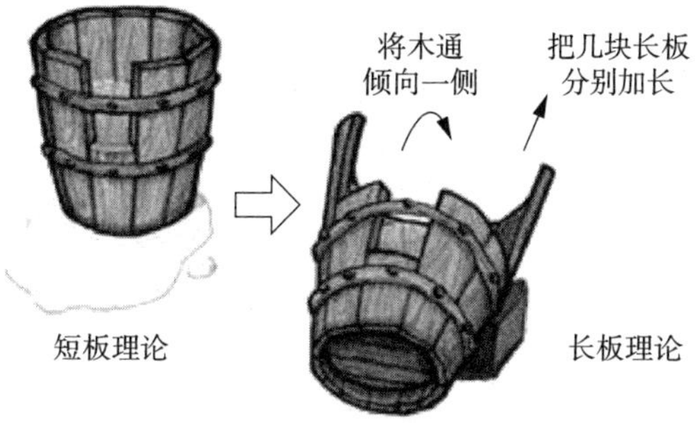

图 2-3　木桶理论

当然，这并不是说可以忽视短板，而是在发挥长板优势的同时，通过自身努力及团队合作的方式进行补足，让自己的弱势变得及格，扬长补短。

现在越来越多的企业开始关注对公司发展具有决定作用的关键岗位人才的识别、培养和激励。因为不同岗位对战略成功的贡献度各不相同，对它们的管理和投入也应当有所差别，必须重新思考如何对员工进行投资，即“对关键岗位进行差异化管理”。但目前很多企业对关键岗位的判别、管理和培养并不得法。大多数企业的关键岗位识别仍以传统的岗位评价为基础，通过选取一定的报酬要素，计算岗位的相对价值，进而将价值较高的岗位确定为关键岗位。这样的判别方法具有一定的片面性，无法做到与企业战略紧密关联，甚至有些企业完全凭少数领导者的个人主观经验去衡量企业内部岗位的重要程度，得到的结果准确性比较低，正所谓“领导说你是人才就是人才，不是也是；说你不是人才就不是人才，是也不是”。一旦管理者个人的判断失误，就不能真实反映岗位在企业内部的重要程度，最后因为判断失误反而疏忽了对那些真正的关键岗位的关注、培养和激励，造成关键岗位人才的流失。传统的岗位评价方法注重从企业内部和历史的角度来定义价值，可能在稳定的环境下有效，但在当前竞争激烈、环境多变的时代，我们更需要一种面向未来的、更具战略性的方法来对岗位价值进行评估。因此，企业对关键岗位的管理工作已势在必行。

在这方面，华为同样走在了前列。

在2018年7月的总裁办邮件中，任正非指出，未来华为的人力资源体系要分为人力资源体系和干部部体系两个系统：把原来在人力资源部具体管人的权限分离出来，建立一个总干部部，要重点管好后备干部的选拔、培养、考核、弹劾，对各部门、区域的关键干部与人才拿出评估意见，帮助公司培养关键干部并建设人才梯队，协调关键干部与人才流动，让公司整个干部与人才盘子灵活运作起来。

那么，究竟什么是关键岗位？又如何去有效识别呢？

2. 关键岗位的含义

关键岗位是指在企业经营、管理、技术、生产、营销等方面起重要作用，与企业战略目标的实现密切相关，承担重要工作责任，掌握企业发展所需的关键技能，并且其绩效结果对企业业绩目标的实现能产生很大影响的所有岗位。在不同的企业由于所采取的差异化竞争策略不同，不同岗位对战略目标实现的影响力自然不同。因此，不同企业的关键岗位也就不一样，在A企业的关键岗位，在B企业就不一定是关键岗位。比如在生产企业中的法务经理很可能不是关键岗位，但在律师事务所却是关键岗位。

无论规模大小，任何一家公司都有一些比较关键的岗位，掌握着公司的核心技术和重要资源，一旦这些岗位上的员工流失，必然会大大地削弱公司的竞争实力，给公司造成巨大的损失。更有甚者，将可能导致公司在很长一段时间内无法正常运行。因此提前准确识别出关键岗位并做好这些关键岗位的人才储备计划具有极其重要的战略意义。表2–1是某建筑设计院的关键岗位人才评估表。

表 2-1　某建筑设计院的关键岗位人才评估表

部门	岗位	空缺	在职	能力评估	稳定性	后续步骤
设计部	景观工程师（负责 ×× 项目）	空缺	—	—	—	1 个月内启动招聘
	建筑设计师	计划新增	—	—	—	暂时无需求，但未来 2 年内，计划新增此岗位，需要提前储备
	室内设计师（负责 ×× 项目）	—	李四	工作表现优秀	稳定性强	未来可能提升，需提前储备后备人才
	结构工程师（负责 ×× 项目）	—	王五	工作表现满足岗位要求	稳定性差	考虑到员工离职风险，需提前储备，启动 AB 角计划
营销部	市场经理	—	赵六	工作表现满足岗位要求，有很大培养潜力	稳定性强	制订针对性培养计划，在一年内提升其工作能力到优秀水平
×× 部	……	……	……	……	……	……

3. 如何识别关键岗位

通过比较众多关键岗位识别的方法以及研究文献，我发现很多识别方法要么对岗位重要性的评价不够细致，要么是忽略了岗位绩效的影响。而基于 OLS 的关键岗位识别方法[①]可以清晰地表明不同岗位对企业战略目标和关键绩效指标的贡献情况，确定过程比较客观公正，还可以根据企业战略措施和核心流程的变动与需要及时对关键岗位进行调整。

OLS 是一套建立在战略目标和核心流程基础上的岗位角色分析工具，通过分析企业的战略目标和经营模式，进而确定企业核心业务流程，并以核心业务流程为主线，明确各部门在不同流程中所起的作用，最后将部门关键职责分解到岗位，明确岗位在核心业务流程中的关键环节所处的战略地位及其所承担的工作，把岗位承载的关键流程上的责任

① 魏新，曾志强．关键岗位识别指标体系与方法［J］．系统工程，2008.

及对关键绩效指标的影响进行量化，最终根据分值大小确定关键岗位（图 2–4）。

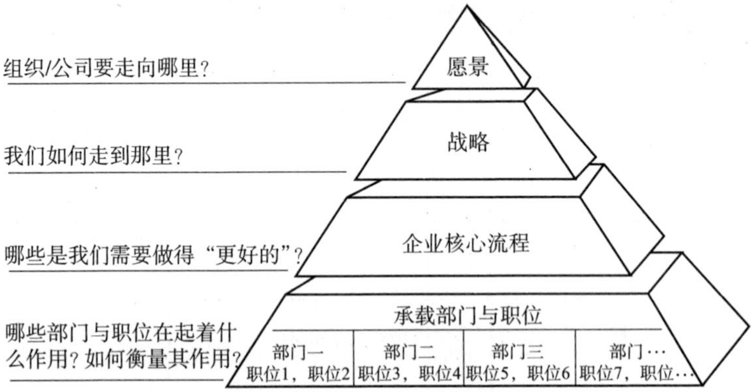

图 2–4　企业战略分解流程

该方法分析部门在核心流程中的作用时，主要根据部门承担的“责”“管”“协”三类不同的角色，从部门在流程中承担的工作职责和工作结果的影响大小出发考虑不同部门的重要程度。

- “责”（O，即 Obligation）代表直接责任者、领导者，指对工作流程或项目进行整体控制和监督指导，其工作结果的影响是全局性的、长远的；
- “管”（L，即 Lead）代表直接承担者，负责项目具体的实施、管理及协调各部门共同工作，其工作结果对企业或整个项目产生直接的、普遍的影响；
- “协”（S，即 Support）作为项目的辅助支持部门，承担保障项目顺利实施的责任，其工作结果对企业或整个项目产生间接的、局部的影响。

我们以国内某商业地产 W 公司为例，说明利用 OLS 技术对其关键岗位进行识别的具体流程（图 2–5）。

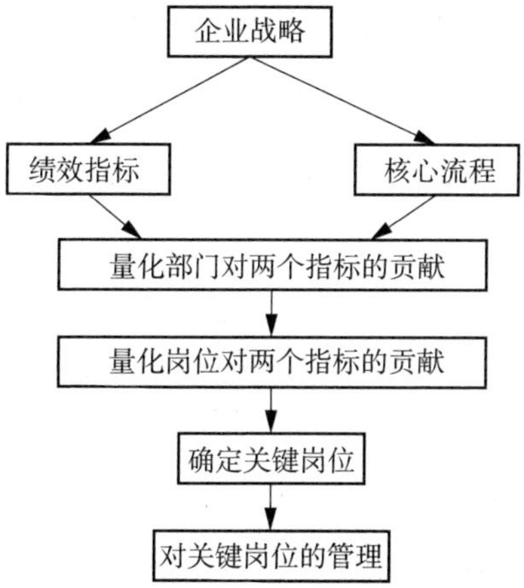

图 2–5　关键岗位识别流程

第一步：明确企业战略

W 公司是全球商业地产行业的龙头企业，以商业地产开发为核心战略定位，打造“商业 + 地产”的城市综合体商业模式。W 公司拥有全国唯一的商业规划研究院、酒店设计研究院、全国性的商业地产建设和管理团队，形成了商业地产的完整产业链。W 公司首创订单式商业地产模式，即先谈好招商，再开始建商业物业，以保证开发后能快速投入使用，降低招商风险，也有利于回笼资金。差异化的发展战略使 W 公司从众多商业地产发展商中脱颖而出，并明确了品牌定位，最大化地提升了企业形象。

第二步：确定核心业务流程并分解到部门

为了满足股东的期望和赢得客户的信任，必须要找到核心业务流程。而业务流程与组织结构组成的企业管理架构是实现企业发展战略的重要支撑。因此，企业必须在明确战略发展目标的基础上进行业务流程和组织结构的梳理，确保和整个企业的目标与整体策略自上而下保持一致，确保每一项战略决策和重点任务都有相应的部门和岗位进行承接，责任到人，执行有效，否则可能产生相反的效果。

W 公司将组织架构中所有业务部门按照关键业务的发展流程，划分入项目前期、中期、后期三个部分，即：项目前期的拿地、规划设计、招商；项目中期的工程建设、成本控制及安监管理；项目后期的商业运营管理以及自家业务院线、百货、酒店等业态的管理（图 2–6）。

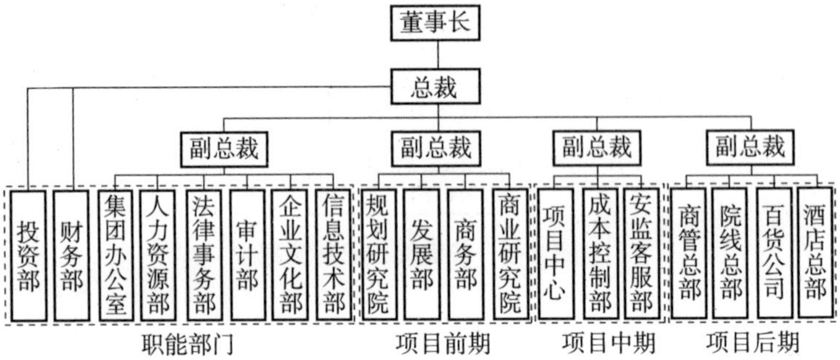

图 2–6 W 公司组织架构

尤其是项目的前期和中期，W 公司对每一项流程节点都进行了细致而严格的计划管理，从筹备、摘牌、交地、四证，到设计、经营、招标，再到销售、招商、工程，直至验收、交付，共划分了 12 个阶段。同时各阶段又进一步细分为 325 个节点（含酒店的项目为 353 个节点），包括 53 个一级节点、85 个二级节点、187 个三级节点。每个节点都明确规定了完成时限、责任人、节点要求和考核办法。然后通过“纵向管控 + 横向协同 + 严格考核”的军事化管理模式，实现了公司的快速发展，创造了商业地产开发的奇迹。

首先，我们可以确定该公司的一级流程节点，即市场调研、项目选址、规划设计、业态招商、工程建设、项目营销、试营业及正式开业，见图 2–7。

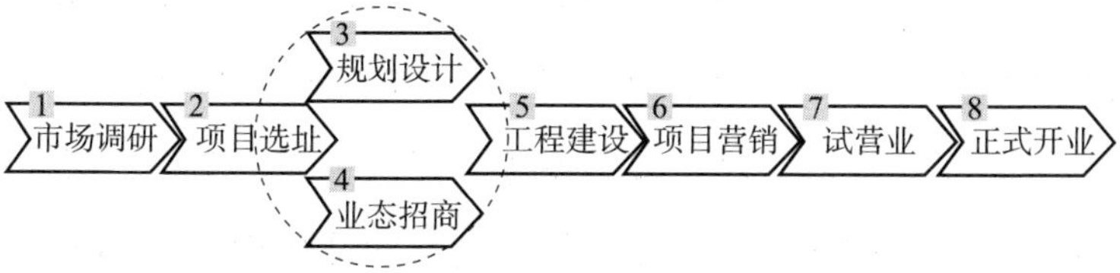

图 2–7　W 公司关键业务流程

其次，将该流程进一步分解到二级流程，以明确不同流程中各部门所承担角色的重要性。以项目前期为例，首先由公司发展部负责收集、挖掘和发现项目机会，进行项目选址，规划、财务、商务等部门配合，并向公司董事会提交项目可行性建议书。通过审批后，立即开始项目谈判，取得项目用地，协助办理项目前期手续，向规划部和项目中心进行项目前期移交。

最后，由规划部依据公司项目总体规划，根据发展部提供的项目可行性建议书，进行项目的全面设计管理和相关技术研究工作，为公司项目顺利实施提供合格的图纸及相关技术支持，再交由项目中心开展工程施工建设等，直至正式开业。

通过这样的流程梳理，可以清晰地归纳出每个部门在流程中某一个环节承担的主要工作和角色。

第三步：对各部门的角色重要性进一步量化

首先，分析部门职责。这可以通过访谈或借助部门分析工具，形成部门角色说明书。以商务部为例，承担主力店客户的开发，组织商务合同的起草、谈判、修改、会审及核定；负责主力店客户的日常联系和维护，协调各部门与对方相应部门间的对接工作；及时向上级报告工作进展和日常动态；组织召开与主力店的洽谈会。

其次，参照部门职责，采用 OLS 方法分析各部门在核心流程中的作用。例如主力店招商管理流程为：主力店客户已经有明确进驻意向后，具体针对各项目的进驻、位置、面积、装修、交付、开业、营运等各项工作进行落实。商务部为该项工作的主要负责部门，其他相关部门有配合工作的义务。此外，做商业地产要打破传统思维，搞购物中心规划设计绝不只是设计师的责任，仅靠设计师是做不好购物中心的。因为设计师大多是从建筑结构的角度考虑，通常讲个性、讲创新，不考虑投资成本，也不考虑门店布局是否合理，完全凭设计师规划购物中心风险很大。所以做购物中心，还需要与租赁人员进行配合，因为租赁人员最懂商家的需求。

因此结合各部门职责，可以确定该流程中各部门分别承担如下角色：总裁办——“责”，商务部——“管”，发展部、规划部、项目管理中心、商管总部、财务部、法务部、项目公司及各地商管——“协”。其具体在各个子流程中承担的角色也可以进一步分解，分解过程见表 2–2。

表 2–2 各部门在主力店招商管理流程中的角色

序号	部门流程	总裁办	发展部	商务部	规划部	项目管理中心	商管总部	财务部	法务部	项目公司	各地商管
1	确认进驻意向		■	★	■						
2	举行项目推荐会			★						■	
3	确定规划设计方案			■	★						
4	确认项目			★	■	■					
5	拟定租赁合同	▲		★	■	■	■	■	■		
6	签署租赁合同			★				■			
7	举行签约仪式			★						■	
8	主力店设计变更	▲		■	★			■			
9	协调施工进度	▲		■		★				■	
10	确定对外宣传资料	▲		★		★				■	
11	进场装修			■		★				■	
12	装修配合			■		★					
13	房屋正式交付			★		★	■				■
14	开业典礼和正式商业营运			■			★				■

注：▲代表责（Obligation），★代表管（Lead），■代表协（Support）。

第四步：量化岗位对核心流程的承载

岗位对核心流程承载的量化包括两个部分：岗位对核心流程的承载和岗位对关键业绩指标的承载。

首先，将岗位角色细分为“责”“管”“协”“管中之协”“协中之管”“协中之协”6个等级，并给相关等级赋予分值，比如承担“责”的角色，赋予4分；承担“管”的角色，赋予3分；承担“协”“管中之协”“协中之管”的角色，赋予2分；承担“协中之协”的角色，赋予1分。

其次，分析岗位对关键绩效指标的承载情况。关键绩效指标是对核心流程的另外一个重要承载，随着每年的战略目标、重点工作变化进行动态调整。

我们知道，核心业务流程中的不同节点对企业目标实现的重要程度不一，因此对核心业务流程中不同节点承载岗位的重要性进行赋分，比如承载一级节点的岗位、对企业目标实现担负直接并重要的责任，赋予10分；承载二级节点的岗位、对企业目标实现担负间接并重要的责任，赋予6分；承载三级节点的岗位、对企业目标实现担负间接且一般的责任，赋予1分。如此可把企业的经营目标通过核心业务流程分解传递到每一个岗位，然后我们再根据各岗位对部门绩效指标的承载度，制定相应打分标准。

根据以上标准，分别计算各岗位在关键绩效指标分配上的得分情况，加总即可得到各岗位对关键绩效指标的承载汇总结果。

最后，将两个评估维度得到的分值加总得到岗位的总分值（表2-3）。

表2-3　岗位打分情况汇总表

岗位名称	岗位对核心流程的承载	岗位对关键绩效指标的承载	总分	岗位名称	岗位对核心流程的承载	岗位对关键绩效指标的承载	总分
项目发展主管	9	10	19	人力资源部经理	17	14	31

续表

岗位名称	岗位对核心流程的承载	岗位对关键绩效指标的承载	总分	岗位名称	岗位对核心流程的承载	岗位对关键绩效指标的承载	总分
市场信息主管	6	7	13	商管行政主管	6	7	13
发展部经理	12	10	22	商管安保主管	5	6	11
设计部经理	10	10	20	物业经理	8	9	17
景观设计师	6	8	14	招商营运经理	10	12	22
建筑师	6	7	13	招商主管	8	9	17
财务主管	8	7	15	招商营运部经理	17	16	33
招聘经理	10	8	18	项目公司总经理	28	17	45

第五步：确定关键岗位

对上述步骤得到的各岗位分值进行排序，通常，关键岗位数量在总体岗位数量中所占比例只有15%左右，最多不超过20%。公司的战略能否取得成功，取决于在培养这些不到20%关键岗位员工的能力上成效如何。当然，可以在整个企业内进行对比，也可以在某个部门或事业部内进行对比。美国哈佛商学院教授罗伯特·卡普兰在他的文章《评估无形资产的战略准备度》中指出：有些企业仅仅5个岗位就决定了公司80%以上的战略重点。

需要注意的是，识别出企业内部的关键岗位后，并不意味着所有关键岗位上的员工都是关键人才。因为每位员工的能力潜质与产生的绩效都是有差别的。

以销售岗位为例，销售人员之间的绩效可能存在巨大差异：一位顶级销售人员可能比一般销售人员多卖出10倍甚至20倍的产品。其他岗位同样如此。前微软首席技术官纳森·迈尔沃德曾说："顶级软件开发人员比一般软件开发人员的工作效率不是高出10倍或100倍，而是高出1000倍，甚至达到1万倍。"当然，只有极少数岗位存在如此惊人的绩效差距，但是存在差距是很常见的，尤其是知识密集型的岗位，或是管控幅度影响范围较大的岗位。我们经常看到有些关键岗位，请了好多人来做都不见起色，而一旦选择了恰当的人却有起死回生之效。当年乔布斯被苹果公司扫地出门后，苹果公司一蹶不振，换了几任CEO都无济于事，最终还是乔帮主的再次回归，带领苹果公司走出低迷，一飞冲天。

什么是关键人才？国内外优秀企业对关键人才有一个定义，即在关键岗位上任职，过去一贯表现优异，并且未来可能持续表现优异。什么是一贯？我认为至少连续2年。要看他有无持续贡献能力，如果偶尔绩效表现好，有可能是前任留下的基础好，也可能是外部环境形势好，一次两次碰上了，但不可持续。

正因为关键人才所发挥的作用巨大，甚至能决定企业的成败，所以我们在确定了关键岗位后，需要及时地把关键人才识别出来，并给予资源倾斜，为关键人才设计专门的培养和激励计划，从而鼓励他们持续地为组织做出贡献。

四、长短结合：有效制定人才培养目标

人才培养目标是人才培养系统工程实施的出发点，是设计人才培养规划和方案的依据。对于关键岗位的人才培养目标一定要服务于组织发展战略，通过对组织内外部情况的分析，明确在人才培养过程中，应该

完成哪些具体的任务或者说开展哪些培养项目，能够得到哪些成果，以支撑战略目标的实现。

然而在现实中，很多人才培养项目在规划之初，并没有考虑过要实现什么样的目标或者所提出的目标不够清晰明确，更没有真正了解企业的战略需求，导致项目实施的随意性、盲目性，最终草草收场。实际上，只有清晰地定义出人才培养项目成功的标准，将其作为行动指南，始终如一地执行，才能取得成功。世界500强企业、电商鼻祖亚马逊公司有个“奇葩”规定：任何项目启动之际，都需准备一篇内部新闻稿，想象项目成功后如何向媒体宣布取得的重要成果。这个规定迫使项目经理首先定义成功时的样子，让所有团队成员先达成努力的方向共识，以终为始，确保项目执行的连贯性、有效性。

在制定人才培养目标前，要充分考虑企业所处的内外部环境：

从企业内部来看，要分析本企业所处的特殊阶段和企业战略发展的未来需要，根据业务的发展规划、人才的规模现状、存在的主要问题，科学编制人才培养规划，使人才队伍建设与业务需要相衔接，与经营发展相适应。

从企业外部来看，要调查企业所处的商业经济环境、宏观政策、行业走势、竞争对手情况等，为企业良性运营及提升核心竞争力提供人才保障和智力支持。

我们以某市商业银行人才培养目标为例。

当前，该行面临一系列较为严峻的内外部形势，突出表现为经济下行明显、同业竞争激烈、人才梯队建设亟待加强等。

第一，经济形势问题。从外部大环境看，全球经济仍处于复杂的复苏过程，不确定性因素仍然较多。在中国经济下行、银行股破净、监管革命、互联网金融冲击、不良资产反弹、融资脱媒等多种因素的交互作用下，银行的经营发展和市值增长面临巨大压力。

第二，同业竞争问题。从本地看，目前该行所处地市已有近60家银行业金融机构，近2000个营业网点，同业竞争异常激烈。企业间的竞争，说到底是人才的竞争。然而企业想通过猎头引进成熟人才正变得日益困难，如不能建立强大的内部人才培养机制，企业将面临严峻的“人才荒”。

第三，人才梯队问题。从该行内部看，2014年初，中层干部平均年龄41.1岁，基层干部平均年龄35.2岁，距离中层干部平均年龄降至40岁以下的目标仍有差距。同时，“80后”员工占全行总人数的61%，但其中近85%为一般员工，干部队伍需要进一步年轻化、专业化，搭建起后备人才梯队。

公司客户经理和大堂经理作为与公司客户联系最紧密的一个群体，站在市场最前沿独当一面，真正链接起银行产品与客户需求，在竞争激烈的当下显得尤为重要。为解决此问题，需有效搭建后备人才梯队。经过该行高层战略会议以及外部专家的分析指导，决定面向全分行选拔有潜质的“80后”员工，启动系统化人才培养项目“双百计划”，即每年培养100名“80后”客户经理和100名“80后”大堂经理，根据该行未来发展战略的需要及解决实际工作难题的要求，规划分层分类的制度化、渐进式的培养内容，系统提升现有营销队伍的业务素质和营销能力。

人才培养目标，主要分为短期目标和长期目标。

（1）短期目标

通常指1年内的目标，主要目的是解决当前绩效低下问题，弥补能力短板，通常是重要又紧急的“救火”类问题。

短期目标较为常见，目前大多数的培训活动都是基于短期目标设计和开展的，即通过调研、评价和分析，识别各级各类员工在工作过程中的实际表现与岗位能力的要求之间存在的知识和技能差距，然后有针对性地开展培训，从而弥补能力短板，助力员工发展，真正帮助业务部门解决问题。

这里需要注意的是，培训可以解决问题，但不是所有的问题都能通过培训解决。

某供电公司的营销负责人曾经在课堂讨论中向我反馈，他们个别供电营业厅营业员经常有迟到早退现象，之前多次给他们培训过公司的考勤纪律规定，但是效果仍不理想。其实，员工迟到早退的问题，只是表象，我们应该透过表象看本质，找到问题的真正原因再对症下药。然而在实际工作中，我们往往都忽略了这一点，一遇到问题直接就去组织培训了。

上述营销负责人所反映的问题，可能会有以下几个原因：

- 员工不了解公司考勤规定。
- 最近到公司上班的必经之路正在修路，造成早晚高峰交通拥堵。
- 营业厅管理者也经常迟到早退，没有办法要求员工遵守规定。
- 有个别员工迟到早退没有被批评或处罚，其他人开始效仿。
- 部分人认为在供电公司上班是“铁饭碗”，即使平时犯些小错误也没关系。

所以，必须在培训开始前分析问题的原因是什么。原因不同，解决的方法也不同。确定是否使用培训的方式来解决，可从以下三个方面进行判断：

- 问题的出现，是由于员工的知识或技能不具备所导致的吗？
- 解决这个问题的所有措施中，培训是最优的吗？是唯一的吗？
- 确定使用培训来解决之后，有相应的转化保障机制吗？

如果以上三个问题的答案都是肯定的，那么就可以确定需选择培训的方法来解决问题。如果不是，那就应该再考虑其他的解决办法，比如改进管理机制、优化工作流程、加强文化引导等。

（2）长期目标

这是人才培养要关注的重点，即基于组织未来（1年以上）发展需求，为企业选拔、培养及输送实现战略所需要的人才，打造一支素质优良、数量充足、层次分明、结构合理的人才队伍，从而支撑企业发展战略的实现。

某省电力科学研究院2016—2020年人才培养目标：力争到“十三五”末，建成一支布局合理、能力胜任、敢挑重担、勇攀高峰的专家人才队伍，实现专家人才“135”建设目标，即10名国网公司级专家人才、30名省公司级专家人才和50名院级专家人才（不重复累计），为我省电网发展提供强劲的技术支撑和智力保障。

企业人才培养的核心就是搭建关键岗位的人才梯队。所谓关键人才梯队建设是通过合理设计关键人才结构和序列，有效地进行关键岗位后备人才的选拔、培养和管理，为各层级各序列的关键岗位培养接班人，做好人才储备，以确保能够及时补充和接替现任关键岗位人才变动时出现的岗位空缺，达到为企业持续发展提供所需人才资源的目的。这样就形成了层次不同、承接有序的人才队伍，就仿佛站在梯子上有高有低一样，被形象地称为“梯队”。而建设人才梯队的最主要目的就是防止人才断层，从而为实现企业的愿景和战略目标提供坚实的人才保障。说白了，企业要有意识地去培养明天的人才。

很多世界500强优秀企业都建立起了自己的人才梯队，例如IBM的“长板凳”计划。在“长板凳”计划中，每位主管级以上管理者必须把培养下属员工当成自己职责的一个组成部分，负责选拔自己的继任者。选拔过程是公开的，每位后备人才都知道公司对他们的关注及对其价值的重视。之后公司为这些被选拔出来的继任者提供各种指导以及锻炼的机会，使他们不断成长，具备承担更高职责的能力。如果管理者不能培养自己的接班人，那么他就只能停留在原有的职位，得不到晋升。由于 IBM 的接班人计划与美国棒球比赛时换人的情景极其相似，因此被形象地称为“长板凳”计划。

但企业在进行人才梯队建设的时候，要注意避免“人盯人”的继任计划，即一个关键岗位确定 1~2 名后备人选后，只有上面的人早日升迁或离开，接班人才有机会得到晋升，这样人才储备就变成了“人盯人”。这样设计的后果往往造成后备人才计划范围过小、目标性过于明显，一旦某人被定为后备人才，其他人员就会感觉丧失了发展机会，随之带来的就是消极怠工。另外，如果后备人才迟迟得不到提拔，反过来又会认为是上级在打压自己，导致上下级的矛盾。因此，在进行人才梯队建设时，要从总体上考虑培养一群高潜力的人才作为关键岗位的后备人才，并不具体指定为某个“人”的后备，也不许诺其一定能够晋升。与此同时，企业要为高潜人才提供更多的平台机会，而不是限定于某个部门或某个职位。只要企业发展得好，不断拓展新的业务领域或转变经营管理模式，机会就足够多。当后备人才准备好后，如目标岗位没有空缺，就可以委派其开拓新的市场，承担新的任务。例如近些年国内的互联网企业发展迅速，在很多细分领域涌现出了独角兽企业，如交通出行、餐饮外卖、电商购物等。这些独角兽企业都是从单一产品或业务切入，在资本的推动下发展壮大后又拓展到了其他业务领域，“跑马圈地”，并与其他领域的领先者发生直接竞争，同时也要防止其他领域跨界而来的“入侵者”，可以说互有攻防。比较有代表性的如美团，最早是团购起家，后来先后进入餐饮外卖、影票订购、酒店预订、共享单车等领域，都做得风生水起，这就为内部人才提供了很多职业发展机会和用武之地。

所以后备人才梯队的建设和培养不要指向某一特定岗位，而是从整体上面向一组可以晋升和发展的职位，从而减少在组织内部的负面影响。但要注意的是，此种设计的前提是这一组不同岗位间存在通用的、可迁移的能力需求，并以这些能力为基础设计培养提升计划。

此举，一方面解决了现任管理者对被取代的担忧，可以更好地为后备人才提供帮助和指导；另一方面为后备人才提供了更多的发展空间，加速其成才，使其实现职业成功。纳入人才梯队培养计划后，企业要通过一系列措施培养他们，包括组织集中学习、安排挑战性任务、开展行动学习并委任临时项目负责人、内部轮岗并安排导师辅导等，加速他们的进步成长。同时，在培养过程中，企业要积极地对后备人才的发展情况进行跟踪和考察，及时地指导和反馈，并根据实际情况采取调整措施，安排下一步的行动。

喜欢看NBA的朋友都知道，美国拥有世界上数量最多的篮球巨星，各个球艺精湛，身价不菲。但在2004年的奥运会篮球决赛上，阿根廷队爆冷击败了拥有艾弗森、詹姆斯、邓肯等球星的美国梦之队，勇夺奥运会金牌。事后通过分析发现，那届奥运会美国篮球队之所以失去金牌，最主要因素是队内不团结，队员都是大牌球星，谁都不服谁，结果大家在比赛时更多的是单打独斗，不愿把得分机会让给队友。而阿根廷队虽然没有那么多亮眼巨星，但从整体上看，阿根廷队的配合更加默契，团队协作十分完美，最终赢得了比赛。

在企业中也常有这样的情况：有的团队，虽然成员个个能力都很强，但整体能力并不见得就好。因为成员间彼此都不服气，配合不默契，工作难以顺利开展。而有的团队看起来成员间能力参差不齐，各有所长，但由于做到了优势互补，配合默契，往往能取得比较好的成绩。虽说“没有完美的个人，只有完美的团队”，但只有充分考虑到成员之间年龄、技能、性格等方面的差异，建立起优势互补、搭配合理的团队，其整体能力才能远远超过个体的能力之和，获得 1+1>2 的效果，有力地支撑组织战略发展目标的实现。

因此，要搭建好人才梯队，从层次和结构上适应发展战略的需要，形成有利于组织整体的核心能力。

第三章

界定标准：定好标尺量出“真人才”

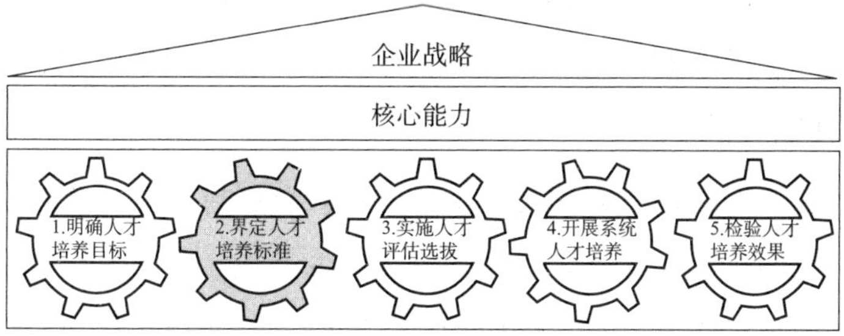

知识经济时代，几乎所有的企业管理者都知道人才的重要性，但是并不清楚自己的企业到底需要什么样的人才，而且每个人对人才的评判标准各不相同，往往“公说公有理，婆说婆有理”。

某IT公司小马研究生毕业3年，任软件工程师，平时工作积极努力，专业能力强，对上级领导交办的工作任务都能用心完成，得到上级和周围同事的一致认可。公司为了培养年轻骨干，鉴于平时的表现，决定将小马提拔为软件开发部经理。小马信心满满，准备在新的岗位上大展拳脚，不辜负公司领导对自己的信任和期望。然而，小马上任后，实际的管理工作并不是想象的那么简单。等待着他的不是鲜花和掌声，而是一大堆的麻烦事：原来关系不错的同事，变成下属后有意疏远自己；老员工工作积极性大不如前，难以调动；年轻员工专业能力较弱，工作上经常出现BUG；等等。这还没完，每天还要填很多的报表，协调跟其他部门的关系，处理临时的突发事件……一段时间下来，管理工作就出现了混乱，项目交付延期，员工怠工现象严重，而小马依然对技术情有独钟，项目每次出现技术疑难问题，他都会亲力亲为地去解决。

大家是否对这样的案例场景似曾相识呢？我们经常听到有人抱怨说，当公司把一名优秀的技术骨干提拔为管理者后，往往只得到一名蹩脚的管理者，却失去了一名优秀的专家，这对企业和员工来说是一种双输的结果。实际上，从业务骨干转型为优秀管理者，不仅仅是能力上的提升，更重要的是思维上的转变。业务和管理需要不同的思维方式、不同的解决问题的思路和方法。

通过这个案例，我们知道，正是由于没有用科学有效的标准来选拔能胜任岗位的优秀人才，才导致关键人才的选拔、培养和任用过于受上级管理者的主观因素影响，问题频发。同时，企业也要搭建起适合内部人才成长的更广阔的空间，并不是只有沿着管理这一条路线向上晋升才是职业的成功，应引导大家根据自己的兴趣专长、性格特质选择一条更适合自己的发展路线。因此，我们需要打造一把精准的标尺，量出“真人才”，把合适的人放在合适的位置上，再加以培养，才能大大提高“成才率”。

二、精准建模：制定面向未来的人才标准

1. 为什么人会有不同

自古以来，人们想得不一样，表现得不一样，经历也不一样。不同

的人做同一件事情，尤其是处理没有先例和标准答案的问题时，所得到的结果也是有很大差异的。

让我们想象一下，有一个年轻人，经历了非常糟糕的一天：

早上刚到办公室，就被部门领导叫了过去，大骂一顿。因为他昨晚加班辛苦做出来的方案被领导认为一文不值，于是他赶紧又花了大半天的时间重新写了一份。等到晚上下班准备回家的时候，他发现自己的车上贴了一张违章停车罚单。他感到非常泄气，打电话给最好的朋友想要倾诉，但是却没有打通。

如果这些事情发生在你的身上，你会怎么想？怎么做？

有的人可能会这样想：“我是个失败者”“我是个傻瓜”“我感到自己很没用而且愚蠢”“我太差劲了”。换句话说，他们会把发生的事当作衡量自己能力和价值的标尺。然后说完这些话，要么去喝酒、要么找机会冲别人大吼、要么边看电影边发泄郁闷情绪等。

但也有人可能这样想：“我会更加努力地工作，下次停车的时候我要更加小心一些，不知道我的朋友是不是今天过得不开心。”“被领导骂给我敲响了警钟，必须在工作上加倍付出努力了！”“还好我依然在这个公司工作，我还有机会向领导证明我的能力。”

由此，我们可以看出，在面对同一件事情时，具有不同心智模式的人往往有不同的思维方式，自然造成了不同结果。那些具有消极心智模式的人往往通过一两件事情就给自己贴上标签，产生挫败感，对自己失去信心，而有着积极心智模式的人即使感到沮丧，他们也准备好了去承担这个风险，乐观面对挑战，并继续为此坚持不懈。

心智模式能够决定人的成败，成功者身上往往具有积极、开放、乐观、坚毅的特质。

“牛仔大王”李维斯的西部发迹史中曾有这样一段传奇。

当年他像许多年轻人一样，带着梦想前往西部追赶淘金热潮。一日，他发现有一条大河挡住了他的去路。苦等数日，被阻隔的行人越来越多，但都无法过河。于是陆续有人向上游、下游绕道而行，也有人打道回府，更多的则是怨声一片。而心情慢慢平静下来的李维斯想起了曾有人传授给他的一个“思考制胜”的法宝，是这样一段话：“太棒了，这样的事情竟然发生在我的身上，又给了我一个成长的机会。凡事的发生必有其因果，必有助于我。”于是他来到大河边，“非常兴奋”地不断重复着对自己说：“太棒了，大河居然挡住我的去路，又给我一次成长的机会，凡事的发生必有其因果，必有助于我”。果然，他真的有了一个绝妙的创业主意——摆渡。没有人吝啬一点小钱坐他的渡船过河，迅速地，他人生的第一笔财富居然因大河挡道而获得。

一段时间后，摆渡生意开始清淡。他决定放弃，并继续前往西部淘金。来到西部，四处是人，他找到一块合适的空地，买了工具便开始淘金。没过多久，有几个恶汉围住他，叫他滚开，别侵犯他们的地盘。他刚理论几句，那伙人便失去耐心，一顿拳打脚踢。无奈之下，他只好灰溜溜地离开。好容易找到另一处合适的地方，没多久，同样的悲剧再次重演，他又被人轰了出来。在他刚到西部的那段时间，多次被人欺辱。终于，最后一次被人打完之后，看着那些人扬长而去的背影，他又一次想起他的“制胜法宝”：“太棒了，这样的事情竟然发生在我的身上，又给了我一次成长的机会，凡事的发生必有其因果，必有助于我。”他真切地、兴奋地反复对自己说着，终于，他又想出了另一个绝妙的主意——卖水。

西部不缺黄金，但似乎自己无力与人争雄；西部缺水，可似乎没什么人关注它。不久他卖水的生意便红红火火。慢慢地，也有人参与了他的新行业，再后来，同行的人已越来越多。终于有一天，在他旁边卖水的一个壮汉对他发出通牒：“小个子，以后你别来卖水了，从明天早上开始，这儿卖水的地盘归我了。”他以为那人是在开玩笑，第二天依然来了，没想到那家伙立即走上来，不由分说，便对他一顿暴打，最后还将他的水车也一起拆烂。李维斯不得不再次无奈地接受现实。然而当这家伙扬长而去时，他却立即开始调整自己的心态，再次强行让自己兴奋起来，不断对自己说着：“太棒了，这样的事情竟然发生在我的身上，又给我一次成长的机会，凡事的发生必有其因果，必有助于我。”

他开始调整自己注意的焦点。他发现来西部淘金的人，衣服极易磨破，同时又发现西部到处都有废弃的帐篷，于是他又有了一个绝妙的好主意——把那些废弃的帐篷收集起来，洗干净，并缝制了世界上第一条牛仔裤！从此，他一发不可收，最终成为举世闻名的“牛仔大王”。

2. 胜任素质的“冰山模型”

提到胜任素质，就不能不说“冰山模型”。所谓“冰山模型”，就是将个体素质形象地描述为漂浮在海面上的冰山，并将个体素质的不同表现形式划分为外显的“冰山以上部分”和内隐的“冰山以下部分”（图3–1）。

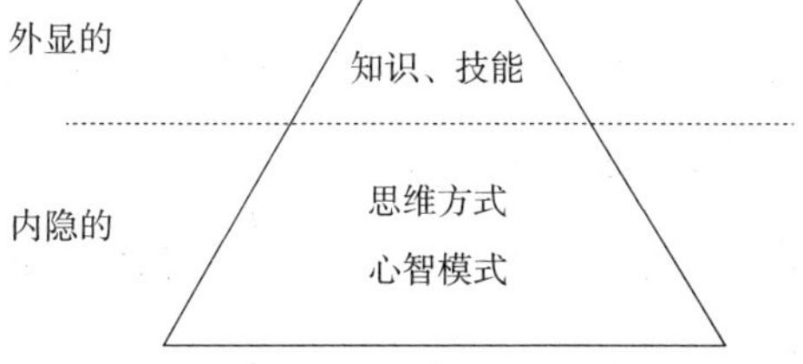

图 3–1 胜任素质的冰山模型

其中，“冰山以上部分”包括知识和技能，是外在表现，指人们从事一项工作所需要具备的信息以及运用信息进行一项活动所需要的能力，比如对某个地区风俗习惯或某类产品使用方法的了解、电脑编程的技能等。

而“冰山以下部分”，主要包括浅层的思维方式和深层的心智模式两种。

浅层的思维方式指的是人们观察、分析、解决问题时所选择的不同方式，呈现出模式化、程式化的特点。当遇到问题时，如果一种方式行不通，我们不妨换一种思维方式，说不定就能收获“柳暗花明又一村”的惊喜！

在18世纪英国将澳洲变成殖民地之后，因为那儿地广人稀，尚未开发，英政府就鼓励国民移民到澳洲，可是当时澳洲非常落后，没有人愿意去。英国政府就想出一个办法，把罪犯送到澳洲去。这样一方面解决了英国本土监狱人满为患的问题，另一方面也解决了澳洲的劳动力问题。还有一条，他们以为把坏家伙们都送走了，英国就会变得更美好了。英国政府雇佣私人船只运送犯人，按照装船的人数付费，多运多赚钱。很快政府发现这样做有很大的弊端，就是罪犯的死亡率非常之高，平均超过了百分之十，最严重的一艘船死亡率达到了惊人的百分之三十七。政府官员绞尽脑汁想降低运输过程中的罪犯死亡率，包括派官员上船监督、限制装船人数等，却都没有效果。

最后，他们终于找到了一劳永逸的办法，就是将付款方式变换了一下：由根据上船的人数付费改为根据下船的人数付费。船东只有将人活着送达澳洲，才能赚到运送费用。

新政策一出炉，罪犯死亡率立竿见影地降到了百分之一左右。后来船东为了提高生存率还在船上配备了医生。

思维方式不同，导致结果也不同。不同的事情，由不同的人去做，有时结果截然相反。所以，我们在设计和开发人才培养内容时，最重要的就是萃取解决问题的最佳经验，通过分析业务高手在处理问题时是如何思考的、如何行动的，挖掘出隐性的个人经验，提炼成显性的组织经验，并把这些最佳经验进行复制和推广，帮助更多的员工实现能力提升。

底层的心智模式则是一个人对待人事物的固有态度、观点和看法，也就是我们常说的“三观”（世界观、价值观、人生观）。心智模式决定思维方式，直接影响一个人对人及事物的认知，就如同一个“滤镜”，决定一个人能“看到”什么，是压力还是挑战，进而决定其言行。

举个例子：企业中的两位员工，突然被安排加班处理紧急任务。其中一位员工习惯消极的心智模式，认为公司在刁难自己，故意加派任务增加其工作负担，故解读为“压力”，于是消极应对工作；而另外一位员工生性乐观积极，认为这是公司对其工作能力的肯定与认可，将临时加派的任务看成“挑战”与“机会”，因此干劲十足。

正如上述例子所表明的那样，具有不同心智模式的人看待同一件事时，所得出的结论与所产生的行为，往往是迥然不同的，即使是双胞胎，长得一样，从小一起长大，想法有时也天差地别。

每个人都有自己的心智模式，过去的体验、经历，受到的教育和社会环境会决定一个人的心智模式。通常来说，0~21 岁的孩童及青少年，是可塑性最强的，也是一个人形成心智模式的最重要阶段。

这个时候，父母、教师、邻里及周围生活环境都会对其心智模式的形成产生很大的影响，所谓“近朱者赤，近墨者黑”。著名的“孟母三迁”故事，讲的是战国时期伟大的思想家、教育家孟子在小的时候，母亲多次带着他迁居，就是为了给他选择一个良好的成长教育环境，接近好的人、事、物，让小孟子能学到和养成好的习惯。

为了便于理解“冰山模型”，我们用谈恋爱来打个比方。我们在谈恋爱找女朋友时，通常容易被对方的外在形象所吸引，比如白不白、美不美、身材好不好等，这就是“冰山模型”中的“冰山以上”的指标，相对比较容易判断。但事实证明，外在的形象并不能代表一个人的全部。所以，我们还要进一步找到那些能够证明对方就是我们要找的另一半的核心素质，它们深藏在“冰山以下”，包括择偶动机、“三观”正不正、人品好不好等，这些比较难考察，也不太容易通过外界的影响而改变，但却对人的行为与表现起着关键性作用。虽然心智模式是长期形成且根深蒂固的，但并不是后天不能改变的，只是改变的过程比较困难，容易出现反复，因为一些根深蒂固的观念或习惯仍然自觉、不自觉地产生着影响。

3. 决胜未来的关键能力

20 年前，我们可能因为学会驾驶汽车而沾沾自喜，现在有了自动驾驶技术，你不会开车也能让汽车按照你规划的路线自动行驶。

10 年前，我们可能会为出国旅游但语言不通而发愁，现在 AI 同声传译系统的出现，可以帮助你实现与外国友人无障碍沟通交流。

世界正在快速变化，科技发展日新月异，或许过去让人引以为荣的某项知识技能，随时可能落伍；或许现在令人羡慕不已的稳定职业，在将来的某一天会被机器人所取代。

2020 年 2 月，波士顿动力公司开发的名为“大黄狗”的机器人，正式入职挪威石油公司，成为第一个拥有自己员工编号的机器人。“大黄狗”将在挪威海对石油和天然气生产船展开巡逻，测试并检查其故障、检测碳氢化合物泄漏、收集数据和生成报告。该石油公司运营高级副总裁在接受采访时说：“这些机器人永远不会累，它们具有强大的适应能力和数据收集能力。”

牛津大学的研究人员也曾于前几年在英国和美国做了一项调查研究，

得出一个惊人的结论：英国在未来二十年可能被机器人取代的职位比例为35%，美国比例则高达47%。面对这样的发展趋势，我们是不是有一种危机感了呢？未来的社会，不再只有人与人的竞争，更有人与智能机器人之间的竞争。

我们每个人都要思考，在人力成本飞涨的今天，如果你是老板，你会雇用效率更高、更听话、不需要休息、不用发工资的机器人，还是会雇用经常闹情绪、每天只工作8小时、有年休假、必须发工资上保险的人类呢？我们人类和机器人相比，其核心竞争力是更低廉、更高效还是更有用？

尽管人工智能未来会极其强大，但我们也不必过于忧心忡忡，有2个领域是人工智能无法取代人类的：一是需要人与人间的互动和情感交流的职业；二是需要主动创造性的职业。人工智能可以解决“从一到无穷”的问题，而人要解决的是“从零到一”的问题。没有“从零到一”的基础，就不会有“从一到无穷”的发展。凡是能够被取代的都是那些重复性、机械化程度比较高的职业，如普通文员、收银员、银行柜员、会计、翻译、法务、出租车司机、快递员等。而应用人工智能的目的也是将人类从大量重复性的劳动中解放出来，进而从事需要创造性、同情心等，具有“人类特质”的职业，比如医生、教师、研究人员、艺术家、法官、创新设计师等。

由此，我们得出结论，无论是个人还是企业，要想更好地应对内外部环境变化所带来的挑战，在未来社会占有一席之地，不被替代，不仅要学习当前的知识和技能，满足今天的现实需要，还必须从现在开始培养自己的核心能力，完善我们的底层思维模式，以适应未来的激烈竞争。

面对新形势、新挑战，哪些是我们要重点发展的核心能力呢？我认为，有五种能力是我们必须要具备的，见图3-2。

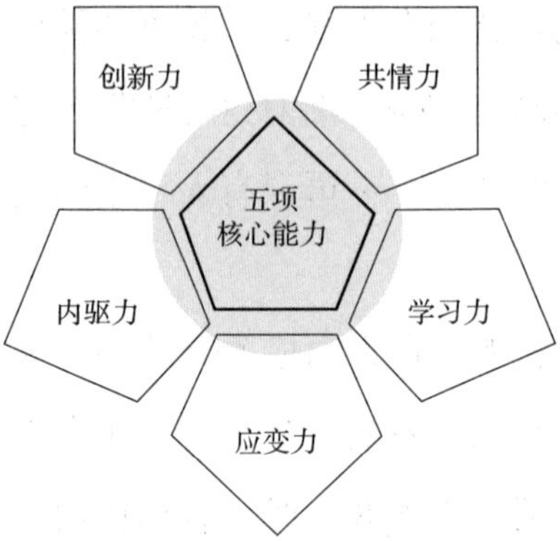

图 3-2　决胜未来的五项核心能力

（1）创新力

当今社会的竞争，与其说是人才的竞争，不如说是人的创新力竞争。创新力是指利用现有的资源和条件，提出有别于常规做法或常人思路的见解和主张，改进或创造新的事物（包括产品、方法、元素、路径、环境），并获得一定效果的能力。

进入21世纪，随着科技的不断发展、市场同质化竞争的加剧，创新力的作用更加凸显。“要么创新，要么死亡”，不管是组织还是个人，创新力的高低直接关系到其竞争力的强弱。创新力强，其竞争力也强，反之亦然。

（2）共情力

共情力也叫移情能力，是指站在他人的立场，设身处地地体验他人处境，从而感受和理解他人情感的能力。共情力在看重团队协作和合作共赢的商业社会里显得尤为重要。很多公司的管理者，都将共情力视为员工的核心竞争力之一。他们认为，共情力强的员工能够快速抓住机会，在面对变化时产生的焦虑更少，并能制定目标来营造更积极的工作环境。比如美国Spirit航空公司就是所谓的共情公司。Spirit航空公司的HR面试客服人员时，出过这样一道题目：“向一位盲人描述黄色是什么样的？”（这家航空公司的标志色就是黄色）

这道题的用意是什么？其实是在考查求职者的共情力，因为航空客服人员，需要处理的问题多数与人相关，且情况各异，拥有共情力的人才能胜任。所以，你可以尝试问问一位盲人沐浴在阳光下的感受。

（3）学习力

学习力，是指在日常的工作和生活中，积极学习新知识、新事物并且善于总结、完善、提高自身运用新知识解决新问题的能力。当今社会，知识快速更新迭代，同时面临着众多全新的领域和未知的选择，从来没有一个时代像今天这样需要不断地、随时随地、快速高效地学习。著名作家、编剧石康曾说：“一个人的死亡时间，是从停止学习开始的。”学习力本质上是一种竞争力，比竞争对手学得更快，也许是我们唯一可持续的竞争优势。学历代表过去，能力代表现在，学习力才代表未来。

（4）应变力

应变力是指面对环境变化，能迅速地做出反应，并寻求合适的方法，使事件得以妥善解决的能力。无论是在商场还是在战场上，快速反应和适应能力都至关重要。VUCA［Volatility（动荡性）、Uncertainty（不确定性）、Complexity（复杂性）、Ambiguity（模糊性）］时代，无论个人还是组织，都处于变化多端的复杂环境中，遇到的很多问题、发生的很多情况都是之前未曾遇到的。如果还是沿用过去的经验和做法来解决新问题，很可能完全无效。因此，我们需要审时度势，随机应变，学会在变化中产生应对的创意和策略，与不确定性共舞。

（5）内驱力

正如上文所讲，为什么同样身处逆境，有些人越挫越勇，而有些人就只会唉声叹气呢？关键就在于内驱力不同。所谓内驱力，是在需要的基础上产生的一种内部唤醒状态或紧张状态，推动有机体活动以满足需要的内部动力。说白了，就是一个人发自内心地要把事情做好的欲望，而不在乎为此付出艰辛和努力，即使面临挑战或深陷逆境，依然能为目标不懈努力。

有一句话说得非常好：“清晨，叫醒你的不是闹铃而是梦想”。内驱力强的人，为了追求成就感，实现人生价值，“不待扬鞭自奋蹄”；而内驱力弱的人，则习惯于待在舒适区，安于现状，得过且过。可见，内驱力的强弱自然导致了资历背景相似的人，最终走向成功或者平庸。

4. 胜任模型的类型

胜任模型的分类方法不尽相同，为了方便分类管理，通常将胜任模型分为通用力模型、专业力模型和领导力模型（图 3–3）。

通用力模型：是基于核心价值观，需要组织中所有人员都具备的、基础而重要的素质特征组合，如服务意识、团队合作、结果导向等。

专业力模型：是依据员工所在的岗位序列或是部门类别不同而需要具备的特定能力的组合，如一名优秀的销售人员，需要具备良好的沟通能力、灵活应变能力。

领导力模型：是要求担负团队管理职责的各级管理者具备的一系列不同素质的组合，如战略思维、团队管理、变革创新、追求卓越等。

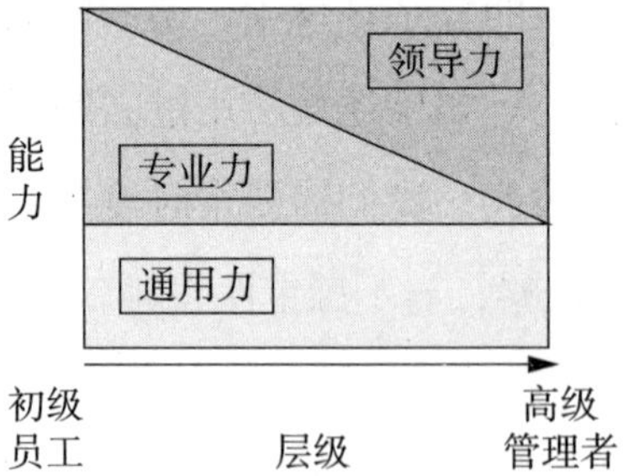

图 3–3　胜任模型类型

5. 胜任模型的构成

只是区分胜任模型的类别还远未完成模型的构建。实际上，一套完整的胜任模型，应该包含模型结构、指标名称、指标定义、指标维度、行为等级等几个部分。

（1）模型结构

模型结构就是将模型的指标进行归类，是模型的一种结构化表达，帮助我们一目了然地看到自己要达到更高层级应当努力的方向和重点。一个好的模型结构，能够更好地体现出企业特色，更加易懂、易记，有利于宣传和推广。常见的模型结构有并列型、总分型、阶梯型等。

例如，著名的阿里巴巴“九板斧”领导力模型就很有特色（图 3-4）。

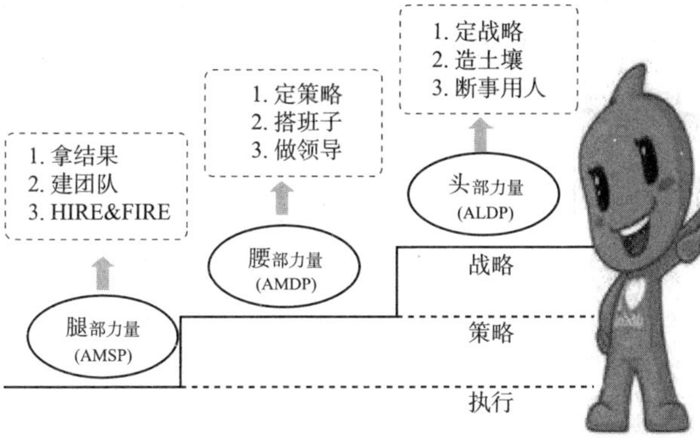

图 3-4　领导力模型示例

阿里巴巴“九板斧”领导力模型，从低到高分为 Manager Level、Director Level、VP Level 三级阶梯，分别代表执行、策略和战略，而且每个层面都有三件核心的工作，合起来就称为“九板斧”，非常形象直观地说明了针对基层、中层和高层不同的管理层级的定位和能力要求。

（2）指标名称

指标名称对胜任模型非常重要，指标名称取得不合适，就会使人们对指标的理解产生歧义。一个好的指标名称，能使模型更好地宣传和推广应用。判断指标名称好坏的标准主要有：一是能准确地概括指标的内涵，不产生歧义；二是能够体现出企业和岗位特色；三是名称通俗易懂，容易理解和记忆；四是指标名称的字数比较统一，如都采用四个字或五个字，如战略理解、系统思维、变革管理等。

（3）指标定义

指标定义，是对指标内涵的详细、准确的说明。指标定义要求准确地表达指标的内涵，且要与指标名称、维度相互呼应，保持一致；同时也要求简洁明了、通俗易懂，让人们一看就能明白指标的内涵。

（4）指标维度

指标维度，又叫二级指标，是指标之下构成一个指标完整内涵的几个要素。如果说指标是分子，那维度就是原子，不同的原子构成不同的分子。比如沟通能力是一个指标，它可分为四个维度：沟通意识、倾听反馈、有效表达、人际洞察。设置维度的目的，是更加清晰、具体地把胜任力指标的内涵呈现出来。每个指标的维度数量一般在2~5个，维度太多、分解过细则太复杂，可以拆分为两个指标；如果只有一个维度，维度就等于指标，没有必要设两个名称。划分维度时，必须要遵守MECE（相互独立、完全穷尽）原则，即：在同一个指标里面，各维度之间必须是相对独立的，在意义上没有重叠和交叉；各维度结合在一起，必须能全面反映该指标的内涵和意义。

（5）行为等级

不同的岗位和层级，对某一项素质能力要求的深度和广度是存在差异的。例如很多岗位都需要沟通能力，但是每个岗位对沟通能力的要求维度是不一样的。有些岗位只要做好简单的沟通交流就好，如维修技师；有些岗位则需要良好的沟通谈判能力，如市场销售。同样，不同层级对沟通的要求程度也不一样。例如职能类基层员工通常能与团队内部员工做好沟通即可；中层经理则还要具备跨部门的沟通和协调能力；到了高管层面，不仅要在内部具有感召力，还要具备外部的公关交际能力。所以，要将指标按不同的行为要求分为几个等级，即行为等级。

行为等级的划分有利于量化评价，也使培养发展具有导向性。一般而言，一个指标分为三四级较为常见，如卓越、良好、合格或一级、二级、三级。行为等级的描述不能使用“不能”“能够”“善于”“非常”“比较”等程度副词，行为等级之间必须要有明显的递进关系，用明确清晰的行为模型将其描述出来，且行为等级提高，其行为描述的指标在深度、广度、难度上也逐级递增，其对高绩效的支撑作用也增强。

这样，指标维度和行为等级，分别从横向和纵向两个角度对模型指标进行了细分，构成了一个非常清晰的行为矩阵（表 3–1）。

表 3–1　某企业胜任模型指标样例

<table>
<tr><th colspan="4">指标名称：系统思考</th></tr>
<tr><th colspan="2">指标定义</th><th colspan="2">典型负面行为</th></tr>
<tr><td colspan="2">深入、全面地分析和思考问题，对相关影响因素进行系统考量，并善于总结和归纳问题的本质，掌握事物的发展规律与趋势</td><td colspan="2">· 停留在问题表面，抓不住问题的实质和关键点
· 考虑问题不全面，用单一思路解决问题
· 只关注眼前，将问题看成是孤立、静止的</td></tr>
<tr><th>维度</th><th>等级 1：注重思考</th><th>等级 2：全面思考</th><th>等级 3：前瞻思考</th></tr>
<tr><td>深入性</td><td>深入分析问题背后的关系，不被表面现象迷惑</td><td>从已有现象引申地看问题，深入问题的其他环节</td><td>抓住问题的本质，将问题抽象归纳，从本质上分析和解决问题</td></tr>
<tr><td>全面性</td><td>从多个角度提出问题并进行分析和判断</td><td>考虑问题时，习惯从不同角度进行系统分析，综合多种信息做出判断</td><td>具有结构化思维，能够系统分析、理解问题，找出零散信息的共同特征，加以整合思考</td></tr>
<tr><td>前瞻性</td><td>注意到问题发生、发展过程中的动态变化</td><td>理解问题发生、发展过程中的动态变化，对可能发生的变化提前做出判断</td><td>准确预测事物未来的发展方向，并利用对事物发展方向的预测，制订有针对性的计划，提前采取应对措施</td></tr>
</table>

6. 胜任模型就是任职资格体系吗

经常有人将胜任模型与任职资格体系相混淆，甚至有人把任职资格体系等同于胜任模型。实际上，胜任模型与任职资格体系是有明显区别的（表 3–2）。

表 3–2　胜任模型与任职资格体系对比

	胜任模型	任职资格体系
起源	美国	英国
关注点	关注的是优秀员工应具备的深层次的素质，包括动机、品德、能力、个性等特征	关注的是合格员工应具备的浅层次的素质，如知识、技能、经验、学历等因素
作用	选拔类标准，区别优秀员工和一般员工的差异	门槛类标准，判断员工是否合格
适用对象	管理类岗位以及其他关键人才	技术、技能类岗位
适用企业	成本偏高，适用于大型企业	成本偏低，适用于中小型企业

任职资格指的是特定岗位合格任职者应具有的基本素质条件，主要指冰山可见的部分，包括知识、技能、经验、学历等资格要求以及少量的素质要求。比如在企业的招聘广告上，经常能看到某些岗位招聘要求中有“211 或 985 大学本科毕业、人力资源专业、英语 6 级、3 年相关工作经验、25~35 周岁、普通话标准、表达流利”等类似字眼，这些都是岗位的任职资格，也就是说如果不具备这些条件，原则上应聘者是不能入选的。为什么呢？因为假若你不具备这些条件，那么很可能连这个岗位最基本的工作都完成不了，就像没学过开车而要从事司机工作一样，再强的沟通能力也不能帮助其完成任务。也就是说，这些学历、知识、技能、工作经验等任职资格要求是确保人员能够顺利完成所在岗位工作的必要条件。

而胜任能力是将某一工作岗位中表现优秀者与表现一般者区分开来

的个人的深层次特征，多指冰山以下内隐的部分，如价值观、性格特质、动机、思维方式等。比如奥林匹克运动会的参赛代表团，都是从各个国家的无数合格的体育运动员中选出最有潜力拿奖牌的优秀运动员。而这些被选中的运动员，之所以能够有幸代表自己的国家参赛，不仅是在平时的训练和比赛中有好的成绩，还具备在国际大赛中的抗压力和追求卓越的内驱力，能够体现和发扬奥林匹克精神。

所以，岗位任职资格可以筛选掉差的，但留下的不一定都优秀；而岗位胜任能力则是在岗位任职资格的基础上，选拔出优秀的。

当然，我们在开展人才培养时，为了全面衡量一个人的能力，通常会对知识、技能、能力、特质、绩效等进行全方位、多维度的考察，也就是不局限于潜在的素质能力，还包括员工在实际工作过程中表现出来的、被证明了的实际能力。

7. 胜任模型过时了吗

在追求速度及创新优势的互联网经济时代，一切都在快速变化中，因此有人说胜任模型已经过时了，理由是现在讲究快餐式的培训、速食性的知识，提倡碎片化快捷式的学习方式，如果还继续沿用相对静态的胜任模型去培养人才，就会跟不上时代的步伐。但我认为，这种观点只说对了一半。因为，胜任能力既是一名员工做好一项工作的基础，更是判断其未来发展可能的标准，比如专业能力、沟通协调、业绩导向、团队合作、学习创新等。只有打好了这个基础，才能更好地应对外部的变化，不断地创新，从容应对各种挑战。

胜任模型所指明和要求的，不仅是做好一项工作所必需的能力素质，更是一种能应对不确定性挑战所需要的底层能力素质，如创新思维、应变能力等，只有具备了这些能力素质，才能更好地应对和解决复杂的业务难题。

在我国，大家都知道周恩来总理是著名的外交家，但当时还有一位外交家也非常的知名，就是凌青。

凌青，原名林墨卿，是著名的民族英雄林则徐的第五代孙，1923年生于北京，毕业于燕京大学，1944年到达延安，更名为凌青。新中国成立后，凌青任外交部美澳司第一科科长，成为周恩来任外交部部长时最早分管美国事务的高级官员。

20世纪70年代初，对抗了几十年的中美两国发生了一场使中美关系解冻的“乒乓外交”，而中国方面具体实施这一外交任务的就是周恩来总理亲自点的将——凌青。

在美国代表团乘坐的班机降落在北京机场前，凌青亲自到机场巡行检查，当他一眼瞥见悬挂在机场醒目处的一条“全世界人民团结起来，打败美国侵略者及其一切走狗”的巨幅标语时，顿时觉得与那天的外交活动气氛极不协调。但标语取自最高指示——《毛主席语录》，凌青犹豫再三。怎么办？最后，他还是以外交家的冷峻与严谨，果断地下达了命令：“取下！出了问题由我负责。”这在极“左”思潮猖獗的年代，该需要多大的勇气与魄力啊！很难估计，凌青这一举动在导致对抗了20多年的中美关系冰释中起了多大的作用。

1980年，国际事务经验丰富的外交家凌青成为中华人民共和国特命全权大使常驻联合国。凌青知识渊博，思路清晰，稳健、睿智、机敏，加上勤谨的工作作风，还有他那潇洒的外交家风度，一登上联大舞台，就被各国使节和新闻媒介称赞为“学者型大使”。

通过这个事例反映出，作为一名出色的外交官，需要具有很强的政治敏锐性，机智果断，心思缜密，能够敏锐地觉察出一些细微情况，从而有效地做出应对。

因此，胜任模型重在选拔有潜质的人才，并加以重点培养。例如华为公司早在2006年就提出了挑选领军人才的5个标准：主动性、概念思维、影响力、成就导向、坚韧性，然后按照这个标准从每年毕业的学生中挑选未来的领军人才。

二、三大关键，完美构建企业专属的胜任模型

作为一种舶来品，在前些年掀起一股构建胜任模型的热潮。但遗憾的是，很多企业在胜任模型的构建和应用上并不成功，往往花大价钱辛辛苦苦建出来的模型，最后被束之高阁，变成了一堆废纸。原因何在？有人认为这是因为胜任模型水土不服，不适合中国企业；有人认为胜任模型在执行方面出了问题，流于形式；也有的企业归责于咨询公司，认为他们模型建得不好。虽然原因是多方面的，但首要的是建好胜任模型，才能谈到有效应用。那么，怎样才能把胜任模型建好呢？

我认为应当把握以下三大关键，方能取得成效。

1. 选准建模对象

在企业中，有不同层级不同岗位的员工，特别是对于大型企业而言，其内部岗位数量多，人员规模大，很难一步到位完成全部岗位的胜任模型构建。这时就要找到一个适当的建模对象，以此为切入点来构建胜任模型。

一般来说，企业应该为以下类型的员工或岗位开发胜任模型：

- 创造企业核心价值的人群；
- 对未来发展有直接影响的岗位或人群；
- 需要企业自行培养的岗位或人群；
- 可替代程度较低的岗位或人群。

也就是说，不是所有的岗位都需要构建胜任模型，而是应当选择企业中的关键岗位来建模，如果关键岗位较多，则首先选择任职者数量众多的岗位。比如，很多高速发展的企业从中层管理人员开始建模，一些

高新技术企业则从核心技术岗位（如设计师、工程师、产品经理）开始建模。如果一定要做到全员覆盖的话，可以分层级、分序列进行建模，不建议每个岗位都构建模型。因为同一个层级或序列在胜任能力上存在很多共性的东西，差异主要在于知识和技能，容易掌握，如果每个岗位一个模型就会导致颗粒度太细，在模型的应用过程中非常繁杂，不利于落地。

2. 选对建模方法

模型构建的方法也必须从应用目的出发。如果仅用于招聘选拔，对模型的精度要求并不高，也不需要有太多的企业特色，则完全可以从岗位职责出发，利用成熟的模型库进行建模，省时又省力。如果要用于人才培养，那么建模调研就必须非常深入细致，而且还需充分考虑战略发展和企业文化的前瞻性要求，对模型的精细化程度有更高要求。

总的来说，胜任模型的构建方法有两种，即归纳法和演绎法（表3–3）。

表3–3 归纳法与演绎法对比

方法类型	操作说明	优点	缺点	常用工具
归纳法（又称"行为事件访谈法"）	通过对大批人员进行行为事件访谈，收集不同类型人员的行为数据，进行统计分析后得出关键素质，形成胜任模型	有充实的行为数据来支撑胜任素质模型的有效性、精准性和客观性，可以针对收集到的行为数据进行多方面的分析	对技术要求较高，投入的人力、物力较大，耗时耗力	·工作任务分析 ·行为事件访谈 ·焦点小组访谈 ·问卷调研 ·模型编码 ·数据统计分析
演绎法（又称"战略分析法"）	根据企业的战略进行分解、岗位任务反推，通过小组讨论或研讨会的方式得出针对某类员工的关键素质，并形成每个素质的定义和层级	所建立的胜任素质模型能体现出未来战略的导向性和牵引性，比较符合企业的现状，可以集中反映战略对人员的要求，也能在一定程度上反映岗位要求	缺乏实际的数据来支撑胜任素质模型的有效性。不够精准，受参与人员的经验和观念的影响较大，具有较大的主观性	·战略文化演绎分析 ·高管访谈 ·头脑风暴法 ·专家小组讨论 ·标杆分析

通过对比，我们了解到，归纳法是自下而上进行的，更多的是总结提炼优秀人员的共性特征；演绎法是自上而下进行的，更多的基于公司未来的发展要求，具有导向性和牵引性。

而以战略为导向的人才培养体系，宜在胜任模型的构建上以战略演绎法为主，着眼于企业未来发展需要，并结合归纳法进行修正。这样，既体现了模型的战略要求，具有前瞻性，又能与实际工作相适应，更接地气。如果只采用单一的方法，模型的适用性就难以保证。

常用的建模流程见图 3–5。

图 3–5 建模基本流程

第一步：厘清战略

分析和厘清组织的愿景、使命、战略和核心价值观，并明确为了实现公司的发展战略目标，对组织核心能力的要求是什么。此步骤主要采用高管访谈、战略文化分析的方法。

第二步：推导职责

确定核心能力后，再对核心能力进行分解，进一步推导出承载核心能力的关键岗位都有哪些，以及具体职责的范围和要求。此步骤主要采用工作任务分析、行为事件访谈、问卷调研、焦点小组访谈的方法。

第三步：提炼特质

召开专家小组研讨会议，根据关键岗位的职责及公司战略文化要求，分析和提炼关键岗位人才所需要具备的能力特质，初步形成关键岗位的胜任能力模型。此步骤主要采用数据统计分析、头脑风暴、专家小组讨论的方法。

这一步骤是整个建模过程的核心和关键。具体做法是邀请 5~10 位内部专家参加研讨工作，由具有引导技巧的专业人员带领完成模型的构建。

研讨建模时，由主持人将印有胜任素质相关信息的卡片发给参会人员，人手一份，并宣讲卡片主要内容、用途以及建模流程。然后由参会人员对所有素质卡片进行仔细阅读，对照素质卡片，根据目标岗位性质特征和发展需要，进行目标岗位需要具备该胜任素质的必要性程度分类。

必要性分类等级标准如下：

A. 必要　B. 重要　C. 具备了更好　D. 帮助不大　E. 不需要　F. 不确定

每名参会人员都必须做出评价，如果没有足够的信息对这项能力素质的重要性进行评估，可先选“不确定”。最后进行小组讨论，再次确定“必要性程度”，做出 A~E 级的评价。所有胜任素质评价完毕，再按必要性程度，把“必要”和“重要”的胜任素质提取出来，初步建立目标岗位胜任素质模型。

第四步：验证模型

向关键岗位任职者及其上级确认胜任模型中的素质要素是否为驱动任职者达成高绩效的关键因素，同时还要确认对素质要求的界定与划分是否准确，是否还有其他重要的素质被遗漏等。此外，还可以选取标杆企业，对本企业的胜任模型进行校正。此步骤适宜采用专家小组讨论、标杆分析的方法。

第五步：宣导传播

模型建构之后，还要对建构的模型进行美化设计，使其易于记忆和传播，并自上而下进行培训宣贯，确保组织所有人对模型的作用、内涵和标准的理解是一致的，尽可能减少落地应用过程中的偏差。当然，胜任模型的构建不是一劳永逸的，需要在应用过程中根据企业所处的不同发展阶段、战略的调整以及内外部环境的变化，及时进行优化迭代，形成最适合本企业的胜任模型。

3. 选好建模专家

胜任模型构建是一项技术难度较高的工作，因此选好具体负责这项工作的人员非常关键。如果建模人员不专业，不会进行战略文化分析，访谈时不能挖掘出有效的行为事件，或者编码和数据统计过程有偏差，都会导致建模的信度和效度降低。因此要保证模型建构成功，企业必须选择有较高专业水平的建模人员。

专业的建模人员，除了具备扎实的胜任模型和人才管理相关知识，掌握胜任模型构建的工具应用技巧（如行为事件访谈、头脑风暴法、编码、数据统计等），还应当具备较强的系统思维、总结归纳能力、文字表达能力、沟通协调能力、创新能力。如采用研讨建模的方法，还需要安排一名熟练掌握引导技巧的主持人。主持人可以是内部负责素质建模工作的 TD 或 OD 经理，也可以是外部专业顾问。

需要注意的是，在建模过程中，企业内部专家的参与必不可少。这些专家可以是研究对象的上级主管、该项工作的明星员工（表现一般的员工不应包含在专家之列，因为他们并不知道表现优秀者的特征），也可以是十分了解该工作的人力资源管理者。很多企业认为，既然花钱聘请了咨询公司，就应该把开发工作全部交给外部咨询顾问完成，自己再费力气，岂不是花冤枉钱。这种观点实际上是有偏差的。在胜任模型构建中，企业管理人员和外部咨询顾问各自有其不可替代的作用。最需要内部专家参与的环节，就是胜任素质的提炼。基于同一个行为事件，咨询顾问与企业内部专家所提炼出的胜任素质，可能存在较大的差异。其原因在于，外部咨询顾问对企业的背景和情况没有内部人员熟悉，从而在判断上会出现一定的偏差。此外，模型的真正使用者是企业管理人员，亲自参与能力指标提炼工作有助于企业管理人员准确把握各项胜任素质的含义，并有利于增加他们的认可度，在模型的落地应用过程中获得更多的支持。

案例 某电力公司基于企业战略的素质模型构建

（一）战略解读

2018 年，某省电力公司以习近平新时代中国特色社会主义思想和国网公司“一六八”新时代发展战略为指导，提出了本省电力发展的新时代战略构想，即“44363 企业战略”（图 3–6）。

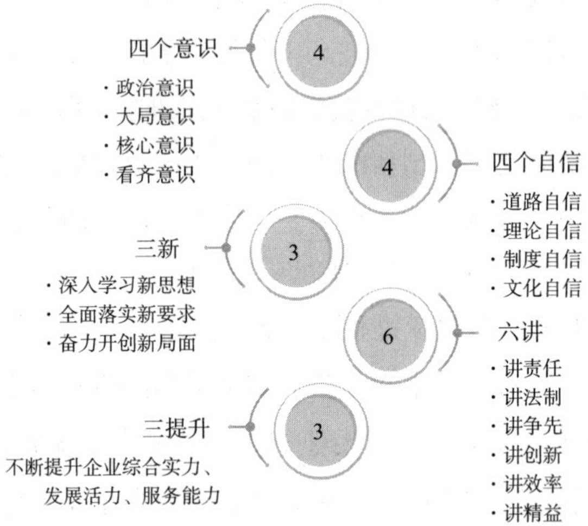

图 3–6 某电力公司“44363”企业战略内涵

（二）能力拆解

接下来召开专家小组研讨会，以“44363 企业战略”为依据，通过内外部专家们的头脑风暴，群策群力，列举出该公司的干部能力素质，并以素质卡片的形式进行了汇总、分类，见表 3–4。

表 3–4 干部素质项总览

四个自信	四个意识	三新		六讲	三提升	党对干部的要求
政治基础	政治思想	政治理论	电力体制改革	勇于担当	战略思维	信念坚定

续表

四个自信	四个意识	三新		六讲	三提升	党对干部的要求
政治理念	政治敏锐性	政治敏锐性	前瞻思维	勤勉敬业	大局观	为民服务
政治信仰	政治鉴别力	政治立场	创新精神	法治精神	务实精神	勤政务实
实干精神	政治纪律	责任感	战略思维	法律法规	担当精神	敢于担当
优政意识	全局观	学习能力	科学管理	法律实务	团队协作	清正廉洁
精益求精	前瞻力	自我反省	科学决策	进取精神	沟通影响力	政治忠诚
国际视野	战略思想	团队领导	服务精神	情绪管理	创新意识	公正正义
品牌管理	奉献精神	宣传感召力	公平正义	工作热情	下属激励	开拓精神
成就动机	宣传感召力	务实精神	严守政治纪律	学习能力	标杆意识	成就导向
追求卓越	科学管理	科学计划	廉洁自律	创新思维	绩效管理	
创新精神	政策理论水平	部署监督	质量管理意识	主动性	民主管理	
	主动担当意识	形势预判	安全管理意识	协同性	服务意识	
	自我反省	与时俱进	财务管理知识	预判力		
	党性修养	能源领域前沿	精益管理	执行力		
	纪律观念	国企改革	法治意识	精益管理		
		市场意识	风险防范意识			
		公共关系	进取精神			
		舆情处理	服务意识			

（三）模型构建

然后专家组又进一步对所列举的干部素质项进行分析、整合和提炼，形成“政治素养、品格特质、谋划决策、管控有道”四大类能力，并以部门主任级、部门副主任级、专业处室主管级干部各自的岗位职责和要求为基础，绘制出不同层级领导干部的能力画像（图 3-7 ~ 图 3-9）。

（1）部门主任级干部能力画像

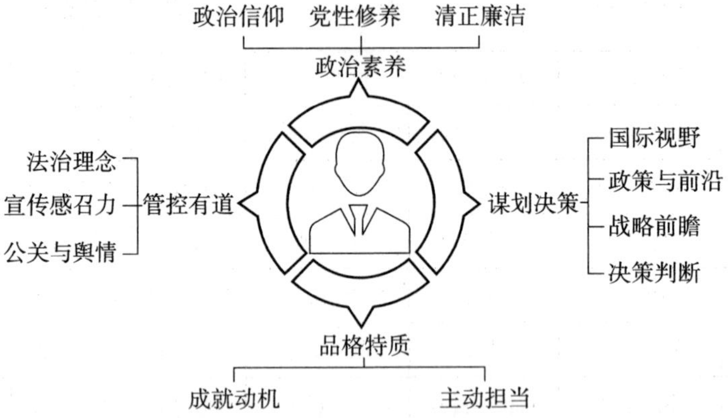

图 3–7 部门主任级干部能力画像

（2）部门副主任级干部能力画像

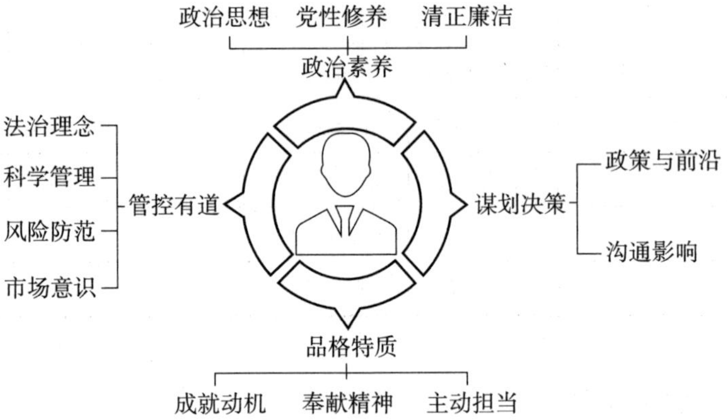

图 3–8 部门副主任级干部能力画像

（3）专业处室主管级干部能力画像

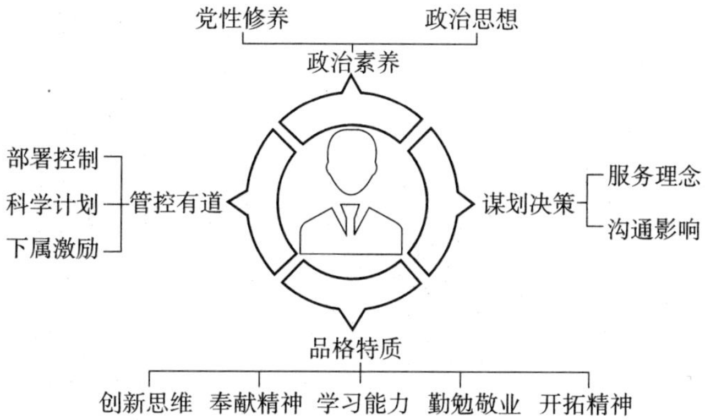

图 3-9　专业处室主管级干部能力画像

（四）内在联系

干部能力画像是基于“44363”企业战略推导出的能力模型，每一项能力都来源于企业发展战略要求（图 3-10～图 3-12）。

（1）“44363”企业战略与部门主任级干部能力的内在联系

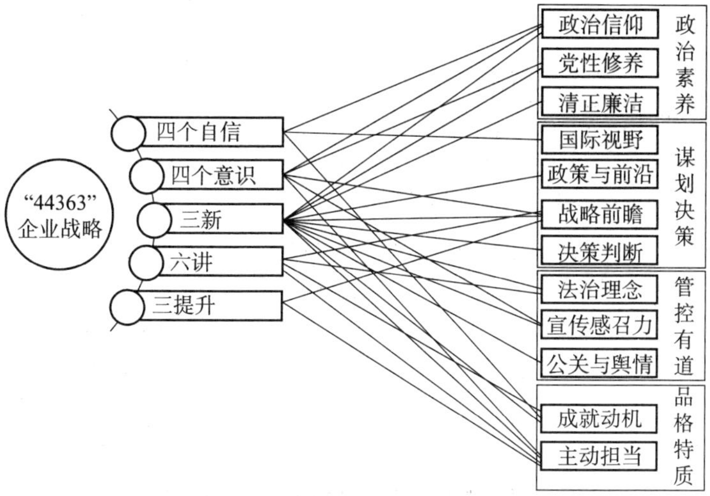

图 3-10　企业战略与部门主任级干部能力的内在联系

（2）“44363”企业战略与部门副主任级干部能力的内在联系

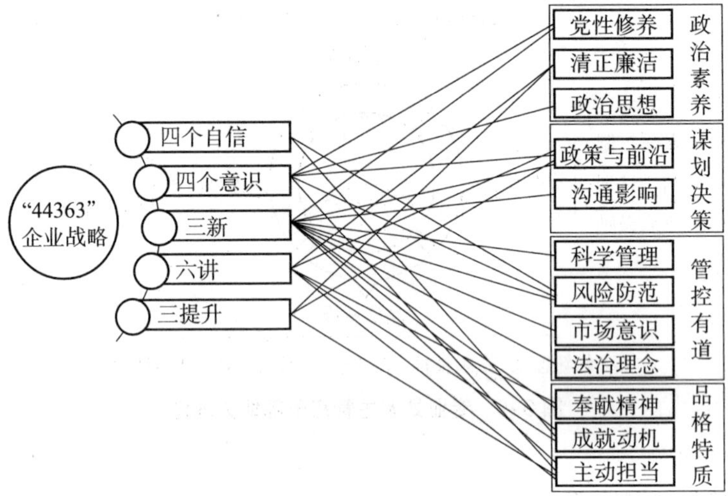

图 3–11　企业战略与部门副主任级干部能力的内在联系

（3）“44363”企业战略与专业处室主管级干部能力的内在联系

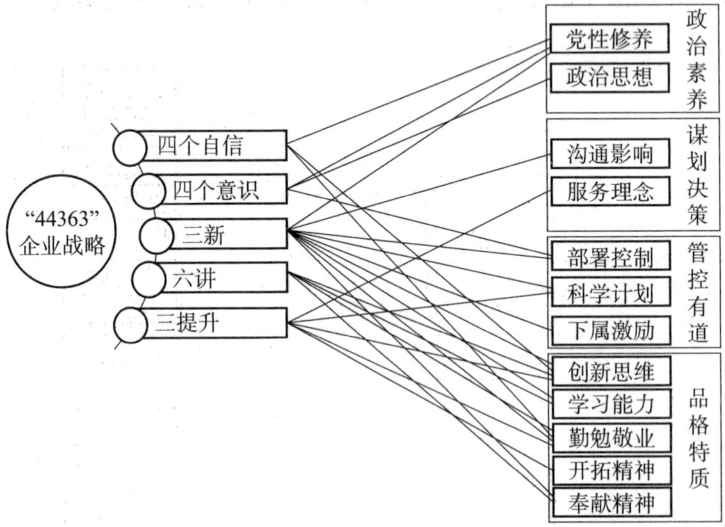

图 3–12　企业战略与专业处室主管级干部能力的内在联系

总之，胜任模型对企业的最大价值在于，通过找到现时优秀人才的共性特征，以及着眼于企业未来战略发展对人才的要求，构建出清晰、统一的人才标准，使企业选人有依据、培养有目标、行为有导向，为公司战略目标的实现提供人才支撑。

三、一封辞职信引发的思考：职业发展刻不容缓

某国有企业部门负责人李主任一天刚上班就收到去年新招来的应届生小刘递交的辞职信，甚是惊讶。小刘重点大学毕业，工作积极主动，又有发展潜力，是公司计划重点培养的对象。李主任带着疑惑的心情开始看小刘的辞职信：

辞职报告

李主任您好：

感谢领导这一年多来对我的关心和照顾！我是××××大学毕业的，在校学习成绩也不错，本来想到咱们公司这个大平台实现理想和抱负。但一次参加同学聚会，发现许多同学已经在北上广等大城市做了主管、经理，收入也颇高，可我来了一年多，还在部门里担任普通的职员，每天做些简单琐碎的工作。工资低、工作辛苦不说，论资排辈，不知道什么时候才能升职。

所以，我希望到外面的世界去追寻更合适的机会，望领导批准。

辞职人：×××

日期：×年×月×日

看完，李主任才明白，小刘名校毕业，能力不错，可是心气高，不甘心长期从事一线工作，觉得自己晋升遥遥无期，又有同龄人较大的对比反差，才萌生了去意。

案例中的小刘实际上代表了很大一部分新入职的员工，专业对口、能力不错，也努力工作，是公司准备重点培养的好苗子，但因为觉得前途渺茫，工作就会逐渐懈怠，甚至离职而去。一项权威的调查统计显示，员工提出离职的原因排在前三位的分别是职业发展受限、薪酬待遇偏低、与上级闹矛盾。这个时候，就需要公司为其指明前进的方向，让员工感受到自己有努力的目标，有奋斗的意义。

尤其是“90后”新生代员工，他们是见证了中国由势弱走向强盛的一代人，多数家庭条件较好，没有经济压力，因此已经直接跳出了马斯洛需求理论中的低层次需求，即生理和安全需求，更加关注社会认同感和彰显个人价值的高层次诉求。一旦这种诉求得不到满足，就会马上辞职。每一名员工都有从自己的工作中得到成长、快乐以及获得满足感的强烈愿望和诉求，这就是职业发展。为了实现这种愿望和诉求，他们希望制订出自己的成长发展计划，在自己的职业生涯中顺利成长。

实际上，人才培养与职业发展是密不可分的，相互促进、相互依托。国内一家权威机构调查结果显示，造成很多企业核心人才流失的重要原因，不仅仅是薪酬的高低，还有职业发展受限，没有晋升空间。所以，我们在企业中开展人才培养，不能局限于人才培养工作本身，而要从企业人才管理的角度思考，不仅育好才，还要留好人。否则，人才培养工作做得再好，也只是给他人做嫁衣，成为竞争对手的培训基地。人才培养的目的是为满足公司可持续发展对各个层次人才的需要，搭建起各个层级的人才梯队，进行有序培养和输送，更多是基于企业需要；而职业发展，则是员工为了在职业生涯中实现个人价值并获得社会认同，所规划的不同阶段职业目标以及所采取的一系列自我提升的行为。人才培养要达到理想的效果，不能仅站在公司角度，同时也要考虑员工的发展诉求，将两者有机结合。必须让员工明白，职业要发展就必须不断学习，职业的未来掌握在自己的手中，只有不断学习才能提升自身能力，在企业更好地发挥个人价值，为自己的职业发展创造更好的舞台。

而员工职业发展并非员工一个人的任务，也要求公司参与到员工的职业发展规划中。我们不能把企业与员工之间的关系，简单定义为雇佣与被雇佣的关系，更应理解为相辅相成的合作关系。因此，企业要对员工的职业发展加以教育引导，将员工个人的发展融入企业的发展之中，进行有效的职业发展管理，从而实现共赢。员工首先要根据自身特点，通过对所在组织的内外部环境分析，进行个人职业定位，规划职业发展目标，制订和实施职业发展计划，并定期对职业发展情况进行评估和修正。而企业要搭建起清晰明确的员工职业发展通道，了解和关注员工尤其是关键人才的需要、能力及目标，然后结合企业的需要为其职业发展规划提供指导，并在执行过程提供帮助和支持，解决员工在职业发展中遇到的瓶颈和困惑。同时，企业应定期对员工的实际表现进行评估，提出改进建议，不断提升其能力，帮助他们更好地实现职业发展目标，使员工真正安心于企业工作，获得归属感。

企业的职业发展工作主要包括两大部分：职业通道的设计和职业发展的管理。

1. 职业通道的设计

（1）设置双向职业发展路径

职业发展路径通常分为纵向和横向，使得员工既能够横向发展，也可以纵向发展，为员工提供多种选择。

传统的“I 型”或“H 型”职业发展通道，组织内部只设立单一的职业发展道路，即行政管理级别的晋升，如从一线员工晋升为班组长、从班组长晋升为主管、从主管晋升为部门经理，以此类推，直至晋升到公司总经理。但传统行政级别的晋升只能涉及很少的员工，造成“千军万马挤独木桥”的局面，一旦员工不能获得晋升，结果只有两种：要么降低工作积极性，要么离开组织另谋发展。此外，部分专业技术人才由于专长、兴趣所限，并不擅长走管理路线。如果硬把他们推到管理职位，很可能用一个出色的专家换来一个蹩脚的管理人员，造成人才的浪费。因此，为了更大限度地调动员工的工作积极性，有效地解决“一窝蜂”走管理之路的状况，实现不同人才各适其职的发展之路，在企业内部除了设置管理序列发展阶梯外，还要设置专业技术序列发展阶梯，两条阶梯同步发展，呈现出“Y型”职业发展通道（图3-13）。因为员工的满足感不仅来自传统的行政级别晋升，还包括技术水平、专业能力以及专家权威等其他多个方面。

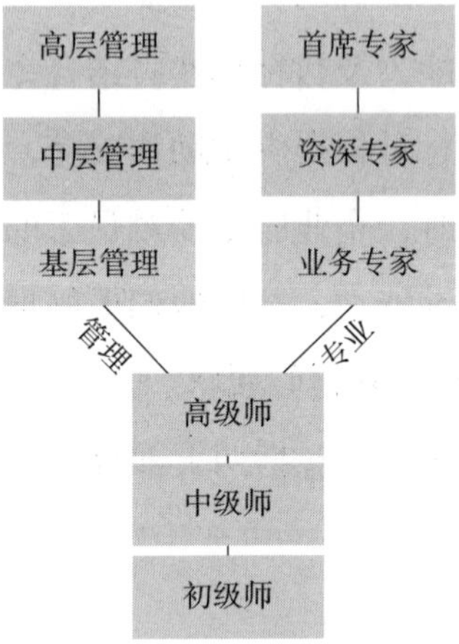

图3-13 XX公司“Y型”职业发展通道

在“Y型”职业发展通道中，员工可根据自己的兴趣与能力选择最适合的发展通道，既可以走管理路线，也可以走专业技术路线，从而拓宽了发展路径，有效避免通道堵塞带来的挫败感，让人才有径可走、有路可选。同时，让高层次的专业人才能够获得与高层管理岗位接近甚至同等的待遇和地位，让有贡献的专业技术人才即便基本工资低于管理类人员，也有机会靠项目奖金等方式提高收入。

除纵向发展，还提供横向转换机会，丰富员工职业经历、拓宽员工知识技能领域、开阔员工职业发展视野，既能激发员工潜力也能克服员工的职业倦怠感，重新焕发活力。工作扩大化及岗位轮换都属于这一模式。

（2）划分职业发展等级

在职业发展通道的设计中，一项非常重要的工作就是职业发展等级的划分，目的就是给所有的员工一定的上升空间，以利于员工自身的职业发展，同时也为企业日常的员工管理和制定与员工发展相关的政策制度提供依据。

职业发展等级是指每个职业发展通道系列内，依据不同层级所需要具备的能力素质和资历条件确定的若干等级。职业发展等级的划分要科学合理。等级过少，员工的发展空间太窄；等级过多，又不利于明确区分员工的能力差别。因此，在规划等级时，要以员工职业发展的一般规律作为基准，并综合权衡各职位族内现有的人员状况、未来组织发展的需求，以及能力测评的可衡量性等多种因素。

人才成长一般呈现出“哑铃型”，即处于最基层员工的工作会涉及职位族中几乎所有的工作，但是对各项能力要求均不高；随着员工等级的提高，对其能力要求也逐步增加，员工工作开始出现细分，要求员工在自己专业领域能力达到精湛的程度；员工的等级继续提高，则可能出现职能再次集中的现象，要求员工在职位族中的各个领域的能力都很强，融会贯通。

一般来说，员工等级划分如下：

- 专业类发展通道由低到高划分为：初做者（Entry）、有经验者（Intermediate）、骨干（Specialist）、专家（Expert）、资深专家（Senior Expert）和首席专家（Chief Expert）六个级别。
- 管理类发展通道由低到高划分为：初级管理者（Junior Manager）、中级管理者（Middle Manager）、高级管理者（Senior Manager）、总经理（Executive）四个级别。

同时，出于激励需要，可以采取“小步快跑”的方式，即每个级别由低到高分为基础、胜任和优秀三个档：

- 基础是指刚达到本级别能力要求，尚需巩固；
- 胜任是指完全达到本级别各项能力要求；
- 优秀是指本级别各项能力表现成为公司或部门内的标杆。

（3）明确职业发展标准

确定职业发展等级后，企业应当进一步确定晋级的具体标准，即员工达到某个职业发展等级而必须具备的资格和能力，包括基本资质、能力素质和以往业绩等方面，作为员工进行职业发展规划的参考。不同企业在晋级的具体规范标准上会有差异。如某省级电力公司四级职员（相当于公司正科级）的聘任条件要满足：①近三个年度绩效积分分别不少于4.5分且不能出现D级；②大学本科及以上学历；③具有中级专业技术资格；④担任副科级职务满4年或从事管理、技术岗位工作满20年或从事技能、服务岗位工作满24年；⑤获得公司认可的各级人才称号或奖励的，可优先或提前晋级。

腾讯公司将专业族级别标准分为能力项与基础项两个部分。能力项包括领导力、业务导向、知识广度和深度、素质四项内容（表3–5），主要描述专业人员职业生涯规划发展和提升所具备的能力，作为员工进行职业生涯规划的参考；基础项包括工作经历与绩效要求，是晋级审查的依据，不作为员工进行职业规划的参考（图3–14）。

表3–5 专业族能力项列表

能力项	内容要求
领导力	有效沟通、影响力、教练/合作
业务导向	客户导向、解决问题、业务贡献
知识广度和深度	不同职位有不同的知识和技能要求，故略
素质	不同职位有不同的素质要求，故略

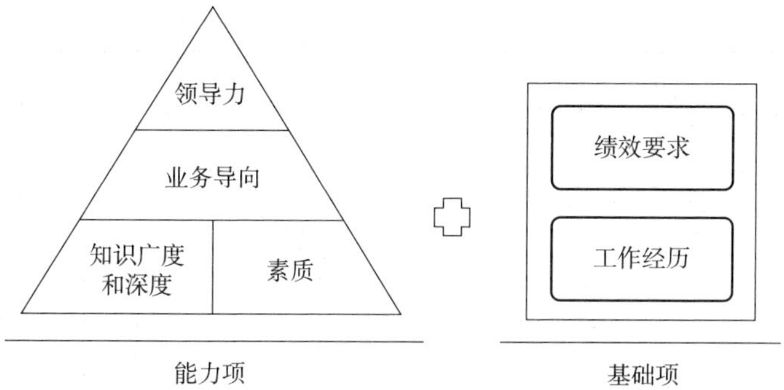

图 3–14　专业族级别标准

不同的能力项都有相应的等级标准要求，因篇幅所限，我们仅以领导力标准为例进行分析，见表 3–6。

表 3–6　腾讯公司各级专业人员“领导力”等级标准要求

<table>
<tr><th colspan="2">评估要素</th><th>初做者</th><th>有经验者</th><th>骨干</th><th>专家</th><th>资深专家</th></tr>
<tr><td rowspan="2">有效沟通</td><td>有效沟通</td><td>· 掌握基本沟通技巧
· 清楚表达工作内容和个人观点</td><td>· 主持小型会议</td><td>· 规划 / 管理团队沟通
· 主持或在大型会议进行主题陈述</td><td>· 通过与高层协调和沟通，获取必要的资源和支持</td><td>· 代表公司对外进行交流和沟通，并捍卫公司利益</td></tr>
<tr><td>人际理解</td><td>· 具备基本的礼貌与及时响应效率</td><td>· 了解他人，并加以影响或提供服务</td><td>· 理解他人情感及内容
· 通过合乎逻辑的争辩使他人信服</td><td>· 理解他人深层次意义
· 启发、激励或劝服他人</td><td>· 了解人们的驱动力而改变人的行为</td></tr>
<tr><td>影响力</td><td>结果影响</td><td>· 根据明确的标准要求和计划完成工作
· 为专业领域工作提供有用信息</td><td>· 确保工作具有可维护、可实施性，满足指标要求</td><td>· 专业工作取得较好成绩
· 对部门决策起有效的影响</td><td>· 专业工作取得突出成绩
· 对目标决策起重要影响
· 探索专业技术理论，并为其应用到其他领域提供建议</td><td>· 专业工作作为提升服务质量和效能的标杆
· 对目标决策起直接影响
· 为将专业知识应用到其他领域提供重要建议</td></tr>
</table>

续表

评估要素		初做者	有经验者	骨干	专家	资深专家
影响力	专业方向影响	· 理解专业技术，并运用到工作中	· 对专业方向敏感，全面理解专业技术，并体现于工作	· 直接影响服务/工作的客户满意度、成本、质量等 · 对专业工作综合效能有影响	· 对专业方向决策起直接影响 · 对专业领域具有分析和实施/组织实施能力	· 负责专业领域中长期规划
	组织氛围影响	· 对工作认真负责 · 体现服务、成本意识 · 积极参加公司活动	· 良好的工作作风对团队有很好的影响 · 推动和参加公司活动	· 将良好的服务、成本意识体现于工作、服务中，并对团队有较好影响	同左（骨干）	· 良好工作作风、服务意识和市场意识，在部门中起到榜样作用
教练/合作	辅导培养	· 向新员工传授经验/心得	· 指导低级别专业人员 · 必要时承担导师工作	· 培养了一批有经验者 · 承担新员工思想导师工作	· 培养了一批骨干 · 兼职内部讲师	· 培养了一批专家
	团队内合作	· 认真对待工作接口 · 参与团队内/间交流 · 保密、遵守职业道德	· 有效利用协作技巧合作 · 对收集的信息能够进行分析	· 有效利用协作技巧和团队力量合作 · 参与外部沟通，并收集、利用信息	· 在团队中发挥凝聚力 · 参加专业技术理论研讨	同左（专家）
	跨团队协调	· 在工作中注意协作技巧 · 可对客户进行服务概要介绍	· 在工作中借助集体力量 · 对客户做专业指导 · 对从事的专业领域进行介绍	· 详细介绍复杂工作内容 · 持续有效与客户进行专业技术及服务交流沟通	· 对专业领域做详细介绍	· 领导所在部门专业管理工作 · 对多个专业领域及其关系进行详细介绍

值得注意的是，晋级标准不是一蹴而就的，需要人力资源专业人员与用人部门的负责人共同制定，由低岗位和低技术等级开始逐级往上设置。

2. 职业发展的管理

以支撑组织与个人共同成长与发展为目标设计完职业发展通道后，如果没有配套的人力资源政策和活动的支持，其就如同空中楼阁，无法到达。

因此，对于企业来说，不仅要为员工提供多通道的职业发展空间，同时也应为员工的更快成长提供各种必要的支持，包括培养、选拔、任用，以及与之对应的薪酬绩效机制。由于本书不专门阐述职业发展的管理和应用，因此对人力资源其他模块的搭配和支持不做展开。

（1）进行职业等级评定

职业发展通道和职业发展标准确立之后，为了让职业发展体系真正有效运转起来，就要对现有员工的实际表现进行评价，然后与职业发展通道的等级标准进行对比，以此判断该员工属于哪个职级，解决员工“在哪里”的问题，也就是员工走的是哪条职业发展通道，他在通道中的具体位置在哪里。更重要的是，通过职业等级评定，指明员工需要改进和提高的目标和方向，发挥职业发展体系的指引作用。

通常由人力资源部门或组织内部专门设立的职业通道委员会定期对员工进行综合评审。综合评审主要分为知识技能考试和行为能力评价。

- 知识技能考试主要是对员工工作所必须掌握的知识与基本技能进行测试或考试，考查对岗位应知应会内容的掌握程度，也就是“冰山”水平面以上的部分。知识与技能考试一般采用选择题、判断题和实操题的模式，其测试成绩一般不计入评定总分，而是规定一个门槛值（如 80 分），只要超过这个门槛值即可参加下一轮的行为能力评价。如考试或测试未能通过，须重新学习，再给予一次补考机会。如补考仍旧不能通过，则安排待岗、调岗或降级。除此以外，职业通道等级中所规定的绩效、学历、年限都可以作为评定的门槛，而证书则作为评定的加分项。

• 行为能力评价，指通过多种评价工具，主要包括360度问卷调查和评价中心技术等，将员工在实际工作中的行为表现、工作成果、发展潜质与职业通道等级标准进行对比，判断被评价员工是否达到等级标准的要求。具体评价过程在此不再赘述。

绩效成绩是员工能力发展的一个重要表现，评价时不能忽略绩效表现，但是在对员工进行能力发展评价时，应该避免绩效结果所产生的影响，重点关注的还是员工个人能力发展。

在评定工作最后，由职业通道委员会按照拟晋升职业等级的能力要求，对员工评审结果进行综合评议，分值分为优秀、合格、不合格三档。优秀可晋升更高职级职等，合格可维持原来的职级职等，而不合格则需要补考或调降职级职等。对于不达标的员工，公司给予其一定时间的调整期，如果在未来一段时间内仍未达到公司要求，则调低通道等级或采取其他措施。

（2）实施职业发展规划

完成以上所有能力的评估之后，就进入接下来的职业发展规划流程。如果说职业发展等级评定是解决员工“在哪里”的问题，那么职业发展规划就是解决员工“去哪里”和“怎么去”的问题。

通常做法是，在员工初入企业1~3年的职业探索期，企业可以制订人才储备培养计划，综合采用集中培训、业务轮岗和实践锻炼等方式，分阶段有重点地对员工的自我认知能力、基础职业能力和文化融入能力进行培养和提升，帮助员工更快地融入企业，胜任岗位的要求，同时对以后的发展方向进行规划。

例如在华为公司，提倡干部的“之”字形成长，认为“直线”成长起来的干部缺少担负全面发展和协调性强的工作的实践历练，基础不够扎实。“之”字形成长意味着岗位循环与轮换。《华为基本法》规定：“没有周边工作经验的人，不能担任部门主管。没有基层工作经验的人，不能担任科以上干部。”

在经历了职业发展探索期，员工对企业和自身都有了全面深入的认知后，根据自己的专长、兴趣、爱好，员工自行确定职业发展方向，选择走专业技术路线或者走行政管理的路线，开始步入职业成长期。因为在实践中，不是一下子就能知道一个人适合做专业技术还是适合做团队管理，往往都是在工作了一段时间后，才能做出相对正确的判断。比如某个技术专家在管理岗位工作一段时间后，就会发现其是否适合做管理，如果不适合就转回技术路线；如果适合甚至比做技术研发时表现更好，那么就朝着管理方向继续发展。同时，公司针对不同的职业发展方向的员工，基于现实条件，要制定出有针对性的个性化培养措施，帮助员工实现发展目标。

某市供电公司每年都会招收几十名应届大学毕业生，但是入职后缺乏系统的培养，员工对职业发展比较迷茫，不知道如何成长；同时，现任的各级干部包括后备干部也没有成体系的培养办法，平时的培训工作还是零敲碎打，想到什么就培训什么，效果不明显。而且由于工学矛盾突出，导致各部门意见较大。

针对上述情况，我分析该公司的人才培养目标包括：一是为公司各个关键岗位输送优秀人才，支撑公司的持续发展；二是帮助员工做好全方位、多渠道的职业发展规划，实现公司与员工的共赢。为了实现这个目标，我为该供电公司设计了人才梯队建设项目，命名为“育鹰工程”。“育鹰工程”包含三个培养子项目：雏鹰计划、精鹰计划、雄鹰计划，分别面向三类职位序列（管理、技术、技能）的三个层级群体，即新人、骨干、中层（专家），划分成入职期、发展期、成才期三个发展阶段，并通过专业测评、混合培养、评估反馈及推荐选拔等方式，搭建起具有该供电公司自己品牌特色的阶梯式培养体系

（图 3–15）。

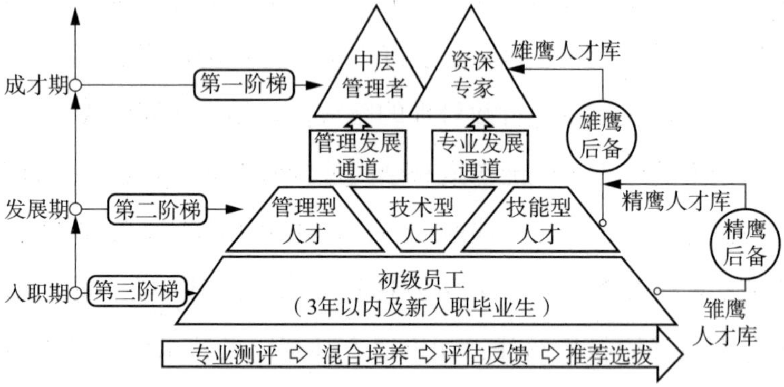

图 3–15　某供电公司"育鹰工程"培养体系

- 雏鹰计划：该计划旨在通过对有上进心、乐于学习、积极进取的入职三年内的大学生进行系统化培养，使其逐步成长为部门技术骨干、业务骨干。

- 精鹰计划：该计划旨在对入职三年以上，通过专业测评选拔出的有进一步培养潜质的骨干员工进行系统化培养，使其逐步成长为各部门的管理和专家后备。

- 雄鹰计划：该计划旨在通过对选拔出的有进一步培养潜质的中层干部和资深专家进行系统化培养，使其逐步成长为公司级人才，作为公司副总、总工、总师一级岗位的储备人才。

第四章

评估选拔：实施精准人才盘点

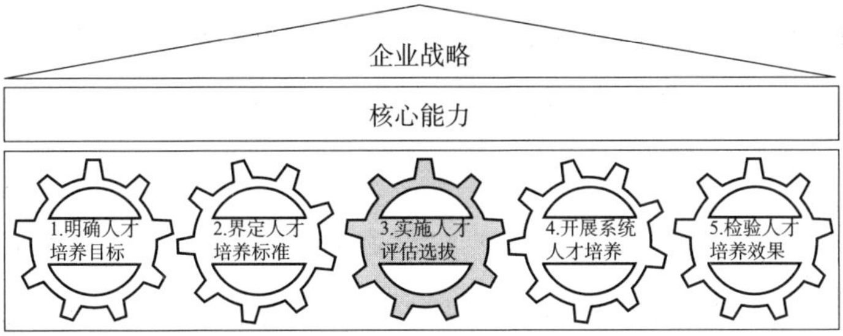

明确了企业的关键人才评价标准后，下一步的重点工作就是识别优秀人才。

如何发现组织中的关键人才？最主要的方法就是人才盘点。人才盘点的过程实际上就是识别关键人才的过程。通过对企业内部的全体员工进行定期的盘点，从中甄选出具有潜能的骨干员工并放到合适的位置上，才能真正做到“人尽其才，才尽其用”。打个比方，每年底我都会整理书柜，因为书比较多，我会把它们分类处理，通常有四类：第一类是经常看也比较重要的书，会放到书柜中间醒目且易于取放的位置；第二类是平时不怎么看但有保存价值的书，会放到书柜的顶层或底层；第三类是对自己没用但或许对别人有价值的书，会选择送人，把它们转移到能够继续发光发热的地方；最后一类是没有任何价值的书籍或资料，会作为废品处理掉。

我最重要的工作，就是发现有潜质的人员并把他们放在合适的岗位上。

——通用电气前首席执行官杰克·韦尔奇

一、人才盘点——识别关键人才的有效工具

盘点的概念最早来源于商业，指定期对仓库内的货物进行统计清点，并根据货物的保质期限和销售规律等，及时做出补、换、调、退等商品管理决策的过程，目的是减少库存、促进销售、加快周转、控制损耗。

同样，在企业内部也必须要定期做好人才盘点，看看自己的人才“家底”如何，是否足以支撑企业未来的发展需求，从而提前做好人才的培养和储备，避免出现“人到用时方恨少”的窘境。这就好比带兵打仗的统帅，必须要对麾下将士的状况了然于胸，想要打胜仗，就必须知道这支军队缺什么、该补什么。

1. 人才盘点的含义及作用

人才盘点（Talent Review），最早起源于美国通用电气（GE）公司，指的是对组织当前的人力资源现状进行系统的评估和梳理，发现面向未来的人才数量和质量缺口并采取相应措施，以确保组织拥有合理的人才结构与出色的人才，以支撑企业战略的落实，实现可持续发展。

人才盘点作为人才培养的输入端，能够帮助企业识别出最优质的人才资产，从而加以重点关注和培养，实现保值增值。企业不仅要对现状

做盘点，还要根据企业的发展规划，对未来进行盘点。对现在，我们要盘点人员与岗位的匹配情况，人员的稳定性及影响因素，员工的绩效情况，以及针对绩效问题的改进措施。对未来，我们要盘点公司长远发展对人才的需求，发现战略性人才的差距，并针对支撑公司战略实现的关键岗位搭建人才梯队，开展有针对性的人才培养和补充计划，以保证人才供应满足企业发展需要。

吉姆·柯林斯在《从优秀到卓越》一书中提出“先人后事”的管理理念，他以形象的比喻说明，当企业这辆车启程时，首先要把合适的人请上车，让大家各就各位，再定期评估，让不合适的人下车，然后由剩下的人决定把车开向哪里。因此，企业必须建立有效的人才盘点机制。

人才盘点对企业人才管理起到关键作用，概括起来有三点：

首先，能够摸清人才现状，进行人才可视化管理。通过人才盘点，绘制人才看板，可以清晰地展现公司人才结构和能力状况，了解现有人才队伍的优势和不足，然后采取有针对性的人才管理措施，不断优化人才结构和质量。

其次，构建关键人才库，重点关注高潜人才。“好钢用在刀刃上”，通过人才盘点，对人才进行分类管理，让高潜人才浮出水面，并列入企业重点人才储备库，倾斜更多的资源进行个性化培养，促进高潜人才更快成长。有效的人才盘点，能够帮助组织优化人才投资结构，获得更大的收益。

最后，搭建人才“蓄水池”，降低企业用人风险。关键岗位对企业的未来发展至关重要，因此需要建立关键岗位的人才“蓄水池”，即后备人才梯队，以满足企业未来发展的需要。要为每个关键岗位提前准备 1~3 名接班人，以保证岗位出现空缺时，马上就能找到接替人选。有“全球第一 CEO”之称的杰克·韦尔奇，在 GE 创造了前所未有的辉煌，在20年中他把GE的资产增加了30倍。而他能成为CEO，就是通过GE的接班人计划，经过层层选拔当选的。他的接班人杰夫·伊梅尔特，以及杰夫·伊梅尔特的继任者弗兰内里也都是通过接班人计划选拔出来的。

2. 人才盘点的分类

根据人才盘点的内容不同，主要分为数量盘点和质量盘点两类。

（1）数量盘点

人才的数量盘点，主要是根据公司的发展战略要求，对未来1年或更长时间内各关键岗位的人才需求数量进行预测，分析组织当前各关键岗位的人才数量差距，然后做出人才储备的计划安排。

关键岗位人才需求数量预测公式：

某关键岗位人才数量差距＝目标人数－在岗人数－下一级晋升人数＋这一级晋升人数＋自然减员（离职、退休）人数－外部招聘人数

例如，某IT公司目前的部门经理级人数为30人，根据公司明年的发展规划，经理级别人数较今年预计有20%的增长。预计现有经理人员中的20%明年可能晋升到更高层级，并从下一级晋升上来5人。而目前经理级队伍的最近3年的年平均离职率为10%。

请问：该公司明年需要储备多少经理级人才？

答：这家IT公司明年需要储备的经理级人才的数量是：$N=30\times(1+20\%)-30-5+30\times20\%+30\times10\%=36-30-5+6+3=10$（人）。

（2）质量盘点

质量盘点，又称能力盘点，是人才盘点的重点，也是难点。首先考察员工担任本岗位的行为表现、专业能力，为显性指标，也就是判断岗位的胜任度；其次重点评估员工未来发展的潜力，为隐性指标，了解进一步成长的潜力大小（图4-1）。

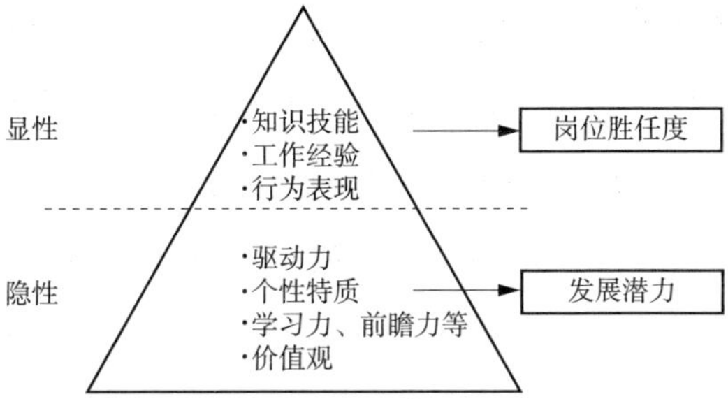

图 4–1 能力盘点“冰山图”

人才的数量盘点相对比较容易，而人才的质量盘点却非常不易，如果没有明确的评价标准和专业的盘点工具，很难得出一个有效的评价结果。

下文将重点围绕人才的质量盘点展开说明。

3. 人才盘点的组织方式

著名的“人力资源管理之父”尤里奇多次强调：人才管理不是人力资源部的工作，而是各级管理者的工作。同样，人才盘点也是业务部门的事情，各级管理者需要把工作重心从只关注业务上升到人与事的均衡。而且，人才盘点也是培养各级管理者识人、育人、用人能力的一项重要活动。

因此，为了做好人才盘点工作，需要调动各级管理者的力量，实施分层盘点。

一般而言，对于业务单一、规模不大的企业，由公司人力资源（或培训发展）部门在内部统一组织开展人才盘点即可。而对于业务类型多样或层级较多的集团化企业，因为各分支机构的业务特点、发展阶段、内外环境都有差异，因此既要对其进行有效的管控，又要保持各分支机构的独立性。对集团型企业，通常采取“分层盘点、隔级管理”的模式。

首先在集团层面设立人才盘点领导小组，由公司领导班子成员组成，负责对整个人才盘点工作进行指导、监督及决策，CEO（首席执行官）是整个公司人才盘点的第一责任人；其次由集团总部重点负责各分支机构和总部各部门第一层核心班子成员及其后备人才的盘点，关注下级的下级中是否有储备人才；最后各分支机构和总部各部门的负责人是本单位或部门的人才盘点第一责任人和实施者，可依据总部的统一规则及方法流程，并结合本单位的实际情况，对所属员工自行盘点 ，同样关注下级的下级中是否有储备人才。

例如在阿里巴巴，人才盘点是每年必做的三件大事之一，雷打不动。阿里巴巴的人才盘点，主要是盘点三类人：一是直接下属；二是下级的下级中最优秀的20%和最差的10%；三是公司里的明星。

人力资源（或培训发展）部门是公司人才盘点的组织推动者，同时为各级管理者提供人才盘点的方法支持和相应辅导。此外，为了增强人才盘点的专业性和公平性，条件成熟的企业还可以邀请外部第三方机构的专业顾问加入，提供专业建议。

二、五步教你做好能力盘点

人才的能力盘点，一般按照如下五个步骤实施：

第一步：明确人才评价标准

评价标准是人才盘点的基础，只有先明确了标准，才能识别出人才，切不可凭拍脑袋和主观经验做出评价。因此，在对企业人才进行盘点时，必须要在公司内部建立和运用统一的评价标准，从而识别出具有高潜力的关键人才。

在评价标准方面，常见的几个维度是工作业绩（Performance）、专业能力（Ability）和发展潜力（Potential）。

- 工作业绩主要指过去一段时间（如年度），被评价者所取得的实际工作成果，如销售收入、研发成果、客户评价等，通常反映在绩效成绩上；

- 专业能力通常指被评价者在当前岗位实际表现出来的知识、技能和经验水平，如电脑操作水平、沟通表达能力、工作阅历等；
- 发展潜力是指被评价者内在的价值观、心智模式、个性特质和动机意愿等，主要预测员工在未来的成长可能性。

很多人甚至一些研究者把发展潜力与专业能力相混淆，互相替代使用。事实上，两者是有很大不同的。专业能力代表被评价者现在的表现，更多指“冰山模型”在水平面以上的知识、技能部分，是胜任某项工作的必要条件。而发展潜力则是预测被评价者未来提升空间的大小，是经过培养能够达到更高一级的可能性，如成就动机、学习能力、洞察力、前瞻力等，属于“冰山模型”在水平面以下深层次的能力素质。三个评价维度的对照见表 4–1。

表 4–1　评价维度对照表

	工作业绩	专业能力	发展潜力
评价内容	过去的业绩成果	过去的行为表现	价值观、个性特质、动机意愿等
参照标准	基于当前岗位	基于当前岗位	基于未来岗位
主要作用	提升公司绩效	增强工作能力	培养、晋升

而人才培养的目的是为公司战略目标的实现培养和输送高素质的人才，是基于当下、放眼未来的，关注的是人才未来的表现和发展潜质，所以，我们在对人才进行盘点、选拔时，要重点关注未来的发展潜力。

第二步：开展人才盘点评价

本步骤主要是依据工作业绩和发展潜力两个维度对员工个人进行综合评价，形成员工个人的初步评价报告和初步的人才矩阵图。

这里要注意的是，人才盘点要采用分层评估的方法，即部门负责人不与本部门的下属员工一同参与盘点，只与同级别的管理层一起受上级主管领导评价。主要原因是对管理者和对员工应适用不同的评估内容和标准，如放在一起评估，有失公平。此外，评价者既是裁判，又是运动员，缺乏公正。

主要评价过程如下：

首先，按照评价标准对被盘点对象进行评估。在两维度中，工作业绩的评估相对简单，主要依据绩效考评标准对被评价者在评价期间所完成的实际工作成果和业绩进行打分就可以了。不过，绩效考评结果要确保客观公正，因为绩效管理在实施过程中往往受到该企业的机制文化、管理风格以及不同评价者对考核标准的尺度把握松紧度等因素影响。比如一些企业讲究内部平衡和论资排辈，不是你能力强、业绩高就可以脱颖而出的，而是需要一步步往上走；还有些部门负责人对被考核对象磨不开情面，很多时候是凭主观感受去评价，常采用轮流坐庄的方式，比如今年这几个人是A，第二年另外几个人是A，以此类推。如果绩效考核缺少公平公正，反映不出被评价者的真实能力，相当于人瘸了一条腿，是无法正常开展人才盘点的，也无法发挥出绩效激励的真正作用。发展潜力的评估则比较复杂，也是难度最大的，涉及的评价维度也较多，需要借助一定的工具进行评测，才能保证效度。随着人才评价技术的进步，目前已经发展出很多较为客观的人才测评工具，比如专业量表、行为事件访谈、情景模拟、文件筐测验、无领导小组讨论等。每种工具都有它适用的评测领域，在具体运用时要根据测评的目的和内容进行选择。本章第三节将详细展开介绍，这里不再赘述。

其次，根据上述维度的评估打分结果，输出组织或部门的人才盘点评估表（表4–2）。

表 4-2　人才盘点评估表

序号	个人基本信息					工作业绩	发展潜力				
	姓名	所在部门	职位	职级	入职时间	1—10 月平均分	应变能力	人际协作	结果导向	…	平均分
1	刘一	营销中心	零售经理	P5	2016 年 7 月 1 日	5					4.65
2	陈二	营销中心	零售经理	P5	2015 年 4 月 17 日	4.9					4.5
3	张三	营销中心	零售经理	P5	2010 年 6 月 8 日	3.6					3.6
4	李四	营销中心	大客户经理	P5	2014 年 2 月 11 日	4.5					4.08
5	王五	营销中心	大客户经理	P5	2015 年 4 月 3 日	3.5					3.1
6	赵六	营销中心	大客户经理	P5	2015 年 2 月 12 日	4.2					4.53
7	孙七	营销中心	渠道经理	P5	2016 年 4 月 22 日	4.2					4.28
8	周八	营销中心	渠道经理	P5	2017 年 3 月 10 日	3.8					3.85
9	吴九	营销中心	策划经理	P5	2016 年 6 月 1 日	3.9					4.05
10	郑十	营销中心	策划经理	P5	2016 年 8 月 10 日	2.8					2.9
团队得分平均值						4.22	4.21				

再次，绘制人才矩阵图。

从这份评估表中，可以看到该部门每名员工在该年度评价期间的绩效和潜力评估成绩。接下来我们如何进行人员的区分呢？究竟哪些人属于关键人才？这里首先要设定人才矩阵图的格子数量。太多或太少都不好，建议采用 3 × 3 的矩阵九格图。

其中，横轴代表工作业绩。根据公司要求的绩效目标完成情况，从低到高分为三等：待改善、达标、突出。纵轴代表发展潜力，同样从低到高分为三等：待发展、中等、准备好。

经常有人在相关数据出来前就把九格图不同等级的分数线画好，然后再根据每名员工的评价结果往相应的格子里放，但实际上这种做法值得商榷。因为每个时间阶段企业所面临的内外部形势以及员工的整体水平都有差异，所以简单按照固定格式进行套用，起不到人才盘点应有的作用。人才盘点重在盘点后对人才的区别运用，而非评价过程。也就是在你现有的这些“人才牌”中，区分出不同的类别，并放在相应的位置上，加以不同的运用。假设某个企业正处于初创发展阶段，整体员工的能力水平还较弱，如果仍旧按照高要求的等级标准进行区分，人才盘点的结果就会比较“难看”，企业将无人可用。而当企业发展到成熟阶段，员工的整体能力素质水平都有了很大提升，这时的评价标准就会相应提高，甚至成为行业的标杆。

人才矩阵图的等级划分方法有强制分布法、讨论共识法两种。

● 强制分布法，就是在分数都出来之后，采用强制分布的比例进行分配，如 2 ∶ 6 ∶ 2 或者 1 ∶ 8 ∶ 1，然后再根据不同比例的间隔点统计出来的分数去画人才矩阵图的那几条线，确定每个格子的转折线是在哪个地方，最后将人才名单放入人才矩阵图相应的位置（图 4–2）。特别优秀的人不应该太多，通常在 5%~10%，特别差的人也不应该太多，大部分人应该处于中间的水平，类似于橄榄型，这才是一种比较健康的结构。

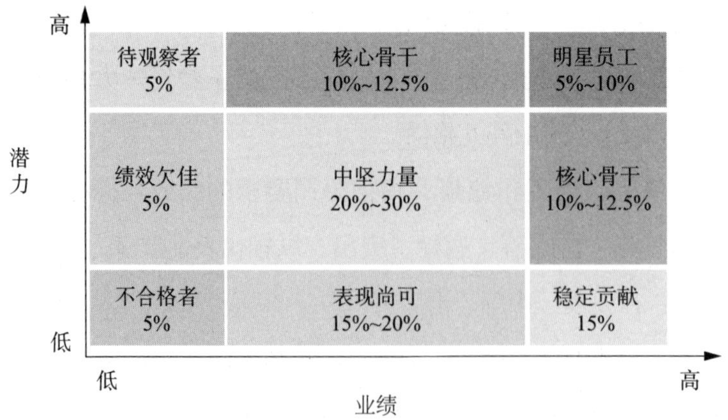

图 4–2 人才矩阵图

需要注意的是，在对业绩进行强制排序时，最好是在可比范围内进行。以销售人员为例，有的销售人员负责的区域是新市场，开拓难度较大；有的区域受当地政策等外部因素影响较大；有的区域正好赶上公司有大的资源投入；等等。我们要把这些影响因素都考虑进去，建议用难度系数进行调节，例如 0.8、1.0、1.2。切勿“一刀切”，要保证公平性。

我们还以上面营销中心的评价数据为例进行说明，分别对该评估表按照业绩和潜力两个维度进行排序（表 4–3）。

表 4–3 某公司营销中心的评价排序

排序	工作业绩		发展潜力	
	姓名	分数（满分 5 分）	姓名	分数（满分 5 分）
1	刘一	5	刘一	4.65
2	陈二	4.9	赵六	4.53
3	李四	4.5	陈二	4.5
4	赵六	4.2	孙七	4.28
5	孙七	4.2	李四	4.08
6	吴九	3.9	吴九	4.05
7	周八	3.8	周八	3.85
8	张三	3.6	张三	3.6
9	王五	3.5	王五	3.1
10	郑十	2.8	郑十	2.9

按照 2 ∶ 6 ∶ 2 的分布比例，横轴工作业绩从低到高的分隔线可以设定为：待改善（≤ 3.5 分）、达标（3.5<X ≤ 4.5）、杰出（>4.5）。

纵轴发展潜力从低到高的分隔线可以设定为：待发展（≤ 3.5 分）、中等（3.5<X ≤ 4.5）、突出（>4.5）。

- 讨论共识法，一般在被盘点人数不多的情况下应用，比如说总共盘点十多个人，就不需要强制分布了。这时我们更多通过直接讨论来达成共识。为了避免混乱，建议可以先从右上角开始讨论。右上角通常是绩效和潜力双高的“明星”，可以现场问评委，觉得谁可以放在这个绩效和潜力双高的格子中。如果有提名就往里面放，如果对提名有意见、有分歧也没关系，可以先把人名放上去，稍后再来讨论是不是应该在这个格子，还是稍微往左或者往下挪一点。因为人数较少，我们可以通过横向比较来更好地定位人才。如果遇到争执不下的情况，建议暂且搁置，由一锤定音者做最后的判断。

采用强制分布法和讨论共识法的好处是人才盘点的结果可以与时俱进。在企业刚创立和快速发展阶段，员工整体能力可能还处于较低水平，这时要根据企业的实际情况，确定合适的高潜人才标准，既对现有优秀人员起到激励作用，也给未来的标准提升预留了空间。

人才管理中常有一个误区，认为高业绩的人才一定是高潜人才。但事实上，这两者之间不能简单画等号。高业绩未必有高潜力，有些人在当前岗位上做得游刃有余，但是一旦提拔到一个更高的层级后可能会遭遇失败。因此，非常有必要对发展潜力进行单独考察，以确定其是否做好了准备。在我经历的公司就曾出现过类似问题。某员工在做普通岗位工作时执行力较强，交办的工作通常完成较好，因此就提拔其为项目负责人。然而，其担任团队管理者后，由于过于追求权力和利益，不能很好地处理与原来同级同事的关系，沟通较为直接，结果导致团队成员苦不堪言，不到半年，其团队成员纷纷离职或要求调岗。

最后，根据员工的评估结果，按照人才矩阵图的不同区位划分，将被评价者放入相应的位置。这样就形成一张人才矩阵图（图 4–3），不同的人员类别一目了然。

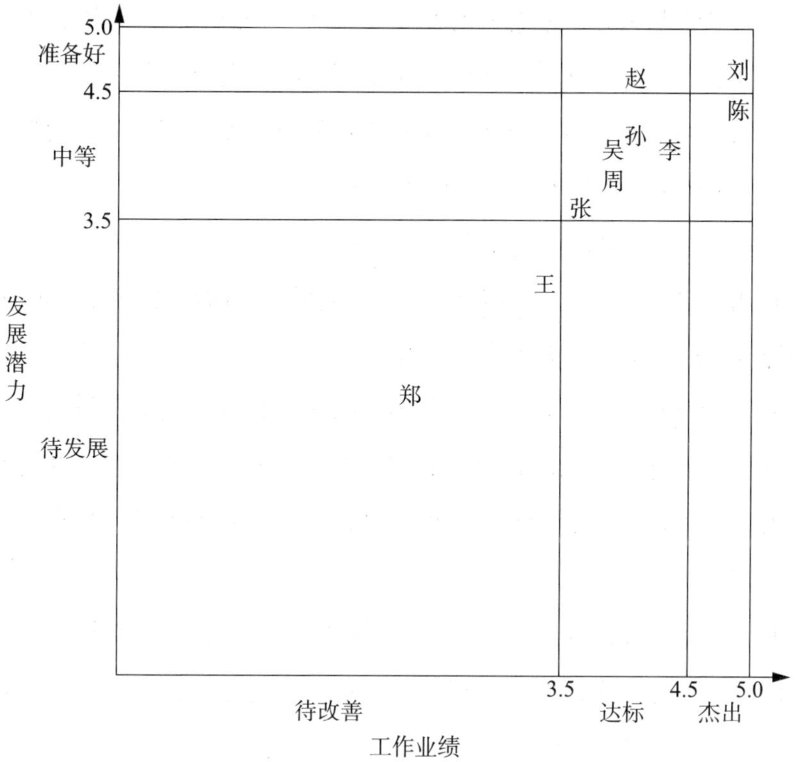

图 4–3 某公司营销中心人才矩阵图

通过两个维度的划分，可以一目了然地判断出不同员工的类型特点，以此作为下一步人才盘点会议研讨的依据。

第三步：召开人才盘点会议

人才盘点工作的核心是“人才盘点会”，又称“校准会”，即人才盘点领导小组对之前的人才评价结果进行充分且深入的讨论，并做出人才的选拔、培养、调配等一系列决策。同时，人才盘点会也是对人才评价信息一个重新审视和校准的过程，通过更多的信息相互印证，能够有效避免各级管理者各自的人才评价工作的主观性和片面性，从而更加清晰、客观地看待人才。

人才盘点会根据盘点目的不同，分为“开门会”和“闭门会”两种。

如果盘点结果与人才的利益直接相关（如职务升降、岗位调整、人员优化、薪酬激励等），往往会选择更加私密的闭门会形式，只邀请相关关键人员参加。如果人才盘点会更注重对人员的能力发展以及职业规划的讨论，就会选择更加开放的开门会形式。

在开人才盘点会前，需要提前准备如下讨论材料：

- 组织情况资料：企业及业务发展规划，当前企业的组织架构图，关键岗位空缺情况及关键人才清单等。

- 部门情况资料：汇报部门的负责人需要提前准备如下资料：①对员工能力优劣势和潜力的评估；②离职的风险和离职的影响；③晋升意愿和晋升可能性；④后续对员工的管理动作，如培养计划、岗位调整建议等。

- 人才评价报告：用于个人讨论环节，包括员工发展档案信息表（表 4-4）、关键人才各项测评报告及所在团队的整体测评报告等，作为与会人员进行讨论的基础数据。

- 会议记录表：用于记录人才盘点会的讨论过程及决议。

表 4-4 员工发展档案信息表

<table>
<tr><th colspan="11">个人基础信息</th></tr>
<tr><td>姓名</td><td></td><td>工号</td><td></td><td>婚育情况</td><td></td><td>所在部门</td><td></td><td colspan="3">绩效考评情况</td></tr>
<tr><td>性别</td><td></td><td>出生日期</td><td></td><td>工作年限</td><td></td><td>职位</td><td></td><td>2015 年</td><td></td><td></td></tr>
<tr><td>毕业院校</td><td></td><td>专业</td><td></td><td>入职日期</td><td></td><td>直接上级</td><td></td><td>2016 年</td><td></td><td></td></tr>
<tr><td>最高学历</td><td></td><td>籍贯</td><td></td><td>工龄</td><td></td><td>管理人数</td><td></td><td>2017 年</td><td></td><td></td></tr>
<tr><th colspan="11">教育背景</th></tr>
<tr><th colspan="2">毕业院校</th><th colspan="2">起止时间</th><th colspan="2">专业</th><th colspan="2">学历</th><th colspan="3">备注</th></tr>
<tr><td colspan="2"></td><td colspan="2"></td><td colspan="2"></td><td colspan="2"></td><td colspan="3"></td></tr>
<tr><td colspan="2"></td><td colspan="2"></td><td colspan="2"></td><td colspan="2"></td><td colspan="3"></td></tr>
<tr><td colspan="2"></td><td colspan="2"></td><td colspan="2"></td><td colspan="2"></td><td colspan="3"></td></tr>
</table>

续表

<table>
<tr><th colspan="3">工作经验</th><th colspan="5">经验地图（根据企业战略要求划分）</th></tr>
<tr><td>起止时间</td><td>公司 / 部门</td><td>岗位 / 职级</td><td>研发</td><td>营销</td><td>供应链</td><td>管理</td><td>其他</td></tr>
<tr><td></td><td></td><td></td><td></td><td></td><td></td><td></td><td></td></tr>
<tr><td></td><td></td><td></td><td></td><td></td><td></td><td></td><td></td></tr>
<tr><td></td><td></td><td></td><td></td><td></td><td></td><td></td><td></td></tr>
<tr><td></td><td></td><td></td><td></td><td></td><td></td><td></td><td></td></tr>
<tr><th colspan="8">评价期间晋升 / 奖励、惩罚信息</th></tr>
<tr><td>日期</td><td>类型</td><td colspan="2">具体描述</td><td colspan="4">备注</td></tr>
<tr><td></td><td></td><td colspan="2"></td><td colspan="4"></td></tr>
<tr><td></td><td></td><td colspan="2"></td><td colspan="4"></td></tr>
<tr><td></td><td></td><td colspan="2"></td><td colspan="4"></td></tr>
<tr><th colspan="8">职业规划</th></tr>
<tr><td colspan="2">时间</td><td>个人发展目标 / 兴趣点</td><td colspan="5">拟发展路径</td></tr>
<tr><td colspan="2">1 年内短期计划</td><td></td><td colspan="5"></td></tr>
<tr><td colspan="2">1~3 年中期规划</td><td></td><td colspan="5"></td></tr>
<tr><td colspan="2">3~5 年长期规划</td><td></td><td colspan="5"></td></tr>
<tr><th colspan="8">能力分析（由直接上级填写）</th></tr>
<tr><td colspan="2">优势项</td><td></td><td colspan="5"></td></tr>
<tr><td colspan="2">待发展</td><td></td><td colspan="5"></td></tr>
<tr><td colspan="3">填写者：</td><td colspan="5">填写日期：</td></tr>
<tr><td colspan="3">直接上级意见：</td><td colspan="5">填写日期：</td></tr>
<tr><td colspan="3">部门领导意见：</td><td colspan="5">填写日期：</td></tr>
</table>

同时，为了确保人才盘点会的顺利进行，需要按照一定的要求来组织推进，主要把握以下几个关键点：

（1）会议规则

所谓“没有规矩，不成方圆”，用在盘点会议上同样如此。人才盘点会要注意以下几条规则：

- 全局：要跳出自己所辖业务或职能，从组织全局的角度对人才进行评价；
- 客观：务必要以客观事实和数据为依据进行评价，而不是主观臆测；
- 开放：直接、真实地表达自己的意见和看法；
- 倾听：认真倾听他人的观点，尤其是对那些你不熟悉的被盘点人员；
- 多数：讨论难免有不同意见，要以多数人的意见作为决策依据；
- 保密：对会议的讨论过程和结果要严格保密，人才盘点的结果以公司正式公布的结果为准，各部门负责人可根据公布结果给员工反馈。

（2）会议议题

人才盘点会的议题主要包括九个部分：

- 上一年度人才盘点行动计划的完成情况；
- 目前组织架构调整以及规划，如人员编制是不是合理、目前是不是有空缺的岗位、组织的运行效率怎么样、管理的幅度是不是合理等；
- 关键岗位的人才盘点，包括工作业绩、发展潜力的评价和排名情况以及每个人的发展计划；
- 关键岗位的储备计划；
- 盘点中识别出来的高潜人才培养计划；
- 高潜人才的工作经验地图是否完整；
- 预计未来关键岗位人才的新增需求；
- 评估目前关键岗位高潜人才的离职风险系数并商讨应对策略；
- 未来组织调整和人员调整的计划。

（3）流程安排

- 主持人宣布会议开始，介绍人才盘点会议议程和参会人员，并重申评价标准和方式；
- 由总部部门和下属机构负责人分别汇报本单位的人才盘点结果；
- 公司人才盘点领导小组对汇报的内容进行提问；

● 总部部门和下属机构负责人离场之后，人才盘点领导小组（包括人力资源部门负责人）围绕会议议题及前面所汇报内容进行讨论，形成人才盘点会议的最终决定；

● 宣布会议结束，由 HR 团队根据会议讨论意见调整人才盘点结果，并反馈给总部相关部门和下属机构负责人。

第四步：评估人才发展意愿

对于在盘点会上列入高潜人才（绩效高、潜力高，绩效高、潜力中等，绩效中等、潜力高）位置的员工，还需要进一步评估他们的工作发展意愿大小。

工作发展意愿主要包括两方面：

一是继续在本企业任职的稳定性，也就是离职风险大小。对高潜人才的离职风险要做提前分析，建立预警机制，避免仓促应对。为此，各级管理者要在平时注意关注下属员工的思想动态和工作状态、外部人才市场环境、内部工作环境等，提前做出预判，并对导致员工离职的因素进行分析和评估，发现问题，找出解决办法。同时，提早建立关键岗位的人才储备计划（表 4–5），一旦某些核心人才流失，能够及时安排合适的人接替。

表 4–5　人才储备计划

序号	姓名	矩阵图位置	离职风险	离职原因	是否有后备	行动计划	负责人	完成时间
1	Mary	高—高	低	暂时不会离职	有 2 位准备好的后备	继续推进 IDP，进入相关项目	Kenny	11 月 15 日
2	George	中—高	高	寻找更大发展空间	无准备好的后备	制订保留计划，搜索外部人才库，培养内部后备	Wesley	10 月 31 日
3	Joan	高—中	中	最近有一些工作障碍需要克服	有 1 位准备好的后备	继续推进 IDP，加强绩效辅导，关注准备好的后备	Joyce	10 月 25 日
4	……	……	……	……	……	……	……	……

注：IDP 是 Individual Development Plan 的缩写，即个人发展计划。

二是接受组织调配的意愿程度。是否能接受组织的工作调配也是很多企业在人才选拔、培养和激励方面所关注的重要因素。比如企业为了经营发展需要，会在一些偏远或危险地区开辟市场、交付项目，并委派本企业员工长期驻扎。如果一名员工在组织需要的时候，能舍弃个人利益和安危，毅然接受组织的调配，奔赴业务前线，深入艰苦地区，并能很好地完成组织交办的任务。这样的人，将会成为企业在人才选拔和激励时优先考虑的对象。例如，《以奋斗者为本》一书中写道：华为公司对各级后备干部的选择，是从有责任感、有使命感、有敬业精神与献身精神、忠诚于公司、贡献突出的优秀员工中选拔。他们时刻准备着被派遣和补充到公司需要的岗位上去，到最艰苦的岗位上去。同样，另一家电力央企集团也明确指出，在干部选拔任用上要坚持以奋斗者为本，优先选拔那些能够开疆拓土、在重大项目和重要任务中作用突出、关键时刻经得住考验、长期坚守艰苦地区和“吃劲”岗位的干部。

第五步：应用人才盘点结果

通过人才盘点会讨论确定的人才矩阵图，能够有效展示出内部人才的分布情况和准备程度，知道谁现在就可以承担重任，哪些人通过进一步培养后可以承担更重要的职责，哪些人需要尽快腾出位置等。我们可以据此对人才进行分类管理，把合适的人放到合适的位置上，并针对每类人才采取差异化的培养策略。

针对不同人才类别，建议采取的管理措施见表 4–6。

表 4–6 人才分类管理措施

发展潜力	准备好（A）	待观察者（CA）	明日之星（BA）	明星人才（AA）
		分析原因，绩效辅导 资源支持，帮助业绩提升 给予机会，设置观察期	设置业绩挑战目标 考虑晋升、加薪 挖掘正确的激励点	承担更大责任 晋升、加薪 资源倾斜，重点培养

续表

发展潜力	中等（B）	绩效欠佳（CB）	中坚力量（BB）	表现出色（AB）
		分析原因，要求改进 降职降薪，继续观察	安排挑战性任务 给予关注与辅导培训	给予历练机会，扩大职责 考虑晋升、加薪 重点保留，合理激励
	待发展（C）	问题员工（CC）	表现尚可（BC）	稳定贡献（AC）
		尽快调岗或淘汰出组织 寻找接替人选	保持原岗位 减少管理职责 可考虑剥离出组织	保持原等级 给予认可 平移岗位，保持工作积极性
		待改善（C）	**达标（B）**	**杰出（A）**
		工作业绩		

建议重点关注三个群体：

- 要任用：绩效和潜力双高的员工（AA），是企业的明星，需要尽快晋升，并倾斜相应的资源进行重点培养，如参加领导力训练营、安排重要岗位进行锻炼、参加外部高端培训、列席重要会议等，以加速其发展。同时，对于明星人才，建议安排隔级上级甚至公司高管担任他们的导师。一方面，明星人才与直线上级之间的能力差距未必很大；另一方面，明星人才欠缺的能力也不一定是自己的直线上级擅长的，如更高的战略视角等。除此之外，由更高层级的管理者出任导师，有助于传递公司对其的重视，间接起到激励保留的作用。

- 可培养：高业绩和中潜能员工（AB）或者高潜能和中业绩员工（BA），属于组织的核心骨干，可列入重点培养对象。可根据其能力的优势、短板，制订有针对性的培养发展计划，如安排集中培训、轮岗锻炼、参与重点项目、挑战性任务等，并为他们安排合适的导师，提供未来职业发展上的建议与咨询，以进一步提升其在现有岗位的表现水平，向“双高”员工迈进。

• 需淘汰：绩效和潜能双低员工（CC），在现岗位持续表现一般，即使调整岗位后也不能胜任的，需要直接淘汰出组织，或者马上调整到低一层级的岗位。

当然，除了以上三类群体需要重点关注，我们也不能忽略其他几类群体，尤其是人数较多的中坚力量。他们是组织的稳定贡献者，虽然所发挥的作用不如高潜人才（AA、BA、AB）大，但也是企业稳定运行的基础和保障。对于这些群体的成长和提升，我们可以采取投入资源相对较少的方式，如在线学习、行动学习，以及以内部讲师为主的集中培训等。在有些企业中，采用一对一、结对帮扶的方式，请高潜人才担任他们的导师，发挥高潜人才的榜样作用，影响和带动普通员工提升绩效，但前提是被帮扶对象必须自身有提升改进的愿望。

在明确了不同类别人才的管理措施后，为了加速人才发展，满足企业发展需求，并在内部出现关键岗位空缺时，可以随时有一批高素质的人才选得出、用得上，应基于不同人才特点设计和实施相应的人才培养项目，包括高潜人才加速培养项目、关键岗位梯队人才储备项目、绩效改进培训项目等。

例如在 GE 公司，有一个知名的全球管培生项目，就是面向高潜人才的加速培养项目。这个项目的学员都是常青藤名校的毕业生，经过严格选拔入职后，在全国甚至全球轮岗，在每个岗位上不仅要用最快的速度掌握本职工作，还需达成非常有挑战的业务目标，例如提高多少生产效率、每年节省多少美元的生产成本等。虽然管培生获得的资源会比普通人多，但业绩要求和期待也更高。如果短时间达成了公司的业绩要求，就轮向下一个岗位。最极端的情况是，可能一年四季都在不同国家、不同业务单元工作。一些管培生经历一两年的高速成长后，被提拔到很高的管理岗位上。也有些管培生中途无法继续保持快速成长，就转入常规路径发展。

这里要提醒的是，盘点结果并不是一锤定音，也不是得了 C 就永世不得翻身。人是动态变化的，人的潜力有时在巨大的压力或刺激下是可以被激发出来的，比如生活或工作上遇到重大变故，就往往能激发出一个人的无穷潜力。比如位列晚清中兴四大名臣之首的曾国藩，天资并不聪慧，曾经六次连考秀才不中，却依靠不断地总结反思和屡战屡败、屡败屡战的斗志，最终名垂青史。再如任正非在 43 岁创办华为之前，曾遭遇严重的中年危机：做生意失败背负 200 万元债务、被单位开除、与老婆离婚……但正是有了这些失败经历和不屈不挠的精神，才有了今天的华为。同样，“花无百日红”，即使潜力被认为很高或业绩很好的人才，也不会一直处于高位，可能因为某些变化或年龄增长，导致评估结果下降。所以，企业的人才盘点工作需要持续进行、动态调整，定期更新人才的数据信息。

三、正确选择测评工具，做好人才精准识别

俗话说：“工欲善其事，必先利其器”，要想做好一件事情，必须先把工具准备好。同理，企业要想准确地识别出高潜人才，必须采取有效性强的甄选工具。

人才盘点是一项系统工作，准确的决策需要客观的信息，而客观的信息来自有效的测评。测评主要是基于不同的盘点目的和考查指标，选择合适的测评工具，对被盘点人的能力、潜质情况进行公平公正的评估。

实际上，从远古开始，测评就已经在发挥效用了。据记载，尧在选择舜作为自己的接班人时，“以二女妻舜以观其内，使九男与处以观其外”，最后选定了舜来治理国家，舜也不负所望，政绩卓著。

“冰山”之下的深层次素质较难判断，而且人才测评是一种间接测量，它不能像物理测量那样对素质本身进行直接测量，不可能做到 100%

准确，因此单独使用一种测评工具，准确性非常低。例如，仅通过面谈或观察选人的准确性只有 20% 左右，所以常有人在出现用人失误后感叹“看走眼”。

“未雨绸缪”胜过“亡羊补牢”。为了避免选人的低效，可采用若干评价工具进行有机组合，由多位考官对被试者在各种测试过程中表现出的行为进行综合性评价，这样可以让测评的准确度提高到 65% ~ 70%。

评价中心技术是人才盘点时常用的工具。

1. 何谓评价中心技术

所谓评价中心技术，是把被测者放到一系列模拟工作情景中，以独立作业或团队作业的方式，由企业内部的高级管理人员和外部的人才测评专家组成评价小组，运用多种测评技术和方法，观察和分析被测者在模拟的各种情景下的行为表现、心理活动以及能力素质等，以达到综合衡量被测者是否胜任拟委任的岗位以及未来发展潜力如何的目的。一般常用的评价中心技术有结构化面试、情景模拟、心理测验等。根据不同的测试目的或测试维度，采取不同的测评技术组合策略。

除了评价中心技术外，很多企业也常用 360 度评估来评价人才的能力，不过两者的考查重点不同。360 度评估（360° Feedback），又称“360 度考核法”，主要适用于中层及以上管理者，是指由被评估者自己、上司、直接下属、同事甚至外部客户从各个角度来评估人员能力的方法。通过 360 度评估，被评估者可以获得多角度的反馈，清楚地知道自己的不足、长处与发展需求，避免自我认知的盲点。但 360 度评估主要是对管理者的沟通技巧、人际关系、领导能力、组织能力等外在行为表现的评价，而且 360 度评估方式也受到企业文化、人际关系等因素的影响，评价的主观性较强，结果准确性较低。两者在人才盘点中有时结合使用，即以评价中心技术作为评价主体，360 度评估作为补充，从内在潜能和外在表现两个不同的层面对人才进行全面评估，相互印证，提供给公司领导层作为综合的人事决策参考。

当然，采用评价中心技术，需要投入较多的时间和成本，如果企业的实际条件不允许，也可以采用改进版的360度评估方法，即基于关键岗位的胜任模型，把每一条能力素质描述成具体的行为，然后对这些行为描述进行打分。这可以很大程度上避免凭感觉打分，让评估结果更可信。

2. 评价中心技术方法①

（1）结构化面试

面试技术是评价人才能力素质时常用的方法，具体地说，面试是一种经过组织者精心设计，在特定场景下，以考官对被试者的面对面交谈与观察为主要手段，由表及里考察被试者的知识经验、潜在能力等有关素质，明确长短板的一种评价活动。据统计，全球超过80%的组织将面试技术应用于人才选拔过程中。面试之所以得到青睐，主要因为面试方法简单易行且成本低廉。

所谓“结构化”就是根据对职位的分析，确定面试的测评要素，在每一个测评的维度上预先编制好面试题目并制定相应的评分标准，对被试者的表现进行量化分析，主要目的是评估被试者工作能力的高低及是否能适应该岗位工作。不同的测试者使用相同的评价尺度，对竞争同一岗位的不同被试者使用相同的题目、提问方式、计分和评价标准，以保证评价的公平合理性。结构化面试的目的在于降低测评对象间的程序差异和减少评委在面试过程中的主观随意性。

常见的结构化面试可分为情景面试和行为面试。

---

① 寇家伦. 人才测评实战［M］. 广州：广东经济出版社，2011.

1）情景面试

情景面试是指考官先向被试者描述一段假设的情景，并明确被试者的身份或角色，然后提出被试者需要完成的任务或需要解决的问题，最后考官根据被试者对题目的反应，来捕捉其某些能力或其他个性特征，从而对其素质水平进行判断。

2019 年中央广播电视总台的“主持人大赛”节目异常精彩，获得了超高好评，每个选手的表现都是可圈可点，每个嘉宾的点评都专业精彩，尤其新闻类总决赛第二轮的比赛题目可以说非常具有挑战性。这轮比赛要求晋级选手根据看到的图片的某个部位进行 1 分钟的论述，之后这张图片完整的画面呈现出来，这时选手就要围绕整张图片的相关信息再进行 1 分半的论述。需要说明的是，完整的图片都有一定的反转，选手需要在这种反转中找到切入点，进行有的放矢的论述，并且要能和上一段论述衔接上。这非常考验选手的判断能力和应变能力。不仅要求选手具备极强的临场发挥能力和组织语言能力，还对选手透过现象看本质的能力提出了很高的要求，可以说是一道非常绝妙的情景面试类题目。情景面试问题的特点是，题干部分往往是不曾发生过的“假如”“如果”等假设的情景，包含两个关键要素：一是具体的身份或角色；二是面临的问题或状况是什么，需要做什么。

典型的情景面试题目示例见表 4–7。

表 4–7　情景面试题目示例

考察指标	指标定义	情景面试题目
市场开拓	具备敏锐的市场洞察力，以市场为导向，能够采取一切有效手段挖掘市场潜力，开拓新渠道，发展新客户	你被单位派往某分公司担任市场经理，公司在当地市场一直没有打开局面，但竞争对手在该市场的年增长率远远超过行业平均水平，说明该行业在这个地区的市场潜力很大。幸运的是，你所任职分公司的员工素质都不错，而且市场开发预算充足，你会如何尽快提升分公司的销售业绩？

续表

考察指标	指标定义	情景面试题目
问题解决	分析和处理工作中所遇到的各种问题，然后探索潜在的途径并提出有效解决问题的措施与方法	某公司为了留住技术骨干，准备提高这些人才的待遇。但是，受到相关政策的限制，其他员工也可能会觉得不公平。如果你是该公司的人力资源经理，会如何处理？
知人善任	善于发现人才，了解和掌握员工的优缺点，挖掘员工的潜在素质和能力，根据员工的特点安排合适的工作，达到人岗匹配	你部门内部有一名“90后”员工，他创新能力强，喜欢新鲜事物，有自己的独特观点，但是不注重细节，不愿意受规章制度的束缚，小问题不断。如果你是部门经理，会如何处理这个问题？

2）行为面试

在人才测评中有一个基本假设，即“被试者过去的行为是对其未来良好表现最好的预测”。行为面试以拟任岗位的胜任模型为基础，针对选定的能力素质项设计行为面试试题。问题都用于考察被试者的过去行为，让被试者谈谈过去在工作中是如何处理问题的。

行为面试注重诱发过去的行为或经历，通过对测评对象过去某种行为的追问和表述，来捕捉其某些能力或个性特征，常用行为事件访谈法（Behavior Event Interview，BEI）。考官在采用行为事件访谈法时，可运用STAR模型针对被试者过去工作、生活中的案例，就其发生的情境（Situation）、需完成的任务（Task）、被试者所采取的行动（Action）以及行动的结果（Result）这四个要素（图4–4）进行提问。通过将被试者过去行为表现所反映的素质能力与岗位要求进行对比，衡量其是否符合岗位要求。

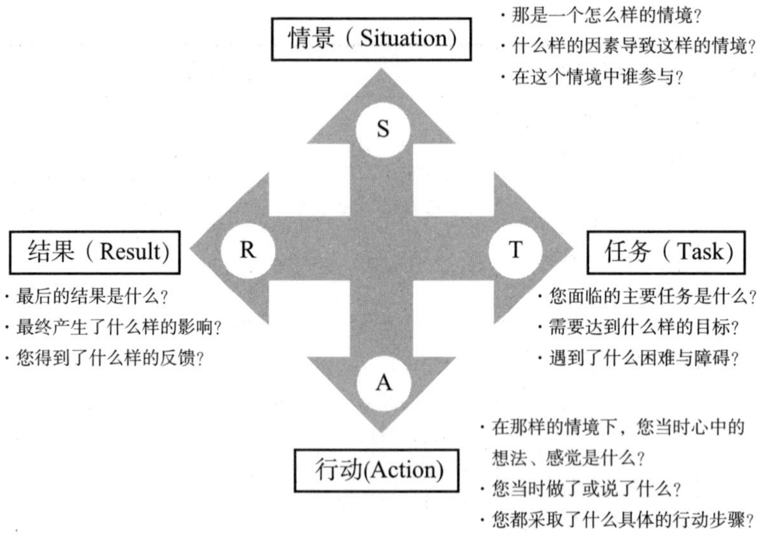

图 4–4　行为事件访谈 STAR 模型

行为面试题目关注被试者过去真实发生的事情，挖掘被试者过去的做法。国内外的一些研究表明，行为面试的效度要高于情景面试，即行为面试能更好地预测被试者的未来绩效，比较适用于需要具备丰富实践经验的岗位，如管理、营销等。

典型的行为面试题目见表 4–8。

表 4–8　行为面试题目示例

考察指标	指标定义	行为面试题目
成就需要	对取得工作上的成功或自我的发展有强烈的要求，勇于挑战难题，为追求高于一般标准的业绩而采取行动	· 请谈谈自己认为最成功的一段工作经历：当时的具体情况是怎样的？你具体采取了哪些行动？ · 请讲一个你在工作中不满足于现状，力求把工作做得更好的例子
坚韧性	在行动中坚定不移，即使遇到重重困难，还能努力不懈并达到目标的一种心理品质	· 请描述一次经历：当你在做一个项目时遇到巨大的挑战或困难，你怎样设法去克服困难并最终完成项目？ · 请举例说明：当你的意见不被上级或同事所接受时，你会如何做？

续表

考察指标	指标定义	行为面试题目
合作性	是指愿意与他人一起工作或完成某项任务，而不是独立工作或互相竞争	· 你是如何保持与同事的良好合作关系的？请举例说明 · 你遇到的最难合作的团队或部门是什么样的？你认为影响你们合作的因素有哪些？你当时是如何处理的？

（2）情景模拟法

情景模拟法是美国心理学家茨霍恩等首先提出的，是指设计一套与被试者现在或将来的工作场景高度相似的情景，要求被试者在该场景中处理可能出现的各种问题，并由考官观察被试者完成任务过程中的行为表现，测评其心理素质、潜在能力的一系列方法。情景模拟法通常包括无领导小组讨论、案例分析、公文筐测验等方法。

1）无领导小组讨论

无领导小组讨论（Leaderless Group Discussion），是评价中心技术中经常使用的一种测评技术，采用情景模拟的方式对被试者进行集体面试。无领导小组通过将一定数目的被试者组成一组（通常 8 ~ 10 人），进行一小时左右与工作有关问题的讨论并被要求最终形成小组的统一意见。讨论过程中不指定谁是领导，也不指定被试者应坐的位置，让被试者自行安排组织。而且无领导小组讨论的问题一般都是两难性题目，没有明确答案，较易引发小组讨论。考察的重点不在于谁的观点正确，而是观测被试者的组织协调能力、口头表达能力、说服能力等各方面的能力和素质是否达到拟任岗位的要求，以及自信程度、进取心、情绪稳定性、反应灵活性等个性特点是否符合拟任岗位的团体气氛，然后做出评价和选择。

由于无领导小组讨论属于过程评定类的测评方法，讨论形式和题目能否有效激发被试者在讨论过程中的行为表现是这种方法能否成功的关键。因此，无领导小组讨论的题目必须具有“争议性”，才能保证被试者行为得以展现。

无领导小组讨论的基本题型主要包括开放讨论类、两难选择类、多项选择类、资源争夺类、团队任务类五种。

- 开放讨论类。例如，您认为什么样的领导才是好领导？
- 两难选择类。例如，在现实生活中，我们是选择明哲保身，还是选择锋芒毕露？
- 多项选择类。例如，飞机意外坠落在荒岛上，幸存者们可以在机舱中抢救出15件物品（物品略）。请大家按照15件物品对生存的重要程度讨论决定先后顺序。
- 资源争夺类。例如，公司只有50万元奖金，不同部门应如何分配？
- 团队任务类。例如，在一个小岛上建设生产基地，请大家组成一个设计和实施小组，并利用所提供的资料和道具在60分钟内完成任务。

2）案例分析

案例分析是由考官提供给被试者一些在管理中常见的现实问题，要求他们通过书面和口头方式进行分析，然后考官根据被试者在分析过程中表现出来的分析能力、逻辑思维能力、创新能力和问题解决能力等进行评估，以此判断被试者对拟任岗位的胜任程度。

案例分析是典型的结果评定类测验，考官不必对被试者完成测试的过程进行关注，而是重点关注被试者完成的任务结果。案例分析主要适用于考查被试者的分析、计划、决策、组织协调、问题解决等潜在能力，而对被试者的价值观、动机等指标的考查效度较低。

例如，A项目从立项到现在已经3个月了，而作为项目组Leader的王涛，正为项目团队近期低落的士气而头疼……

在立项初期，大家热情较高，虽然任务重、工作累，但大家精力充沛，甚至每天加班加点也毫无怨言。

可是好景不长，很快大家的士气就逐渐低落了下来，甚至有些人开始发出“吃的是草，挤的是血”“看不到未来”等消极言论，在这样的氛围下工作，项目质量和进度遭遇到前所未有的挑战。

王涛作为项目组的Leader，在职权上并不能决定是否给员工升职加薪，也没有相应的物质资源来对表现好的员工给予奖励（譬如奖金），所以他觉得自己是“巧妇难为无米之炊”，不知道该如何去激励大家重新焕发出工作热情，以保证项目按时保质地完成。

如果你是王涛，你该怎么做呢？

案例分析的实施过程比较简单。如果是要求被试者根据案例问题提交书面报告，则首先，对被试者在书面报告中所表现出来的行为进行分类；其次，根据评价标准对被试者在每个测试维度上的行为表现进行评价；最后，依据被试者书面报告的内容与形式给出评价结果。

3）公文筐测验

公文筐测验要求被试者以管理者的身份，模拟真实工作情景中的想法和行为习惯，在一定的时间内和规定条件下（通常是较紧迫困难的条件，如信息有限、孤立无援、初履新职等），对各类公文材料进行处理，形成公文处理报告。处理完毕后，一般还要求被试者填写行为理由问卷，说明处理的理由、原则或依据，对于不清楚的地方或想深入了解被试者时，主考官还可以与被试者进行深入面谈，以澄清模糊之处。公文筐测验属于典型的情景模拟类测评方法，也属于结果评定类测试手段，即考官关注的是被试者在规定条件下处理公文的结果以及分析被试者的处理理由说明，而不是被试者完成决策的过程，这一点与无领导小组讨论刚好相反。

公文筐测验的预测效度高，主要评估被试者计划、组织、授权、决策和问题解决能力等多方面的管理潜质，被认为是评价中心技术中应用最广且最为有效的一种测评形式。但同时题本开发和阅卷难度大，耗费时间长，成本较高。因此，主要适用于中高层管理人员的选拔与培养等的测评。

样例 关于增加人员编制名额的请示

总经理：

经董事会批准，今后集团、分公司两级的干部培训工作由人力资源部统一负责。但是，在公司最初确定人力资源部门人员编制时没有培训工作这项任务。为了做好这项工作，需要给人力资源部门增加必要的编制名额，建议给人力资源部增加3人，每个分公司增加1人，合计8人。

以上请示妥否，请总经理批示。

人力资源部

××××年××月××日

公文筐测验通常按照如下流程开展：

- 选择合适场地，准备相应材料；
- 安排被试者进入考场，对测试背景、时长、规定事项等进行介绍；
- 测试开始，监督测试的全过程；
- 测试结束，收回测试答案和全部资料；
- 根据评分标准由考官对被试者公文筐测验结果进行打分，如为主观题则先由管理层单独打分，然后再以会议形式对处理结果进行综合评分；
- 撰写公文筐测验报告，以解释被试者的得分。在报告中，既需要列举被试者在公文处理中的行为，也要相应阐述考官对于该行为评价的具体结果。

（3）心理测验

心理测验作为一种测量工具，常用来测量和评估被试者的某种行为，并将其作为判断个体心理差异的工具，可以考查深藏在冰山以下的深层次素质，是一种相对客观的、标准化的测量方法。但任何心理测验都存在一定误差，因为个体在测试时的情绪状态、环境干扰、测验态度等主客观因素均会影响测试得分，因此只能作为一个参考性意见，不能作为评判性的标准。同时，还必须结合平时的工作表现，并通过面谈和观察等方式对被测者的心理测验结果进行补充。

心理测验从测验内容上可分为智力测验、人格测验、动机测验、兴趣测验四大类。

1）智力测验

心理学家认为，智力是指顺利完成某种活动所必需的直接影响活动效率的个性心理特征。根据英国心理学家斯皮尔曼提出的智力“二因素理论”，智力由一般因素和特殊因素共同构成。一般因素代表普通能力，是指观察、记忆、思维、想象等，是人们完成任何活动都不可缺少的基础条件。特殊因素代表特殊能力，是指人们从事某种特殊职业或专业所需要的、只与少数活动有关、在某方面表现出的异于别人的能力，例如音乐创作中所需要的旋律感、节奏感、想象力等音乐能力。

目前比较流行和权威的智力测验工具是韦克斯勒成人智力量表（Wechsler Adult Intelligence Scale）和瑞文标准推理测验（Raven’s Standard Progressive Matrices）。

2）人格测验

人格是指一个人比较稳定的心理活动特点的总和，它是一个人能否施展才能、有效完成工作的基础，包括性格、兴趣、爱好、气质、价值观等。

人格测验最常用的方法有问卷法和投射法。

• 问卷法主要指自陈式问卷，即对拟测量的人格特征编制若干问题，包括个人特质、思想、情感、行为的真假或多项选择条目，要求被试者根据自己的态度和经验选择一个答案，从其答案来评价某项人格特征。大多数的人才测评项目使用的都是个性测验问卷。但问卷法的人格测验往往存在一个难题，即被试者是否能坦率而真实地回答。在进行涉及被试者个人利益的测验时，“聪明人”往往偏向好的一面，即选择社会所期望的答案，或把自己表现得更好。比较有代表性的人格问卷有卡特尔16项人格因素问卷、明尼苏达多项人格问卷、艾森克个性问卷等。

• 投射法（Projection）在心理学上的解释，是指个人把自己的思想、态度、愿望、情绪或特征等，不自觉地反应于外界的事物或他人的一种心理作用。假定面对着空泛而无限制的刺激情景（测验题材），个人可以自由想象或不自觉地对它做出种种反应，因而便会将一个人一些潜在深层动机和人格特性投射出来。由于每个人的经验不同，对刺激的感受不同，因此，所做的反应就不可能相同。所以分析反应的结果，可以透视一个人的人格形态和深层动机，这就是投射法的基本原理。

3）动机测验

动机测验是对驱使人行为表现的内在原因进行测试和评价的量表工具。

需求产生动机，动机导致行为，需求是行为的基础。对被试者动机进行研究的目的，是要系统地研究被试者的动机与绩效之间的驱动关系。常见的动机测验包括动机测试量表、成就动机测验、生活特性测试等。但是动机测验不太适合于选拔，更多应用于培训发展，因为这种测验易于作弊，考查的信度较低。

4）兴趣测验

职业兴趣能够反映职业特点与个人特点的匹配关系。比较有代表性的兴趣测验有斯特朗职业兴趣测验、霍兰德职业兴趣测验等。霍兰德职业兴趣测验是由美国职业指导专家霍兰德在1991年提出的。霍兰德认为，个人职业兴趣特性与职业之间应有一种内在的对应关系，不同职业对从业者的人格特征的要求是有差距的，通过科学的测试，可以预知自己的个性特征，这有助于选择适合于个人发展的职业。

根据兴趣的不同，人格特征可分为研究型（I）、艺术型（A）、社会型（S）、企业型（E）、传统型（C）、现实型（R）六个维度，每个人格类型所对应的职业类别见表4–9。

表4–9　人格类型与职业类别的适配表

类型	人格倾向	典型职业
研究型（I）	具有分析、谨慎、批评、好奇、独立、聪明、内向、条理、谦逊、精确、保守的特征，表现为： 1. 喜爱研究性的职业或情境，避免企业性的职业或情境 2. 用研究的能力解决工作及其他方面的问题，自觉、好学、自信，重视科学，但缺乏领导方面的才能	科研人员，数学、生物方面的专家
艺术型（A）	具有复杂、想象、冲动、独立、直觉、无秩序、情绪化、理想化、不顺从、有创意、富有表情、不重实际的特征，表现为： 1. 喜爱艺术性的职业或情境，避免传统性的职业或情境 2. 富有表达能力和直觉、独立、具创意、不顺从（包括表演、写作、语言），并重视审美的领域	诗人、艺术家
社会型（S）	具有合作、友善、慷慨、助人、仁慈、负责、圆滑、善社交、善解人意、说服他人、理想主义等特征，表现为： 1. 喜爱社会型的职业或情境，避免实用性的职业或情境，并以社交方面的能力解决工作及其他方面的问题，但缺乏机械能力与科学能力 2. 喜欢帮助别人、了解别人，有教导别人的能力，且重视社会与伦理的活动与问题	教师、牧师、辅导人员

续表

类型	人格倾向	典型职业
企业型(E)	具有冒险、野心、独断、冲动、乐观、自信、追求享受、精力充沛、善于社交、获取注意和知名度等特征，表现为： 1. 喜欢企业性质的职业或环境，避免研究性质的职业或情境，会以企业方面的能力解决工作或其他方面的问题 2. 冲动、自信、善社交、知名度高，有领导与语言能力，缺乏科学能力，但重视政治与经济上的成就	推销员、政治家、企业家
传统型(C)	具有顺从、谨慎、保守、自控、服从、规律、坚毅、实际、稳重、有效率、缺乏想象力等特征，表现为： 1. 喜欢传统性质的职业或环境，避免艺术性质的职业或情境，会以传统的能力解决工作或其他方面的问题 2. 喜欢顺从、规律，有文书与数字能力，并重视商业与经济上的成就	出纳、会计、秘书
现实型(R)	具有顺从、坦率、谦虚、自然、坚毅、实际、有礼、害羞、稳健、节俭的特征，表现为： 1. 喜爱实用性的职业或情境，从事所喜好的活动，避免社会性的职业或情境 2. 用具体实际的能力解决工作及其他方面的问题，较缺乏人际关系方面的能力 3. 重视具体的事物，如金钱、权力、地位等	工人、农民、土木工程师

3. 测评工具的组合方式

在人才测评选拔过程中，一般不会只选择一种测评工具，因此就存在不同的测评工具之间的组合搭配问题。对每个测评指标需要选择多种测评工具，从多个角度进行验证，避免单一使用一种工具所带来的局限性，而且恰当的测评工具组合能够保证测评结果的效度。一般来说，每项测评指标至少选择2种或2种以上的测评工具进行测评，结果相互印证，才能达到较好的测评效果。那么这些测评工具该如何组合呢？

我们以某公司的基层管理者培训需求诊断为例，所选用的测评工具组合见表4-10。

表 4-10　测评工具组合

测评指标	无领导小组讨论	公文筐测验	情景面试
沟通表达	★		★
责任意识		★	★
问题解决	★	★	★
创新能力	★	★	★
监督指导		★	★

根据表 4-10，不同的测评指标适用于不同的测评工具组合。例如“沟通表达”，考查的是被试者与对方的信息交流和影响力，而无领导小组讨论是一种松散的群体讨论方法，存在多方信息交互关系，主要观测被试者的组织协调能力、口头表达能力、说服能力等各方面的能力和素质是否达到拟任岗位的要求。而公文筐测验，则是一种纸笔形式的测评方法，无法考查被试者的沟通表达和人际影响力，所以沟通表达能力只能通过无领导小组讨论和情景面试的方式进行考查。

4. 测评指标权重分配

由于不同岗位的工作性质和胜任要求存在差异，所以在选定测评工具组合后，还要对与测评岗位相关的各个测评要素按照重要程度进行权重分配，形成适合某一具体岗位的测试指标体系。同时确定好测评的结果标准，即通过某项测试，什么样的被评价者才算符合测评要求，或在所有测评结果出来以后，根据组织所需的人数或筛选比例确定具体、细致的标准，要求某项或某几项能力在所有被评价者中位列前几名，或综合各项指标的得分位列前几名等。

我们来举例说明。某岗位的无领导小组讨论测试指标体系的测评要素及权重分配见表 4-11。

表 4-11 测评要素及权重分配比例

序号	测评要素	权重比例
1	仪表举止	10%
2	沟通能力	20%
3	分析能力	20%
4	组织协调能力	20%
5	倾听能力	10%
6	说服论辩能力	10%
7	情绪稳定性	10%

5. 测评报告的撰写

最终，通过综合各种测评工具的结果和分析，形成团队和个人的测评报告，为组织提供人岗匹配的建议，作为人事决策和人才培养的重要参考。测评报告的撰写无固定形式，但一般有以下几项内容：

- 阅读指南：对所选用测评工具的特点作用、测评指标和适用范围进行简要介绍，并对报告的解读步骤进行说明。
- 个人基本情况：简要说明被试者的姓名、年龄、部门、职位等个人基本信息，有的测评报告会对被试者在本次测评中的有效度进行说明。
- 个体测试表现：描述个体在不同测试工具中的能力表现，一般每种能力半页到一页，分别进行呈现说明。同时，将个体成绩与群体平均成绩进行对比，分析差异。图 4-5 为沟通能力测评报告，图 4-6 为个体成绩与群体平均成绩对比。

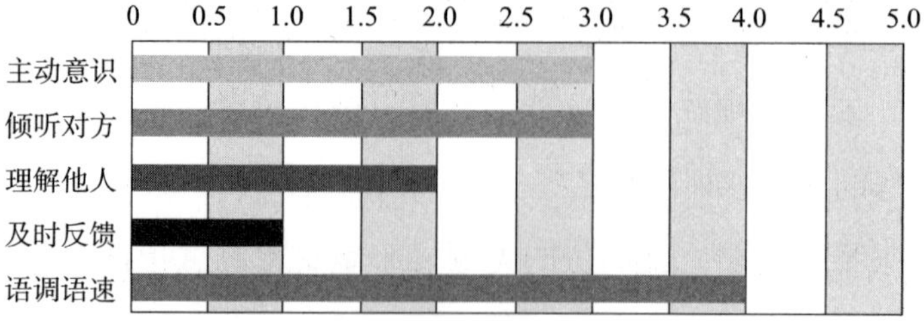

图 4-5 沟通能力测评报告

①主动意识（3.0 分）：被试者基本具备主动沟通的意识，认为通过沟通可以解决部分问题，也基本愿意与别人进行交流。

②倾听对方（3.0 分）：被试者可以有效倾听对方的观点，会注意给对方表达观点的机会，也会注意尊重对方的意见。

③理解他人（2.0 分）：被试者缺乏理解他人的意识和技巧，主要表现为对对方的态度情绪缺乏感知，不能深入理解对方想表达的诉求。

④及时反馈（1.0 分）：被试者在与他人交流过程中会出现反应滞后问题，例如走神或不屑反应等情况，这都会给对方造成负面印象，从而影响沟通效果。

⑤语调语速（4.0 分）：被试者会注意自己的表达技巧，有意识地控制自己的语调语速，努力使自己的表述让对方接受。

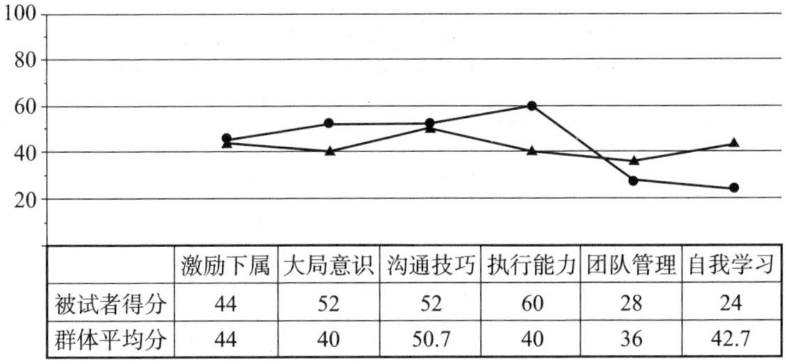

	激励下属	大局意识	沟通技巧	执行能力	团队管理	自我学习
被试者得分	44	52	52	60	28	24
群体平均分	44	40	50.7	40	36	42.7

群体胜任系数	42	个人胜任系数	41.2
高于群体水平	大局意识、执行能力		
等于群体水平	激励下属、沟通技巧		
低于群体水平	团队管理、自我学习		

—●— 被试者得分　—▲— 群体平均分

图 4–6　个体成绩与群体平均成绩对比

- 优缺点的分析：说明被试者的强项和需要改进之处。
- 培训发展建议：根据测评所反映出来的优缺点，结合被试者的工作特点，给出培训发展的建议。

案例

受某省电科院委托，我所在的咨询公司为该电科院的专家人才队伍开展了胜任模型构建与测评的项目。本项目共分三个阶段：

（一）模型构建

在项目前期的大量访谈调研中，项目组提取了35项胜任力特质，然后通过问卷调查，请电科院现有专家人才对提取出的胜任力特质进行评分和筛选，接着项目组对评分结果和筛选结果进行统计分析，保留了评分均值大于4.0和筛选频次多于10的胜任力特质。最后，由项目组专家共同研讨并由电科院领导层进行校验，最终确定了包括10项胜任力特质在内的专家人才胜任模型，见表4–12。

表4–12　某电科院专家人才胜任模型构成

序号	胜任力特质	定义
1	追求卓越	渴望成就，并通过持续努力追求更高标准
2	问题解决	关注并积极探究问题根源，从多个角度寻找策略，积极谋求问题的解决
3	严谨细致	持续关注影响工作的关键细节，考虑周全，行事严谨，追求精确
4	信息收集	意识到信息的价值点，通过多种渠道与手段努力获取更多有效信息
5	结果导向	在非常艰苦或不利的情况下，克服外部和自身的困难，善于运用多种方式促进结果的达成
6	独立自主	对事物有自己独立的见解，愿意独立思考，并自主行动完成任务
7	学习能力	具有较强的好奇心，积极获取相关信息和知识，并对其进行加工和理解，从而不断更新知识结构，提高工作技能
8	创新能力	喜欢尝试新事物，从新的角度去认识、组织信息，并形成对工作有改进和推动作用的新观点和新方法
9	团队合作	个人愿意与群体中的其他人一起协作完成任务，而不是单独地或采取竞争的方式从事工作
10	积极主动	个人在工作中不惜投入较多的精力，并提前预计到事件发生的可能性，有计划地采取行动提高工作绩效

（二）测评验证

在完成胜任模型的构建后，为了验证所提取的胜任力特质的有效性并对目前的专家人才队伍整体水平进行摸底，项目组为该电科院专家人才专门设计了一套情景式测评题库并对不同维度的权重进行了区分。测评维度的权重是区分不同维度重要程度的指标，根据胜任力特质的评分和筛选频次分析结果，将权重从高到低分为三级，分别用3、2、1表示。具体信息见表4–13。

表4–13　测评维度权重分配

维度	追求卓越	问题解决	严谨细致	信息收集	结果导向	独立自主	学习能力	创新能力	团队合作	积极主动
权重	3	3	2	1	2	1	3	2	1	1

本次项目共为76名各级专家人才及专家人才后备实施了测评，其中专家人才49人，专家人才后备27人。所有测评对象都在1周内通过线上系统完成了测评，其中5人因“作答有效性”低被纳入无效人员名单。

测评结束后，项目组分别从专家团队和专家个人层面进行了数据的对比分析，制作形成了专家团队测评报告和专家个人测评报告，并总结提炼了优秀团队和个人所具有的共性特征要素：

- 通过对测评结果的统计分析发现，国网级专家在“创新能力”“严谨细致”“问题解决”三个维度上明显优于其他层级专家人才及专家人才后备。国网级专家是目前电科院专家人才队伍中的最高层级，是专家人才队伍的标杆。通过测评数据分析可以看出，国网级专家在“创新能力”方面远高于其他层级，相比专家人才团队平均分高2.3分，相比所有测评人员平均分高2.1分。并且，“创新能力”在专家人才团队中随着专家层级的提升有递增趋势，说明“创新能力”这个维度是决定专家等级比较重要的因素。国网级专家在“严谨细致”“问题解决”两个维度的平均分值也明显高于其他层级，相比专家人才团队平均分分别高出1.6分和1.4分，相比所有测评人员平均分分别高出1.5分和1.4分。综上说明，其他层级专家人才及专家人才后备若想达到国网层级需要在“创新能力”“严谨细致”和“问题解决”三个维度上重点加以提升。

● 绩效成绩是工作表现的重要指标之一，在人才评定中，作为参考要素进行比对，交互验证，有助于更准确地把握人才评价的效度和信度。为了更好地分析专家人才的优秀特质，项目组对该电科院2015年和2016年的专家人才绩效考核结果进行了分析，筛选出两年期间考核结果均为“优秀”的专家人才。通过对比分析绩优专家人才及后备和其他绩效等级专家人才及后备的测评数据可知，绩优人员在“创新能力”“追求卓越”“严谨细致”三个维度明显优于其他专家人才及专家人才后备。

综上所述，本次测评项目较好地反映出了专家人才及专家人才后备的素质水平现状，测评结果在各个层级间有较明显的区分度，部分测评维度在各层级间有明显的递进关系，科学反映出各级专家及专家人才后备的素质特征。

（三）培养建议

对于不同层级专家人才或专家人才后备，在制订培养计划时应关注不同的侧重点。通过绩优专家与普通专家的对比，以及各层级专家人才之间的对比可知，对于公司级和地市级的专家人才应重点提升“问题解决”和“追求卓越”两方面的能力；对于国网级专家人才应重点提升“团队合作”方面的能力。通过专家人才与专家人才后备之间的对比可知，对于专家人才后备应重点提升“结果导向”方面的能力。

如某地市级专家人才李工（化名）在各个维度上的测评结果见表4–14。

表4–14　李工个人测评结果

姓名	结果导向	追求卓越	问题解决	创新能力	团队合作	积极主动	严谨细致	学习能力	信息收集	自主独立
李工	7.1	2.6	7.4	1.8	2.4	2	6.7	2.7	7.2	7.1

而其所在地市级专家人才团队在各维度上测评的平均值见表4–15。

表4–15　李工所在团队测评均值

团队名称	结果导向	追求卓越	问题解决	创新能力	团队合作	积极主动	严谨细致	学习能力	信息收集	自主独立
地市级专家人才团队	6.5	6.8	7.2	6.8	6.4	6.4	6.5	6.3	6.9	6.4

通过对比分析可知，李工在“追求卓越”“创新能力”“团队合作”“积极主动”“学习能力”五个维度上得分偏低，需要通过参加相关培训、阅读相关书籍或项目锻炼等方式，提升这五个方面的能力。

第五章将对人才的系统培养方式进行详细介绍。

第五章

系统培养：人才成长的助推器

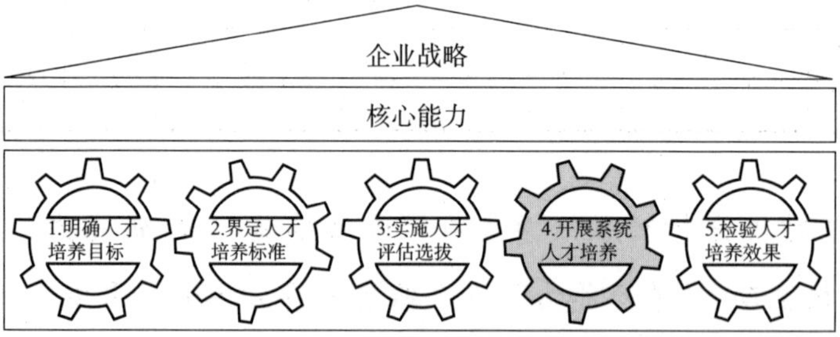

北宋著名文学家王安石创作的一篇散文《伤仲永》，讲述了一个名叫“方仲永”的神童因后天父亲不让他学习，被父亲当作赚钱工具而最终沦落为一个普通人的故事。文章借仲永为例，告诫人们绝不可单纯依靠天资而不去学习新知识，必须注重后天的教育和学习，强调了后天教育和学习对成才的重要性。

同样，发掘出有潜力的人才只是完成了第一步，还必须持续而有针对性地对他们进行培养，如果只使用不培养，人才就不会成长，甚至遭遇挫折，出现退步。“玉不琢不成器”，一块上等的美玉需要经过琢磨、打造，才能显现出它的价值。同样道理，高潜人才虽具有很好的发展潜能，但也需要给他们提供良好的培养和训练，才能让他们成为企业的有用之才。

一、制定IDP——绘制人才发展的路线图

在上一步骤，我们采用了多种评价工具，对企业的人才家底进行了盘点，识别出了关键岗位的高潜人才。接下来我们将根据能力测评的结果，与高潜人才共同制订个性化的个人发展计划（Individual Development Plan，IDP），然后通过计划的实施使高潜人才具备担任更高一级岗位的能力。企业要高度关注高潜人才，给予资源的重点倾斜，不仅要通过集中面授的方式，还需要综合采用导师辅导、行动学习、岗位轮换等多种方式帮助他们提升自身的知识和能力，并加强过程的沟通和监控，使高潜人才能够按照企业既定的人才成长路线稳步前行。在本阶段，个人发展计划（IDP）是前提和关键，也是贯穿整个高潜人才成长过程的主线。

1. 了解IDP

个人发展计划（IDP），是一张描绘员工个人未来职业发展的路线图。它是根据员工的兴趣、发展目标、优势专长、待提升能力所制订的，需在一定时期内完成的工作绩效和工作能力提升系统计划，包括学习计划和工作计划两个部分。如何让IDP不流于形式？除了员工个人的学习发展意愿，执行过程中的支持以及后期追踪反馈也是必不可少的。一方面，公司为员工提供必要的培训课程资源和工作岗位锻炼机会，员工可以根据需要选择相应的培训课程进行系统学习；另一方面，公司为其安排经验丰富的导师提供一对一辅导，在他们成长的过程中给予指导与反馈，避免易犯的常见错误，从而帮助他们更好更快地成长。之后，每季度评

估 IDP 的达成情况，找出不足，调整目标与方案，进行改进与提升。

IDP 的价值在于将组织要求与个人发展需求紧密结合，将组织的人才队伍建设和个人的职业发展连接在一起，有利于员工和组织的共同成长。对于员工、公司和导师（直接上级），IDP 都起着重要的作用，具体体现为：

（1）对员工的作用

- 提升或拓宽知识技能；
- 保持知识技能与时俱进；
- 激发个人潜能；
- 支持业绩的提升和工作目标的完成；
- 扬长补短，发展能力；
- 实现自我成长。

（2）对组织的作用

- 通过对员工关键能力、知识技能的要求，牵引员工向组织所要求的合格人才发展；
- 激发员工的自主学习及发展意识，进一步促进学习型组织建设；
- 提升企业对人才队伍培养投入的有效性；
- 帮助企业了解人才队伍的发展动向，在人才调配及激励保留时更加主动和有效。

（3）对导师（直接上级）的作用

- 培养和提升其发展下属的能力；
- 通过与下属沟通 IDP，导师（上级）得到进一步了解、发展和指导他人的机会，有利于和其建立更深层的信任关系；
- 通过与下属沟通 IDP，帮助导师（上级）调整员工的期望值和对工作及公司的满意度，从而有的放矢地激发员工更高的工作激情，提升其工作效率。

总之，IDP 的实施具有多赢的效果。目前，众多世界 500 强企业都在应用 IDP 来发展员工，将其作为个人和组织能力提升的助推器。

2. IDP 的制定与实施流程

在一个完整的员工培养周期中，IDP 的制定和实施可以分为三个重要阶段。具体流程见图 5-1。

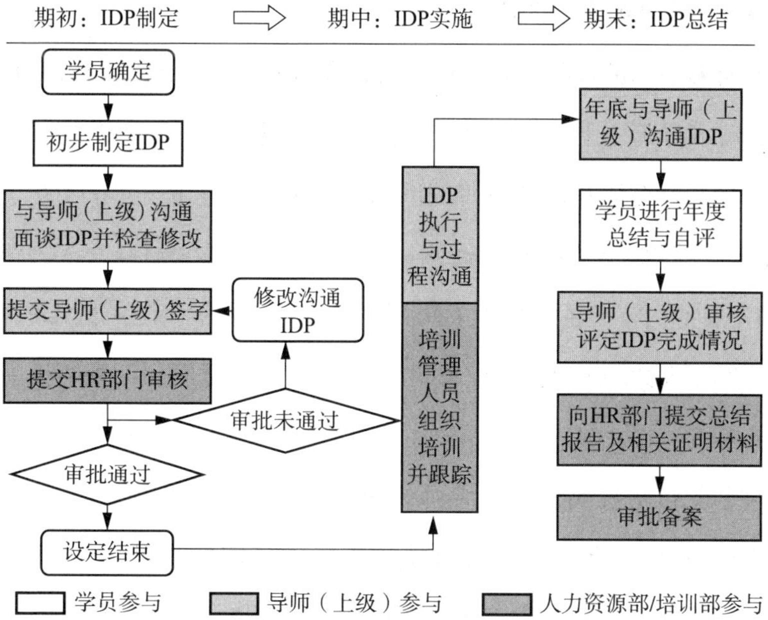

图 5-1　IDP 制定与实施流程

（1）期初 IDP 制定阶段

在制定 IDP 时，学员先是结合人才测评的结果，根据自身需要提升的能力和未来发展目标思考和拟定 IDP 初稿；然后员工就 IDP 初稿与导师（上级）进行充分沟通，征求导师（上级）的建议并修改完善后由双方共同签字确认，交由人力资源部门审核。同时，在学习发展活动的选择上要充分参考人力资源部门或培训发展部门的意见和建议，以获得更多的资源支持。

（2）期中IDP实施阶段

学员需要按照时间节点完成IDP发展活动，导师（上级）在该过程中提供资源支持与技能辅导，并定期（如月度、季度）与学员一同回顾执行情况，提出改善建议。培训发展部门也将进行跟踪反馈，推动IDP的落地和执行。

（3）期末IDP总结阶段

在期末，学员对照计划目标就IDP完成情况进行总结和自评并提交相应材料，导师（上级）根据IDP衡量标准进行评估，考查其是否达成成长目标，存在哪些需要改善的问题，并重新调整下一年的IDP。导师（上级）与学员就评定结果沟通确认后，将总结及相关材料交人力资源部/培训发展部门审批备案。为了鼓励导师（上级）和学员完成IDP，人力资源部/培训发展部门也可设置“最佳导师”“优秀学员”等奖项，以正向引导营造学习氛围。

这里要特别说明的是，导师是学员前行的灯塔，导师辅导会贯穿个人IDP整个环节。为了调动导师积极性，需要定期对导师展开辅导技能的培训，并通过物质和精神激励的方式，最大程度发挥导师的作用。

3. 如何填写IDP

IDP表格主要由四部分构成：

第一部分是基本情况，主要包括员工的基础信息，如姓名、性别、出生年月、学历、入职日期、部门及岗位等。基础信息部分比较简单，员工根据实际情况准确填写即可。

第二部分是发展分析，主要包括分析能力现状和明确职业发展目标。

我们在人才盘点阶段，基于关键岗位的胜任素质模型，通过绩效评估、测评工具等方法，可以发现高潜人才的个性特征、能力潜质等方面的优势和短板。虽然盘点结果不一定会反馈给被评价者，但是从能力发展角度出发，直线经理需要将盘点中所分析的能力优劣势与综合素质水平及时反馈给下属员工，并与员工充分讨论可能的原因与影响，达成认知共识。

在个人能力提升的重点确定上，需综合考虑其能力短板项对当前工作的影响度、能力提升的难易度，以及相关环境 / 资源的支持度，可以从当前岗位特性（哪些是达成工作目标最为重要的）、团队整体情况（能力短板项是否在团队内部有较好的互补）、上级支持条件（是否有一个优秀的上级或导师引领）、个性因素对能力的影响（能力改善是否需要个性的修饰与调节）等方面进行分析讨论。

在完成能力现状分析之后，需要在此基础上进一步确定高潜人才 1~3 年的发展目标，特别是年度的发展目标。发展目标的确定要认真思考，因为后续的能力项和具体的发展活动都是基于这个目标产生的。发展目标一定是由个人主动发起的、迫切想要改变的，一定不是上级管理者强加的；同时个人目标也要与团队、组织目标相契合，在实现个人能力提升和职业发展的同时，也能支撑团队和组织的长远发展。

进一步来说，员工在梳理发展目标时，不妨从组织、团队和个人需求三方面出发，思考以下几个问题：

- 组织的发展方向是什么？未来企业需要什么样的员工？

- 目前所在的团队需要哪方面的人才？我的哪些能力是团队所看重的？
- 未来1~3年，我的发展目标是什么？要实现这个目标，我要克服哪些困难和挑战？

在回答这几个问题之后，即可结合需求分析，制定出个人发展目标。

第三部分是发展活动计划，包括以下内容：

（1）希望提升的能力

在需求分析的基础上，从需要提升的能力中，优先挑选3~5项最具价值又能真正改变的能力作为发展的重点。切记，不可贪多求全，要聚焦对工作来讲最不可或缺的能力项。要注意的是，要提升的是能力与经验，而不是日常的工作任务目标，避免与绩效考核指标相混淆。另外，这里常会有一个误区，很多人都认为发展能力要聚焦于自己的弱点。然而除了补短之外，进一步强化个人优势也同样重要。因为上文已经强调过，有些弱点的改善非常困难，需要花费大量的时间和精力，不如继续发挥自己的长处，善于与他人合作，扬长补短，才能更快地实现目标。因此在讨论高潜人才的优势和短板时，可将其放在所处的团队中，了解核心能力在团队中的分布情况。

（2）实施发展活动

在安排各类学习和发展活动时，不要局限于课堂培训和在线学习，还有其他多样化的培养方式。我们要根据不同学员对象的特点，在培训721法则的指导下，结合资源条件，选择和配置适合的学习发展活动。同时，学员和导师（上级）要加强与培训发展部门的沟通，征求相关的专业建议和了解公司能提供的资源支持。后文会具体介绍一些常用的培养发展方式。

（3）衡量指标

对学习与发展活动取得的效果，要求具体、可衡量，我们在开始填写时往往忽视或者不知道如何填写。若自己对实施发展活动可取得的效果认识比较模糊，可以请导师（上级）初步确定这些标准。无论填写起来是否存在困难，我们都必须尝试着填写，以对后续目标的实现起到更大的敦促作用。这样不单对员工自己有益，也为导师辅导明确了内容和标准。

（4）所需的支持

员工的成长不可能靠一个人独自完成，因此在 IDP 执行过程中，必须获得来自公司、导师和上级的支持和帮助。公司将为每一位纳入人才培养项目的高潜人才安排一名导师，起到“传帮带”作用。同时，员工的直接上级和公司人力资源部也可以提供相应的资源支持。有的企业建立了导师库，由员工根据自己的兴趣偏好申请由哪些人来担任自己的导师，人力资源部则根据具体情况进行协调安排。建议员工在一个发展周期内只选择一名导师，通过充分的沟通和活动获得支持。除了一对一的导师安排，员工也可以就某些问题或专业难题请教公司内的其他专家。

（5）计划完成时间

为每一项发展活动设定完成时间，周期比较长的学习目标也要在规定时间内设定阶段性目标。

第四部分是相关方意见。主要由导师及相关部门针对员工提交的 IDP 提出实施建议，以及从哪些方面提供支持。

例如，表 5-1 是某公司绩效经理的 IDP。

表 5-1　某公司绩效经理的 IDP

一、基本情况

姓名	陈杰	性别	男	出生年月	1980 年 5 月	学历	本科	入职日期	2014 年 6 月 1 日
所在单位	A 公司	部门	人力资源部	现岗位	绩效经理	直接上级	HR 总监	导师	赵飞

二、发展分析

对现状的分析

能力范围	优势	不足
专业能力	1. 过硬的专业能力 2. 与公司各层级人员良好的关系 3. 文字功底过硬	1. 对公司业务的学习需要加强 2. 细节管理上有待提升 3. 对其他模块，如培训、薪酬等方面的专业能力不足
发展潜质能力	1. 快速学习能力 2. 一定的抗压能力	1. 看问题的高度及深度还需要加速提升 2. 跨部门沟通能力及带领团队能力缺乏 3. 系统思考能力需要加强，避免线性思维模式
个人性格	真诚、乐观	自信心不足

职业发展目标（1~3 年）：
对标 A 公司职业发展序列，一年内成为资深绩效经理；第二年轮岗到培训经理岗位，再通过两年努力，可以为公司设计和运营高潜人才培养项目，并独立开发和主讲 1 门管理类版权课程

三、发展活动计划

序号	待提高或发展能力 / 经验（识别关键项）	实施发展活动（具体）	衡量标准（具体、可衡量）	所需支持人（导师、HR 等相关人员）	计划完成时间（可执行）
1	拓宽人力资源专业知识面	1. 系统学习美国加里 · 德斯勒所著《人力资源管理》书籍	至少阅读 3 遍书籍并形成读书笔记	赵飞	2016 年 3 月
		2. 完成 E-learning 平台上关于人力资源模块的学习	完成 E-learning 平台学习，通过平台测验	网络学习中心	2016 年 5 月

续表

1	拓宽人力资源专业知识面	3. 尝试培训管理岗位工作，在实践中锻炼自己能力	加入培训管理项目组，至少承担 2 项工作	·HR 总监 ·赵飞	2016 年 10 月
		4. 参加外部绩效管理类公开课，从 HR 专业讲师和同行处学习	参加 1 次外部公开课，结束后 1 个月内进行 1 次内部分享	公司培训部	2016 年 12 月
2	创新思维能力提升	阅读《创新思维训练与方法》书籍	阅读 3 遍书籍，并有意识地至少选择 3 种创新思维方法在工作中应用	无	2016 年 10 月
3	提升跨部门沟通能力	1. 加强与其他部门的沟通交流，促进相互了解	每年度参与交流不少于 2 次，包括参加正式会议和非正式活动交流	HR 总监	2016 年 12 月
		2. 参加公司组织的沟通技巧内训课程	参加 1 次沟通技巧的内训课程，并每月找出 2 个话题与其他部门同事进行沟通	·公司培训部 ·赵飞	2016 年 12 月
4	提升团队管理能力	借着公司今年推行绩效管理优化项目的机会，牵头负责公司绩效管理优化项目	争取成为项目经理，带领内外部项目组成员圆满完成任务	部门总监	2016 年 12 月

四、相关方意见

学员导师意见	同意发展计划。 作为你的导师，我愿意通过各种方式，就职业发展、工作经验和棘手问题的处理，与你进行真诚沟通和交流。 建议上半年学习《××××》和《×××》这两本书，并写出读书心得。 希望在 6 月份能与你一起回顾近几月的学习感受和工作进展。 导师：××× 2016 年 1 月 6 日
人力资源部意见	同意发展计划，公司人力资源部将全力支持，并持续跟进发展计划的执行情况。培训部将在年内安排你参加一次外部人力资源公开课，并统计其他员工的类似需求，如需求人数达到 10 人，则在内部组织一次课程。 人力资源部 2016 年 1 月 16 日

4. 角色及分工

IDP由员工发起，导师（上级）与培训发展部门提供支持。执行IDP过程中，三者分工不同（表5-2），通过相互配合来保障IDP的有力开展并落到实处。

表5-2　IDP实施角色分工表

角色	主要分工职责
员工	· 找到自己能力与岗位要求间的差距 · 明确自己的职业目标和发展需求 · 选择能够达到学习目标的发展活动 · 制定IDP，并脚踏实地地执行 · 阶段性对进展情况进行总结
导师（上级）	· 如实评价员工的强项和发展需求，与员工共同讨论和制订发展计划 · 建议员工可能不熟悉的发展活动 · 识别和清除计划中的障碍（如资源、困惑） · 对员工工作中出现的问题及时提供建议和辅导 · 让员工自身发展需要和组织发展要求紧密连接起来 · 评估员工参加发展活动所取得的效果
人力资源部/培训发展部	· 根据员工申请协调和指定导师 · 传递IDP制定方法，协助员工制定IDP，与员工、导师共同确定IDP内容 · 提供岗位职责、现有学习资源等信息 · 对培养活动提出专业建议 · 创造条件支持IDP执行，组织相关活动，对结果进行跟进 · 组织IDP总结与汇报 · 评估IDP的实施效果，并提出改善建议

员工个人在IDP制定和实施过程中负主要责任，正如前文所述，内因决定外因，只有自身有发展意愿也确立了发展的方向，体会到发展中的“痛点”，才有可能认真落实发展计划，并且员工还要掌握发展的主动性，抓住任何可以让自身获得发展的机会。

导师（上级）为员工提供指导与相关资源的支持。不是所有人都能够担任导师，只有认同公司价值观，并且乐于分享和帮助他人，同时具有一定辅导技巧、富有经验的资深员工如管理者或专家，才能胜任。正因为对导师的要求非常高，导致企业内部的导师资源尤为稀缺宝贵，因此建议只对高潜人才采用导师制，而对新员工采用“师带徒”的方式，从而缓解资源的不足。此外，考虑到导师本身也有繁重的工作任务，不宜安排过多的辅导对象，2~3人比较合适，否则导师的精力不足，辅导效果会打折扣。员工的导师与直接上级可以是同一人，也可以是不同的人。由直接上级担任员工导师，好处是能够对工作中出现的问题提供更好的指导，有利于工作能力的提升，更有效推进落实IDP；不足是员工往往慑于上级的权威，不容易与上级进行充分的沟通，常将IDP与绩效考核计划混在一起，更关注工作而非个人发展。而另外选派导师，优点是在双方建立信任后，能够与学员进行充分而深入的沟通，重点关注学员的思想动态和职业发展；缺点是由于没有直接隶属关系，往往IDP的推动力度略显不足。要根据设置导师的目的来决定导师的安排。有些企业实行“双导师制”，即工作导师与职业导师。工作导师由直接上级来担任，而职业导师则由具有丰富经验的骨干来兼任。

企业人力资源部/培训发展部门是IDP制定与实施的推动部门，负责建立IDP跟踪与评价机制，提供工具辅导和相关资源支持，推进学员IDP的落地。

二、基于胜任能力，开发培养内容

解决了为什么学，下一步的重要工作就是解决学什么的问题。

目前，很多企业为了提升员工的整体能力和素质水平，会安排各式各样的培训课程，但收效甚微。往往是市面上流行什么课程就引进什么课程，或者在年初搞培训需求调查，统计得票率高的作为当年重点开设的课程；还有不少培训部门认为组织一场培训，既然花了钱，就让所有员工都参加，希望降低人均培训成本。这样的培训能有效果吗？培训失效的主要原因是培训内容没有与企业的业务发展和员工的能力提升要求有效关联，对高潜人才的培养方面也大多没有形成标准化的培养路径，更多依靠自发自觉学习。

为了提高人才培养的系统性、有效性，现在越来越多的企业开始依据胜任力来规划人才培养的内容。

比如我在万达学院期间，首先对对口支持的业务部门进行调研，梳理出年度十大重点工作任务，然后与对口部门的负责人一同分析，从中选出3项影响大但目前团队员工与岗位胜任要求还有差距的能力项，找到员工能力的薄弱项和业务部门的“痛点”，再据此开展相应的培训工作。只有根据企业战略进行规划，才能量身定制出符合本企业持续发展的人才培养内容。而岗位胜任模型是在对企业战略进行解读、对绩优员工的关键胜任力特征进行提炼的基础上构建的，因此，基于岗位胜任力的培养内容，能够按照不同层级、不同岗位的胜任力要求差异，设置分层分类的课程体系，使个人的能力提升计划与公司战略目标相融合，并循序渐进地安排培训课程，满足员工的持续性发展需求。

1. 设计标准化的学习路径图

假设你要到一个陌生的城市旅行，临行前最重要的事情是什么呢？我相信大多数人肯定会提前做一下攻略，查看这个城市的游览地图。

学习路径图，就类似于这样一张城市游览地图。从一名新员工进入公司开始（踏上这片城市的土地），要把他培养为胜任某个岗位的优秀人才（旅行目的地），最佳的培养路线是什么（选择什么路线到达）？培训资源如何配备（打车、坐大巴还是乘地铁）？有了这张地图，是不是更容易达成目标呢？

这张学习路径图，最终表现形式可以是图，可以是表，也可以是图、表、文字的结合。它基于岗位胜任模型和员工的职业发展目标，解决处于什么阶段的员工、在什么节点、学什么课程、以何种形式学等问题。

一张完整的学习路径图必须包含五个要素：“始终点”“换乘点”“路线”“交通工具”“时间点”。

“始终点”：明确员工的起始水平和目标水平是怎样的。

“换乘点”：学习路径图中的里程碑和阶段学习目标。

“路线”：在学习路径图中应该体现出员工的职业发展路径规划。

“交通工具”：多样的学习活动，如课堂培训、岗位实践、导师辅导、阅读书籍、网络学习、担任内部讲师、行动学习、挂职锻炼等。

“时间点”：学习路径图的完整学习周期以及完成每项学习活动所需要的时间。

接下来，就以我曾经负责的某电力公司新员工入职培训项目为例，进行简要说明。

该公司围绕“人才强企”战略，秉承“人人皆可成才、人人尽展其才”的人才观念，遵循人才成长规律，根据入职期员工的特点和需求以及公司希望培养提升的方向，规划了 5 年的培养路径。每年为一个培养阶段（图 5–2），明确各阶段任务目标、培养内容、培养方式及考核办法，形成入职期员工的学习路径图，并与员工的职业发展无缝对接，构建起入职期员工快速成长的培养体系，以最大化地提升员工能力，向“卓越之星”目标迈进，满足公司未来发展对人才的需求。

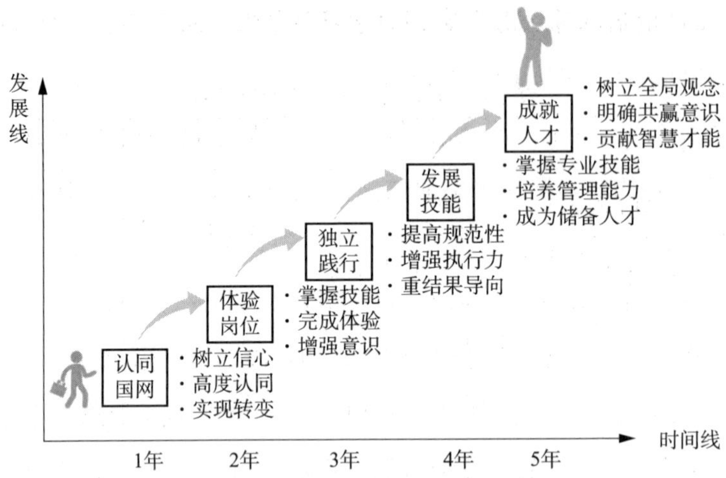

图 5–2 某公司新员工入职期培养阶段示例

在前三年的培养阶段，主要采用集中培训、师带徒、轮岗锻炼、岗位实训等多种方式，树立正确的核心价值观，加强法治教育，培育职业精神，确立职业追求，有效缩短员工岗位适应期。前三年培养结束后，公司将对每名员工前三年的培养效果进行综合评价考核，并根据该员工的能力潜质、工作绩效，选拔出高潜质的年轻员工继续参加第四年和第五年的后备培养计划，对标更高层级的岗位要求，安排针对性更强的培养活动，如导师辅导、挂职锻炼、挑战者计划、参与重点项目等，以进一步提升其综合能力，成为管理后备或专家储备人才。其他员工则结束入职培训，根据其目标岗位分配到各专业部门。

在第一年的新员工培养计划中，项目组通过深入细致的访谈调研，以“用一年时间，让新员工了解电力行业、国网公司，建立对公司的高度认同感，并学习了解各项规定，养成基本职业素养，实现从校园人向职场人的转变，争做合格国网人”为目标，进行了培训标准的确定和学习路径的设计。项目要点如下：

- 研究确定新员工主要从事岗位类别，明确岗位成长阶梯。
- 阐述岗位成长路径中各阶段与胜任能力之间的对应关系。

- 绘制清晰准确、易于掌握的学习路径图（表 5–3）。

表 5–3 新员工第一年学习路径图

<table>
<tr><td rowspan="3"></td><td rowspan="3">组织安排
培训内容</td><td>培训形式</td><td colspan="3">集中培训</td><td>岗位轮训</td><td>考核汇报</td></tr>
<tr><td>组织规律</td><td colspan="3">每季度集训 1 次，每次 3~5 天</td><td>每 3 个月轮换 1 次，部门讲堂每月 1 天</td><td>期末 1 天</td></tr>
<tr><td>时间安排</td><td>7 月</td><td>10 月</td><td>1 月</td><td>每月 1 天</td><td>4 月</td></tr>
<tr><td rowspan="14">第一年认同国网</td><td rowspan="7">文化制度</td><td>行业概况</td><td>讲解</td><td></td><td></td><td rowspan="7">岗位实践</td><td rowspan="4">考核：全年随堂综合评鉴成绩
依据全年历次学籍档案成绩</td></tr>
<tr><td>公司概况</td><td>讲解</td><td></td><td></td></tr>
<tr><td>安全教育</td><td>讲解</td><td>参观</td><td></td></tr>
<tr><td>制度学习</td><td>讲解</td><td>参观</td><td></td></tr>
<tr><td>企业文化</td><td>讲解或参观</td><td></td><td></td><td rowspan="3">汇报：《我的国网第一年》
视频学习心得评比（网络 + 现场）</td></tr>
<tr><td>专家讲座</td><td></td><td>领导专家</td><td>典型员工座谈</td></tr>
<tr><td>模块考核</td><td>随堂考核</td><td>记录、体会</td><td>记录、体会</td></tr>
<tr><td rowspan="4">业务技能</td><td>业务讲解</td><td>公司通用业务</td><td>公司通用业务</td><td></td><td>部门业务讲堂学习</td><td rowspan="2">考核：全年业务综合评鉴
依据全年业绩鉴定与评价</td></tr>
<tr><td>业务观摩</td><td></td><td></td><td>绩优观摩</td><td>部门业务讲堂学习</td></tr>
<tr><td>业务答疑</td><td></td><td></td><td></td><td>部门业务在岗辅导</td><td rowspan="2">汇报：业务现场比武</td></tr>
<tr><td>模块考核</td><td></td><td>随堂考核</td><td>记录、体会</td><td>业绩鉴定与“同比或环比”评鉴</td></tr>
<tr><td rowspan="3">职业素养</td><td>自我管理类</td><td>通用课程</td><td></td><td></td><td rowspan="3">实践体会</td><td rowspan="3">考核：全年随堂综合考核成绩
汇报：《我的晨星工作法》汇报演讲</td></tr>
<tr><td>任务管理类</td><td></td><td>通用课程</td><td></td></tr>
<tr><td>人际管理类</td><td></td><td></td><td>通用课程</td></tr>
</table>

- 设计与学习路径图匹配的《新员工学籍档案》。
- 设计与学习路径图匹配的《学习旅程确认书》，与学员共同签署。

- 制作学习路径图引导微课（图 5–3），用崭新活泼的形式向新员工说明在公司的成长发展路径，在新人报到时推送到手机端，使新员工更容易明确自己在公司的未来发展，从第一天就建立信心。

图 5–3　某公司新员工入职培训导学图

通过以上标准化学习路径图的设计，向新员工明确了“因何而学，如何学习，学成啥样”，从而激发其学习动力，增强培训效果。

还有的企业按照人才从职场新人到企业高管的成长路径，分别针对不同发展阶段的培训对象安排对应的课程体系，例如中广核集团的“白鹭计划”，是由新入职员工的转型训练（白鹭 · 破壳计划）、新任基层管理者的转型训练（白鹭 · 助跑计划）、新任中层管理者的转型训练（白鹭 · 展翅计划）及新任运营高管转型训练（白鹭 · 翱翔计划）等共同组成的一系列转型发展项目的统称。

胜任模型构建起来以后，还要对照岗位胜任模型进行广泛深入的调研及能力测评，发现每一个个体的优势和不足，从而有针对性地制订 IDP，安排个性化的学习活动，弥补差距。同时，将群体培养对象的调研结果与能力素质标准进行比较，发现共性的培养需求，作为设计集中式培养的课程目标和课程重点。最后，根据群体培养对象对各项能力素质指标的需求程度确立开展集中式培养的先后顺序，这就构成了培养计划的主要内容。

这种基于岗位胜任模型的学习路径图绘制以及使用，可以为人才培养的各个阶段和环节提供参照和指引，从而提高人才培养内容与组织战略目标的一致性，避免盲目培养带来的消极后果。

接下来，我们再一起看下培训课程的产生过程。

2. 任务导向的课程设计思路

近些年在培训界一直存在对胜任模型的争论。很多人认为胜任模型已经过时，原因是现代社会竞争激烈，市场情况瞬息万变，按照胜任模型培养人才，好比冷兵器时代培养武林高手，要先背诵武功心法，再练习基本招数，十年磨一剑，才能成为高手，显然已不能适应企业竞争和快速发展的需要。现代企业对人才的培养更适合采用任务模型的培养方式，就像现代战争中的大炮、机枪，拿着说明书快速掌握后就可以在很短的时间内消灭敌人。当然也有对胜任模型持支持态度者，认为按照任务模型的方式学习，基础不够扎实，知识体系凌乱，往往知其然不知其所以然，一旦工作场景发生变化，遇到说明书上没有介绍解决办法的复杂问题就不知道如何应对。而真正的武林高手则不拘于一招一式，在任何场景都能够将招式融会贯通，摘花飞叶，皆可伤人。总之，双方观点各有道理，但都只看到了两者的区别，而忽视了它们的联系。

实际上，胜任模型与任务模型并不矛盾，不是非我即他的关系。如果能将二者合理运用，则能够有效提升人才培养的效果。胜任模型主要是明确不同岗位和不同层级的能力素质要求，应用于潜力人才的选拔和晋升，并为人才的成长指明努力方向。而任务模型重点是基于岗位职责，为了取得高绩效，所要完成的一系列任务、步骤、动作等。可见，能力相对稳定，而任务是动态变化的。按胜任模型规划培养内容，使人才培养工作更加系统，满足公司战略未来发展的需求，而按任务模型则能快速掌握达成高绩效的动作要领，解决当下问题，提高培训的效率。

两者最佳的结合方式，是基于胜任模型规划培养体系，搭建起系统的知识架构和能力成长路线，而在具体培养工作中，则要从任务模型切入，通过基于实际工作场景的岗位技能训练，让普通员工可以快速达到高手的水平，达成支撑绩效的目的。在完成任务的同时，还有意识地培养自己举一反三、融会贯通的能力，不仅知其然还要知其所以然，找到高绩效背后的规律和原理。而能力提升后，就能够解决更复杂的问题，反过来又能承担更重要的工作任务，从而获得更高层级的能力锻炼机会。这样相互促进，螺旋上升，就形成了任务与能力的双螺旋上升曲线（图 5–4）。

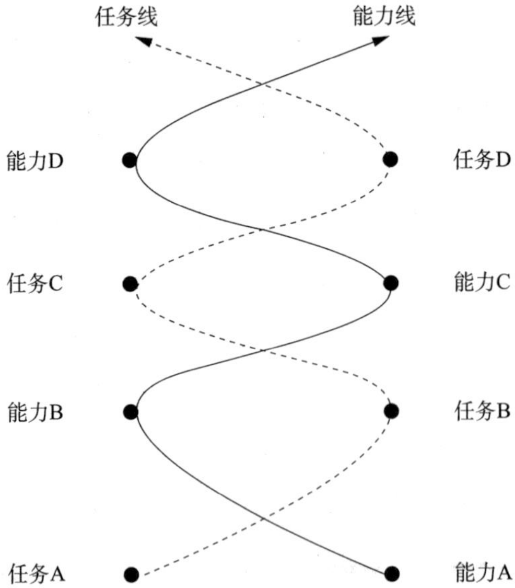

图 5–4 任务与能力双螺旋上升曲线

3. 基于岗位经验内化的课程开发

（1）拿来还是自产

企业培训课程的来源无非两种：拿来主义和内部生成。拿来主义就是从外部市场直接引进现成的课程，邀请外部的师资来企业内部授课，“外请的和尚好念经”。内部生成是通过挖掘和提炼企业自身积累的隐性经验和智慧，形成典型可复制的显性知识与案例，并由内部专家进行授课和传播。如果完全拿来主义，就会出现培训内容与实际工作不一致的情形，别人家的东西看起来很好，但在本企业实际工作中未必适用；而只依靠内部生成，经验往往过于感性和零散，缺乏外部的先进思想和方法的指导与借鉴，无法取长补短，有时外部已经得到验证的成熟理论还需要内部再次探讨，重复试错，效率较低。因此，无论拿来主义还是内部生成，都有其局限性。建议企业在内部自主开发力量还不成熟时，采用内外部联合开发的方式，借鉴外部优秀的经验方法，培养内部的开发力量，提高企业自己的“造血”能力。与企业经营管理密切相关的课程，比如战略文化类、制度规定类、产品业务类的课程更适合以企业内部力量为主开发，例如谷歌和苹果向来以创新著称，很多产品和技术都比较超前，甚至还处于秘密研发阶段，外部没有经验借鉴，因此培训课程必须靠内部自主开发。通用素质类、管理技能类的课程相对都比较成熟，适用性广，可以选择由外部供应商提供，不一定需要自己开发。

我曾为多家企业定制化开发了百余门精品课程，大多是采用内外兼容的方式。专家在实践过程中会积累许多优秀的经验，但他们的经验往往隐藏在大脑中，没有概括总结出来。这时候就需要对专家经验进行萃取和提炼，找到优秀经验背后蕴藏的规律和特点，然后把隐性经验显性化、流程化、量化、工具化，做到步骤清晰、方法明确、工具易用，只有这样职场小白们才可以更好地复制。同时，也有效实现了组织经验与智慧的沉淀、管理与传承，做到人与经验的分离，避免“人走经验没”

的问题。

前几年有一部热播的抗战剧《我的兄弟叫顺溜》，在剧中有一个神枪手叫顺溜。但顺溜这个人憨厚朴实、没有文化，他的射击经验，自己也讲不清楚，反而是没打死过一个鬼子的文书翰林把顺溜的射击窍门总结出来，而且编成了一句顺口溜，让战士们每天出操时唱：“鬼子上山打他的头，鬼子下山打他的脚，鬼子运动多打一个身位。”此后，战士们的射击水平得到很大的提升。为什么效果这么好呢？就是因为翰林提炼的经验，形式生动，方便文化水平不高的战士们学习、理解、记忆、应用。

想要成功开发一门课程需要配备三类角色：项目经理、内容专家、方法专家。项目经理主要负责课程开发立项、项目团队管理、开发进程控制、组织课程评审、组织课程推广等任务；内容专家主要提供课程开发素材，包括典型问题、解决办法、练习场景等，并对课程内容和教学活动的正确性和针对性进行把关；方法专家主要负责按照课程开发流程，运用一定的方法工具，将内容专家所提供的课程素材设计开发出可以使用的课程成果。三类角色分工协作，才能确保课程开发的效果。

（2）课程开发流程①

无论采用哪种课程开发方式，都需遵循一定的开发流程，便于课程开发人员对关键节点进行把控，提高课程开发效果。常用的流程见图5–5。

图5–5 课程开发流程

① 邱伟.FAST高效课程开发：培训师成长实践手册［M］. 北京：电子工业出版社，2015.

1）课程定位

课程定位实际上就是基于需求的分析，明确课程开发的目的是什么、培训对象是谁、解决什么问题等。课程的准确定位，是做好课程设计的重要前提。一门课程如果定位错了，比如该给中层干部讲的课程却讲给了基层员工，就达不到预想的效果。

课程定位最直接的表现就是课程目标，让受众对象非常清晰地知晓学习这门课程对自己的好处，从而激发学习兴趣。

课程目标制定的 ABCD 法则如下：

A：培训“对象”（Audience）是谁？培训对象的工作内容、工作经历和工作能力会存在很多差异，需求点自然不同，课程开发的内容及对应的教学方法也会随之不同。

B：在培训课程中要求学员改变或优化的“行为”（Behaviour）是什么？

C：指明此类行为发生的条件或限制因素，即“条件”（Conditions）。

D：培训“程度”（Degree），也就是通过本课程学习，“行为”能够实现哪些变化。

举例说明：

帮助新任基层管理者（A），在老员工发生不服从工作安排、不按时完成工作任务等问题时（C），能够恰当地运用至少 3 种管理激励手段（B）调动老员工的工作积极性（D）。

2）经验萃取

定位清晰了，就如同航行中有航标一样，一切变得有据可依。那么沿着这个方向，我们应该向学员传递哪些内容呢？

我发现很多企业的课程开发，往往先确定一个课程主题方向，然后凭借自己的经验罗列出一堆相关的知识点，接着根据这些知识点到处搜罗各种素材，最后拼凑成一门所谓的课程传授给员工，就期待着员工的行为发生变化。这样的课程看似内容完整、理论经典、方法正确，但这些放之四海而皆准的“大道理”不能帮助学员解决任何问题。

这样的课程开发假设的前提是学员对“知识方法”与“工作场景”具备自动匹配和迁移的能力，是假定学员的“悟性很高”，会自然而然地应用这些知识方法产生高绩效。

但是，这些通用的知识方法到底适用于哪些工作场景，学员经常会比较模糊，似乎学了不少知识、技巧甚至套路，但到客户那里一旦情况发生变化就不知道如何应用，或者学员在应用中由于某个环节识别不清晰或者技能组合不当，导致绩效表现并不明显。

“学习不是获得，而是改变”，只有与学员的实际工作场景高度相关，以任务为导向进行课程设计与开发，将业务高手在工作中产生高绩效的经验提炼成可供学员学习的理论模型、流程步骤、方法工具、行为范例等，才有助于学员能力的迁移。

如何判断哪些是典型任务呢？有三个标准，即难度、重要性和频率。

● 难度是指某项任务的流程比较复杂、步骤多、涉及的知识点多。确定难度是在任务与任务之间做对比，而不是谁来执行任务。例如，A：判断证券市场未来1年的走势；B：小张写这个方案时觉得很难。第一个例句说明了任务的难度。

● 重要性是指一项任务对绩效或其他任务的影响程度。基础前提性的任务、达成当前绩效的任务以及满足长远发展需求的任务更重要。

● 频率是指该任务在既定时间内（如一年内）的执行次数。评估频率主要考虑的因素包括某个周期内出现次数多少、持续时间长短、涉及范围广泛与否等。

我们在做任务分析时，通常先邀请业务专家按照完整性、独立性原则列举出关键岗位的所有任务，这些任务一定要基于某个工作场景，然后对每个任务按照评价标准分别赋予一定的权重，如 4 ∶ 4 ∶ 2，接着再请业务专家按照“典型任务打分表”（表 5–4）对每项任务进行打分，每项最高 3 分。打分后根据不同的权重进行分数折算，最后依照得分从高到低选取一定比例作为典型任务，如 20%。通过集体打分，可以大大提高典型任务分析的准确性。

表 5–4　典型任务打分表

序号	工作任务	典型性分析			
		难度（权重）	重要性（权重）	频率（权重）	合计

筛选出典型任务后，接着再向下逐级分解出步骤、动作、知识点等，一直分解到不具有意义为止。这样分解的好处是，能使我们的学习内容模块化，根据需要任意拼装组合。然后将业务高手在任务场景中产生高绩效的经验提炼成可供学员学习的流程步骤、方法工具、常见问题、行为范例等（表 5–5）。

表 5–5　某电信公司营业员办理客户销号任务范例

任务描述	任务挑战
当高端客户到营业厅办理销号时，营业员需要委婉探寻客户销号原因并采取针对性的挽留措施	客户不配合，不愿告知销号原因，挽留措施缺乏吸引力

续表

工作步骤	动作（怎么干）	方法 / 工具 / 窍门	新手常见问题
步骤一：探询客户销号的原因	·通过查询办理条件等表达服务意愿 ·根据客户使用历史找到客户的潜在损失并表示担忧 ·委婉询问客户销号原因	客户销号潜在的损失：朋友联系不便、积分消失、消费信誉度消失等	·不表达服务意愿，直接提问 ·提问方式生硬
步骤二：找到对客户更有利的方式挽留客户	·提出挽留建议 ·说明对客户的价值 ·促进客户接受建议	销号挽留策略：办理停机保号；办理更加适合的套餐；介绍可以享受的优惠活动；有最低消费，建议月底再办理等	·缺乏挽留策略 ·提出建议时缺乏价值说明 ·不真诚、不热情
典型正面案例	服务员：先生您好，请问办什么业务？ 客户：这个号码不用了，帮我取消了吧。 服务员：好的，请出示您的身份证，报一下您的手机号码，我帮您查询一下。（服务员上机查询客户是否可以办理，同时查询客户的使用历史和业务状况。） 服务员：先生，您这个号码已经使用十多年了，一旦取消了，许多朋友就联系不上了，而且您的积分、享受的预存话费优惠都没有了。不知道是不是我们公司有什么服务不到位的地方，还是有其他原因？ 客户：没什么不满意，主要是我要调到外地，这个号码暂时用不上了。 服务员：先生，那我建议您换成我们的商旅套餐，长途、市话和漫游一个价格，而且全国接听免费，这样就既能控制话费成本，而且还能一直用这个号码。 客户：还有这种套餐，那你介绍一下吧。		
典型反面案例	服务员："先生您好，请问办什么业务？" 客户："这个号码不用了，帮我取消了吧。" 服务员："请问您为什么要取消啊？" 客户："问这个有必要吗？" 服务员："不好意思，公司规定。" 客户："什么破规定，马上给我办，不然投诉你。" 服务员：……		

如何获取基于工作任务场景的最佳案例经验呢？案例素材来源通常有两类：

● 第一类是来自组织内部。组织内部的业务专家和管理者在过往的实际工作中已经积累了丰富的经验。

我们通过对业务专家和管理者的访谈，把个人大脑中潜藏的经验和智慧挖掘出来，转化为组织显性的经验和智慧，被更多的员工学习和应用。这些经验和智慧就像散落在民间的“珍珠”，课程设计开发人员需要把这些“珍珠”挑出来、串起来、展出来，让它们亮起来、美起来。萃取专家经验的访谈可以运用 BEI（行为事件访谈）工具，即根据任务场景进行关键事件访谈，获得代表性的案例素材（表 5–6）。

表 5–6　案例信息采集访谈表

被访谈者姓名		所在部门 / 职位	
访谈时间 / 地点		案例采集人	
访谈目的			
访谈程序			
1. 向被访者介绍本次访谈的目的以及流程，建立信任关系。 2. 进入提问环节： （1）根据我刚才提到的问题或任务，您有过哪些成功经历？请描述一个具体案例或者故事（需要包括时间、地点、人物、困难挑战、具体行为步骤和事件结果等要素）。 （2）在该事件中，您认为最关键的点是什么？为什么？ （3）假如您再重新面对这个问题或任务，您将如何做？ （4）普通员工（或新手）遇到类似问题时最容易犯哪些错误？如何避免？ 3. 关于这个事例 / 事件，您认为还有什么信息需要补充吗？ 4. 最后向被访者表示感谢			

通过专家访谈，比较容易找到优秀员工业绩卓越和普通员工业绩不良的细微差别，可以针对这些差别开发相应的课程进行培训，从而大大提高培训的效果。需要注意的是，在进行专家访谈前，访谈者要先通过内外部资料的收集和研读，提前了解所要萃取岗位的工作整体框架和基础知识。只有熟悉所萃取岗位的工作内容，才能用对方熟悉的工作语言进行沟通，抓住关键的信息，挖掘有价值的经验。

在资料收集和专家访谈结束后，我们将进入最关键的经验萃取环节，主要目的是对那些零散的、鲜活的经验素材进行整理、提炼并升华为具体的流程步骤、方法和工具，形成可复制、易掌握的知识和技能，同时又要与对应理论的内在逻辑保持一致。这个案例经验的萃取过程非常考验案例开发人员的分析、总结和提炼能力，尤其培训管理者大多是对实际业务工作不太了解的门外汉，更是难上加难。所以，除了要不断加强对业务工作的了解，还要有意识地培养自己的总结提炼能力。

专家访谈的前提是要找到真专家而不是伪专家。真专家一般来源于承担这个任务的优秀骨干和经验丰富的管理者，能够针对具有挑战性的工作场景提出有效的应对方法；而伪专家是那些虽然理论知识丰富但缺乏实战经验的“纸上将军”或所取得的高绩效仅是个案不具可复制性。如某商业银行的一名客户经理小A业绩非常好，经了解发现小A有一个在大型企业任CFO的亲戚，从而可以很轻松地将该企业的存款拉过来。很明显，小A的高绩效是凭借其特殊的人脉关系达成的，不具可复制性。

- 第二类是来自组织外部。除了内部经验萃取，借鉴和参考已有的被普遍认可的经典理论、方法、工具等，以及行业内标杆企业的先进做法，也是一个有效获取素材的来源。世界著名咨询公司麦肯锡有一个经典理论：不要重新发明轮子。因为不论是什么问题，总有某些人在某些地方已经从事过同样的工作。珍惜你宝贵的时间，从别人的成功和教训当中去学习，别去做无用功——再去重新发明轮子！当组织内部没有足够案例素材时，可以充分利用外部已有的经验和成果，避免不必要的投入和浪费。不过，在借鉴外部经验时，你要判断这个经验方法是否是解决你们企业所遇到问题的最佳办法。

引入外部经验时，有些可以直接借鉴，比如教练式辅导GROW模型、4Ps营销理论、SWOT分析模型等一些经典的理论模型。但很多时候，我们也要因地制宜、因企制宜、因时制宜，根据本企业的实际情况对外部的“轮子”加以改造再应用。

将内部最佳经验萃取出来或将外部先进经验引进来之后，接下来要邀请相关业务部门领导和业务专家讨论评估这些经验做法的有效性和适用性，以及是否需要进行深度挖掘。只有通过评估的方法工具、理论知识才能作为最终产出在内部推广使用。

3）课程设计

如同建筑设计一样，课程设计就相当于房屋的框架结构，只有框架搭好了，才能往里填东西。课程设计的核心在于构建整体学习逻辑，然后将上一阶段所获得的案例素材进行有序的排列组合，为我所用。

企业培训的对象都是成年人，而成人学习的目的性特别强，一般只有两个：一是兴趣爱好，二是解决问题。凡是不能引发兴趣或解决问题的培训课程，都无法调动成人学习的自觉性和主动性，只能流于形式。有些员工大会，老板在上面讲官话套话的时候，员工在下面各忙各的，即使有的人看起来在听，思想也可能早已开了小差。一旦老板讲到发奖金、职位晋升等跟自己利益相关内容的时候，大家立马都打起精神认真听，很怕错过了重要信息。课程设计是一个专业活儿，决定的是这门课程要把哪些案例素材以什么样的方式呈现给学员。如果说内容是原料的话，课程的逻辑结构和教学设计就是工艺，而大多时候，工艺对产品的质量好坏起决定性作用。

做好课程设计，首先要树立一个建构主义的思想。课堂中有两种角色：讲师和学员，建构主义强调，要以学员为主体，主张学员的主动参与、用心揣摩，而不是被动吸收；讲师是知识建构的帮助者、促进者，而不是知识的传授者与灌输者。因为企业中的每个人都或多或少地有自己的观点、知识和经验，不可能完全做到“空杯”，所以，讲师传递给学员的信息和知识，需要他们自己去消化吸收，完成自己的知识建构，而由不是由讲师强加过来。这就要求讲师从一名讲授者转变为一名引导者，创设互动的课堂，鼓励学员参与，引发学员的思考，促进其思想与行为的转变。

五星教学法可以说是贯彻建构主义最棒的课程设计方法。五星教学法是美国著名教育技术理论家和教育心理学家梅里尔（M. David Merrill）教授近年来一直倡导的教学理论，用以改变学习中只重视信息呈现而忽视有效教学的弊端。

五星教学法的核心主张是在“聚焦问题”的教学宗旨下，教学应该是不断重复的四阶段循环圈——“激活旧知”“论证新知”“应用练习”“融会贯通”，见图5-6。

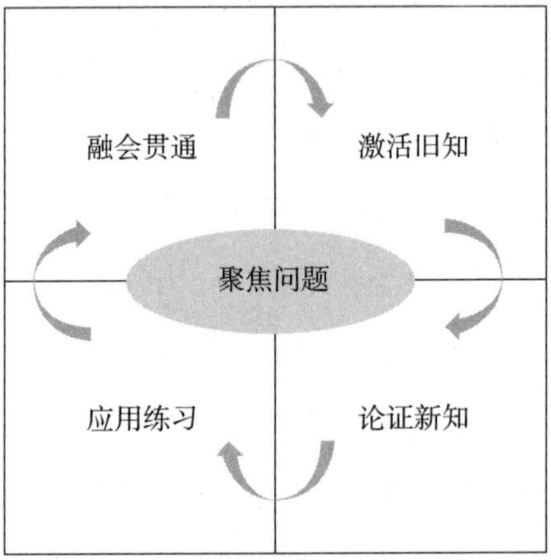

图5-6　五星教学法结构

- 聚焦问题。聚焦问题解决的是学员学习的意愿问题，它的核心作用是让学员以最快的速度进入学习状态，并且对学习的内容有浓厚的兴趣和信心。无论上什么课，不管谁来讲，学员都不可避免地会问一个问题：这门课跟我有什么关系？对我有什么好处？如果学员找不到课程对他的价值，就很难真正参与进来。要使培训的课程对学员具有足够的吸引力，必须要与学员的工作建立连接、产生共鸣。对此，有两点很重要，一是“痛点”，二是“痒点”。

“痛点”是工作或生活中经常遇到的难题或棘手的问题。比如很多人在当众表达或面对多人授课时，会手心冒汗，两腿发颤，大脑一片空白，原来记好的内容一下全乱了。下次再碰到这样的情况，该怎么办呢？

“痒点”是激发出的需求动机和兴奋点，类似于吊胃口、挠痒痒。比如通过说明工作中高手与新手在完成某个任务时的绩效差距，来吸引学员。“根据数据统计，一般员工在第一次客户拜访时的成交率只有 10%，而业务高手的成交率则高达 50%。想知道他们的成功秘诀是什么吗？”

- 激活旧知。激活旧知强调的是有效激活学员之前已知的并与所授新知相关的知识和经验。学员都有自己过去的观点、知识和经验，并总是试图用以往的观点、知识和经验去看待和解释新的事物。这时讲师要做的是“唤醒”和“激活”，通过问题拆解、场景设置等活动设计，让学员把原来已有的经验和知识从大脑的深处调出来。做法是把主题问题拆解成一个个小问题，让学员思考回顾。如让学员举例说明难以成交的客户情况都有哪些，你又是如何做的；或者设置一些场景，让学员参与性试错，比如角色扮演、排列顺序，甚至动手书写旧知等。学员的旧知，相对于讲师要传授的新知可能是残缺不全的，也可能是顺序颠倒的，还可能是错误的，但不管是怎样的，讲师都必须先把旧知激活，才能在学员的旧知上打上挂钩，把新知挂上去，让新旧知融合在一起，让学员学到的新知也变成他的旧知，这样教学效果就实现了。

- 论证新知。论证新知是指在教学过程中，讲师要向学员讲解、展示、论证要学习的新知。论证新知是培训师做得最多的一件事情，但要避免以讲师为中心，把讲解变成了讲师的脱口秀。

应以讲师为主导、以学员为中心进行讲解，提前设计好引导的框架和思路，讲师讲出核心知识点后，让学员也参与其中。这里可以通过案例分析、亲身示范的方式阐释观点，帮助学员理解。

- 应用练习。应用练习是根据学员的实际工作情境，组织学员对所传授的新知进行模拟练习。只有学员尝试使用和验证了新知是有效的，才会真的相信，实现知识的迁移，将新知变成自己的旧知。如果学员对新知验证无效，便会认为新知无用，弃之一边。这就要求讲师在学员进行模拟练习的时候，给予恰当的反馈和指导，以使其按照正确的方式进行验证。

- 融会贯通。融会贯通是指当学员能够将新知融合进日常工作生活时，学习才能够得到促进。如果学员在日常生活和工作中遇到某种情境时就不自觉地运用某种知识或技能，达到隐性记忆的状态，说明其已经达到了融会贯通的境界。以开车打比方，融会贯通就像技能熟练的老司机在遇到特殊路况时，不用思考就会下意识地做出相应的处理动作。融会贯通是学习的最高境界，也是最难实现的，尤其在课堂这个虚拟环境中和短暂的时间里。课程结束后只有不断地练习所学的知识和技能并加以辅导，融会贯通才可能实现。

美国知名作家丹尼尔·科伊尔在《一万小时天才理论》中提到，任何领域的世界级专家都经过了10000小时（一般超过10年）专心致志的刻苦练习。但这10000小时的练习不是在舒适区的简单重复甚至错误练习，而是在学习区的刻意而高质量练习，同时要有上级和导师给予及时有效的反馈。

所以，我们在进行人才培养的项目设计时，一定要做实践计划，设计足够的练习机会，并给予及时的指导和反馈，才能把专家经验转化为自身能力。例如，麦肯锡为咨询顾问开设的培训课程中，首先由授课讲师向学员讲解动作要领；而后给出一个模拟的工作情境，让学员通过角色扮演的方式进行演练；接着进行讨论，由讲师对演练过程进行点评和提出改进建议；课后，培训组织者会将学员角色扮演时录制的视频发给学员，让学员再次回顾和练习。虽然这个方式耗时费力，但是却非常有效。

我们以“如何有效提升沟通与协调能力”为例（本案例为网上素材，

请原作者见到后与本书作者联系），结合五星教学法，设计课程结构（表5–7）。

表 5–7　“如何有效提升沟通与协调能力”课程设计（节选）

五星步骤	内容要点	授课方式	时长
聚焦问题	1. 开场热身活动，调动课堂气氛。 2. 抛出反面案例，引出本次课程的目的和意义，激发学员的学习兴趣 场景 1：失败的上下级沟通 背景：公司即将搬迁新办公室，然而搬家预算迟迟批不下来。 角色：玫瑰：助理人事行政经理。李斯特：人力资源总监。 玫瑰（气冲冲地大步迈进李斯特的办公室）：我的报价有问题吗？我已经核查好几次了！ 李斯特：报价倒是没有问题，只是总部觉得数额太高，所以从 700 万元削减到 500 万元。 玫瑰：No way! 这个预算里的每一分钱都有实在的用途的，你的服务器已经快到 expiry date，还有我们的新 office 面积也大了，I really cannot guarantee 我们可以在这个预算里完成！（中英文夹杂，挥动手中文件，语气愤怒） 李斯特（努力保持平静，拍拍玫瑰的肩膀）：我知道这对你来说是一个很大的挑战。我相信你，Rose,You can do it！	案例讲解	1H
激活旧知	1. 请学员以小组为单位，针对刚才的场景 1 问题“玫瑰与李斯特的沟通为什么会失败？”进行讨论，并请小组选派代表在全班进行发言。 2. 讲解与上级沟通的注意事项	案例分析 小组讨论 讲师讲解	0.5H
论证新知	3. 正面案例讨论 场景 2：杜拉拉的成功沟通 背景：玫瑰称病告假，李斯特召开内部会议指派代理负责人，并解决预算下的搬家问题。 角色：李斯特：人力资源总监。麦琪：人事行政专员。杜拉拉：行政秘书（麦琪下属）。 李斯特（主持会议）：我们没有多余的时间了，你们也知道玫瑰的情况。现在的问题是，谁能接替她完成这项工作？ Maggie,what about you？	案例讲解	0.5H

续表

五星步骤	内容要点	授课方式	时长
论证新知	麦琪（面露难色）：啊……我啊，我当然是义不容辞啦。但是你也知道现在部门的日常行政事宜都由我在打理，就怕影响了装修的进度。 李斯特（转向另一专员）：文华，你呢？ 文华（撇嘴）：我倒是没有什么问题，只不过说，得赶紧找个人把招聘这个摊子给接起来。 李斯特（皱眉，以手中钢笔敲桌）：那么关于预算的调整，大家还有什么对策？ 杜拉拉（充满自信地）：其实，我觉得还是可以完成的！既要维持原来的预算，服务器 IT 部门那边又一定要换，所以就只能从牙缝里挤了。比如说废物利用、材料翻新，这些都不是大问题。其实大头是机电这块，所以可能要减少一些经理的房间。这个，就需要各部门的配合才行了。 李斯特：你有把握吗？ 杜拉拉：我在以前的公司主持过一次装修，当然了，那个规模非常小，不过我们当时也用的是最省钱的办法。这样吧，回头我具体给您一份报告。（杜拉拉讲话过程中，李斯特频频点头表示赞同） 李斯特：好吧，我看也只能这样了。拉拉，你来协助麦琪负责这次的装修。 杜拉拉：好，没问题！	案例讲解	0.5H
	4. 请学员以小组为单位，针对刚才的场景 2 问题“为什么杜拉拉的建议会被领导接受？还有哪些值得改进之处？”进行讨论，并请小组选派代表在全班进行发言。 5. 讲解上级管理风格分析及向上沟通五步法	案例分析 小组讨论 讲师讲解	1.5H
应用练习	6. 与四种管理风格的上级进行沟通的模拟练习	角色扮演 讲师辅导	1H
	7. 通过课堂提问回顾知识点： · 语言沟通与非语言沟通 · 正式沟通与非正式沟通 · 上级管理风格分析及向上沟通五步法	提问 + 回顾	0.5H
融会贯通	8. 请学员结合 1 天的案例学习，分析自己需要改进的方面，为自己制订一份 3 个月的沟通改进行动计划，课后交直接上级，帮助其执行改进计划	改进计划制订	0.5H

4) 内容开发

在经验萃取阶段获得充足的理论、实际经验和案例素材，以及课程设计阶段设计课程逻辑和结构后，课程开发人员就可以进入课程开发阶段。为了保证课程的标准化和可传承性，要对课程开发阶段的输出物进行相应要求。一般包括 PPT 课件、讲师手册、学员手册、案例材料、常用工具表单及试题和答案等六件套，核心成果是 PPT 课件、讲师手册和学员手册。

A. PPT 课件。PPT 课件的定位是辅助培训师的教学工具，有三大作用：一是展示课程核心内容，帮助培训师更好表达；二是导航课程进展位置，帮助学员联系上下文；三是提示课堂活动安排，有助于学员操作执行。如果说培训师出场时的仪容仪表能给学员带来第一印象的话，那么 PPT 课件就是培训师的第二张名片。

B. 讲师手册。讲师手册是培训师理解、掌握、传承课程的关键资料，主要内容包括课程概述、实施要求、教学纲要、内容要点、辅助资料等，用于指导培训师将教学内容和教学方法有效结合，从而高效完成教学任务。

● 课程概述。课程概述是课程的基本介绍，主要包括课程背景、课程目标、培训时长、培训对象、建议人数、培训形式等基本情况。通过课程概述，讲师能了解该课程的整体情况。

● 实施要求。是指在课程实施时，对培训的场所、环境、设备、教具和物资等的具体要求，例如教室大小、场地布置、视听设备、学员材料等。通常会列出一个清单，必要时配上图片，明确数量和规格要求，便于培训组织者提前安排准备，保证课程的顺利实施。

● 教学纲要。如果说讲师手册是一棵树，那么教学纲要就是树的主干。一个完整的纲要就是整个培训课程的浓缩与精华，包含了所有的章节、知识点、教学方法和工具。教学纲要比一般的课程大纲更细一些，比如一门课程的第一个环节通常是“破冰”，那么对于如何破冰、用什么活动和工具，需要具体的描述。

表5–8是何平老师版权课《培训魔方》的教学纲要。

表5–8 《培训魔方》教学纲要（节选）

时间	目的	章	节	知识点	活动及教学方法	工具
09：00—10：00	营造积极场域	破冰团建及第一次上台演绎		略	·漫游交友（游戏） ·初次亮相（实战练习） ·组建战队（小组团建）	·破冰小帐篷 ·小组画布
10：00—12：00	建立正确认知	一、认知培训	1. 培训是什么	培训是转移知识、技能、协助员工达成工作绩效的过程	叠纸杯（情景体验、小组讨论）	纸杯
			2. 培训魔方简介	六个要素，一个都不能少：目标、组织、内容、教学、演绎、辅助	凯瑟琳的艺术课（视频教学）	培训魔方
			3. 培训师角色定位	培训师是侦探、后勤、专家、教练、演员、道具师	我心中的好老师（小组讨论、绘制画像）	无
14：00—15：00	确保课程的实用性、明确性、吸引性	二、明确“目标”	1. 分析需求	人的绩效水平受信息、资源、激励、知识技能、能力、动机六大因素影响。当分析出绩效问题真因是知识技能不足时，采用培训才是有效的	我会表现更好，因为……（测评）	绩效差距分析表
			2. 制定目标及评估	“说出”知识、“回忆”经历、“做到”行为、“得到”结果	我说你评（配对点评）	课程立项、目标表
			3. 命名课程	综合“价值”“模型”“主题”“对象”等要素进行思考，并设计品牌名	这个题目，你感兴趣吗？（小组讨论）	
……	……	……	……	……	……	……

● 内容要点。内容要点是讲师手册的核心部分，也是制作讲师手册最难和最关键的，由基本信息、内容讲解和扩展信息三部分组成（图5–7）。

<table>
<tr><th>幻灯页码</th><th>授课大纲（幻灯片大纲）</th><th>教学目标</th><th>教学方法</th><th>时间</th></tr>
<tr><td>PPT–1</td><td>PPT页面</td><td>通过开场白，引入本课程，激发学员兴趣，并自我介绍</td><td>课堂讲授</td><td>5分钟</td></tr>
<tr><td>内容讲解</td><td colspan="4">讲师开场白导入：
大家都知道，通过对培训受众的调查发现，几乎百分之百的学员都希望培训师拥有幽默风趣的语言、良好的台风，同时还要富有感染力，但并不是每一名培训师都富有幽默感，都有极强的表达能力，这样的培训师可以通过在培训教材上下功夫，来弥补自身在幽默感和表达能力上的不足。设计培训教材要把握形式多样原则和生动有趣原则。
形式多样原则：不能一味地使用一种方式传递信息，否则就会失去信息本身的刺激作用，要善于使用视频资料、投影仪、实物、模拟等工具，多种形式确保信息对学员的刺激效果。
生动有趣原则：编制培训教材要寓教于乐、生动有趣，这样就能弥补有些培训师因为自身性格比较内向拘谨、缺乏幽默感造成的课程枯燥乏味等情况的不足。这是我们今天需要去探讨的问题。
好，我是×××，……（约1分钟简单自我介绍）</td></tr>
<tr><td>扩展信息</td><td colspan="4"></td></tr>
</table>

图 5–7　内容要点示例

基本信息主要说明当前 PPT 页码，PPT 图片以及每张 PPT 的教学目标、培训方法、授课时间。

内容讲解是当前 PPT 需要讲解的内容，根据详略程度，分为要点提示版和详细话术版。要点提示版写明当前 PPT 需要讲解的要点即可，不需要太详细。其优势在于开发的工作量小且速度快，缺点是只能起到简单的提示作用，授课时大量的关键信息都隐藏在讲授者本人的头脑中。

而详细话术版则是把每个环节的详细实施要点、学员可能的反应及应对方法、参考资料等所有的内容都详细地写出来，具体到讲师要讲的每句话。该版本的最大优点就是易于学习、易于传承，其缺点是开发工作量大，开发周期长，而且限制了讲师根据内容进行发挥的空间。一般要点提示版适用于对该课程有一定经验的成熟培训师，而详细话术版适合基础薄弱的普通培训师。

扩展信息是对当前 PPT 内容讲解中有关信息或知识点的进一步说明和引申，便于培训师更好地理解和掌握，可根据现场学员情况和时间选择运用。

- 辅助资料。是与课程内容相关的补充材料，如案例、视频、工具表单、活动说明等。

C. 学员手册。学员手册是提供给参加集中培训的学员所用的学习材料，帮助学员熟悉培训课程的整体框架和重点。学员手册为学员预留了记录每个课程单元所学到的知识要点、心得体会以及想法的地方，可作为课后在工作中进行复习和应用的参考。学员手册主要包括课程背景、课程目标、课程简介、课程内容以及辅助材料等。

课程背景、课程目标及课程简介均与讲师手册相同，就不多介绍了。课程内容是为学员提供课程中所讲的关键内容，帮助学员理解不同内容之间的关系。辅助材料是需要学员在培训中完成的课堂练习和阅读材料，包括问题测试、案例材料、游戏说明、表格图示等，可以加到学员手册中，也可单独以散页的形式根据需要发放。

有的企业甚至培训机构把学员手册制作得非常简单，就是将 PPT 课件直接用 A4 纸印刷，每页 3~4 张 PPT，加个封面后装订成册就发给学员。实际上，这是非常不规范的做法。标准的学员手册，应能够启发学员的思考，引导学员进行记录和阅读，因此要在保留课程核心逻辑的基础上，适当删除 PPT 中的文字内容，让学员自己去填写，增强记忆。通常将手册页面分为上下或左右两部分，各占约 50% 的页面空间，上边或左侧是经过编辑的 PPT 页面，下边或右侧是笔记区，便于学员记录（图 5–8）。

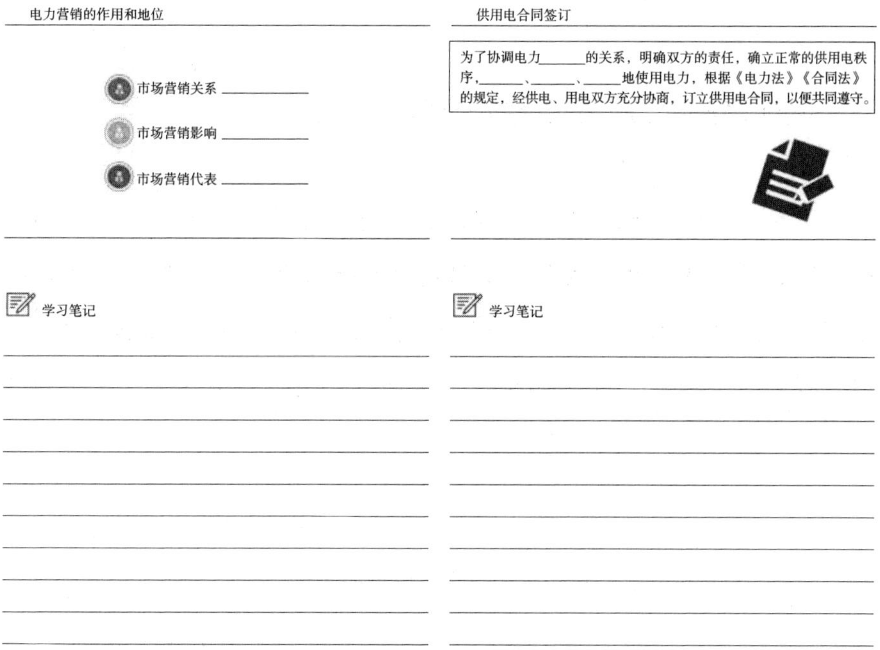

图 5–8　学员手册示例

5）评估完善

标准化课程文件的输出，并不代表课程设计开发工作的结束，还有一个重要的工作是评估和检验。如果只关注课程开发本身而没有证明其有效性，就像给病人吃药但并没有监控其疗效一样。所以，课程开发成果交付后都会组织相应的课程评估，一般分前后两次评审。第一次评估是课程开发完毕后，组织小范围的试讲，邀请部分学员、学员上级、内部业务专家等前来试听，对课程内容、教学活动、时间安排等方面的适用性和可行性提出改善建议，再由课程开发人员结合这些建议合理地对课程进行相应完善。第二次评估是课程在培训项目中正式使用后，根据正式学员的反馈意见进行课程的优化。

课程开发是一个持续迭代的过程，不可能一劳永逸，一定要随着外部环境的变化、学员需求的转变、工作要求的调整而做出相应的修订和迭代。

三、设计培养项目，搭建成长旅程

开发一门课程就像做一道菜，色香味是基本的评价标准，而设计一个培养项目就像做一桌菜，不仅要色香味俱全，还要考虑荤素搭配、季节时令、宾客特点、口味偏好等，甚至主题不一样，比如喜宴、寿宴、百日宴、乔迁晋升等宴会，风格和菜系也会有较大区别，需要系统地去考虑。

人才培养是一项系统而持续的工程，绝不可能靠几天的培训就实现员工能力的提升。现在越来越多的企业已经开始关注系统化人才培养项目的设计与实施，旨在提升人才培养的有效性，从而支撑企业战略目标的达成。

可以说，人才培养项目的设计与实施是整个人才培养体系构建的核心。我们之前所做的工作，无论是培养目标的确定、胜任模型的搭建，还是人才的盘点和选拔，都是在为这一步打基础，真正展现我们培训管理者能力和价值的就是培养项目的设计与实施。如果说前边是“选材”的话，那么这一步就是“加工”，然后才是“产品”即人才的输出。在原材料合格的情况下，产品质量的好与坏，很大程度上是由加工过程的工艺水平决定的。

通常来说，一个完整的人才培养项目主要包括三大阶段，即选拔入池、人才培养、评估任用。

我们在进行人才培养项目设计时，首先要通过多种测评和考察手段，基于人才标准对报名人员（含主动报名和组织推荐）进行选拔，筛选出具有高潜力的人才进入人才培养池，同时明确培养对象的能力现状与需求之间的差距，确定学习目标和学习内容，并以此作为关键人才个人发展计划（IDP）的制定依据。其次要通过混合式的人才培养模式，如在线学习、集中面授、行动学习、岗位实践、导师辅导、项目锻炼等，最大限度地将学习内容与工作实践相结合，提升关键人才的综合素质与能力。最后要在项目结束后再次进行评估，对比前后的能力改善情况，选拔出优秀者进行任用，并进一步提供能力发展建议及制订新的发展计划。此外，在人才培养项目实施过程中，人力资源部或培训发展部门作为项目的组织和管理方会全程提供支持和跟踪，以确保培养项目的顺利推进和培养目标的达成。

例如，在华为，为了提高员工的复合能力，采用训战结合的方式进行人才培养。每年华为都会从全球选拔具有潜力的骨干参加战略预备队的轮训；轮训后，战略预备队中的前 20% ~ 30% 会被直接编成小组，空投到全球各个项目中，和当地的团队合作作战；作战成功以后，当地团队会对其进行鉴定，重新分配工作，职级由新工作岗位的代表处、地区部按责任结果来进行赋值。这样，华为就自然而然地培养出了一批生力军走向前线。如此不断循环，使得华为有了大批复合型梯队人才。华为的战略预备队成员大多从研发领域抽调，轮训或实践后，有人重新回到研发部门，将团队领导得更好；也有人会发展新的特长，走上全球技术支持以及其他挑战性更强的岗位。

那么人才培养项目具体该如何设计呢？

人才培养项目通常分为 6 个步骤（图 5–9），即策划准备、学员选拔、项目启动、集中培训、应用实践和评估验收。

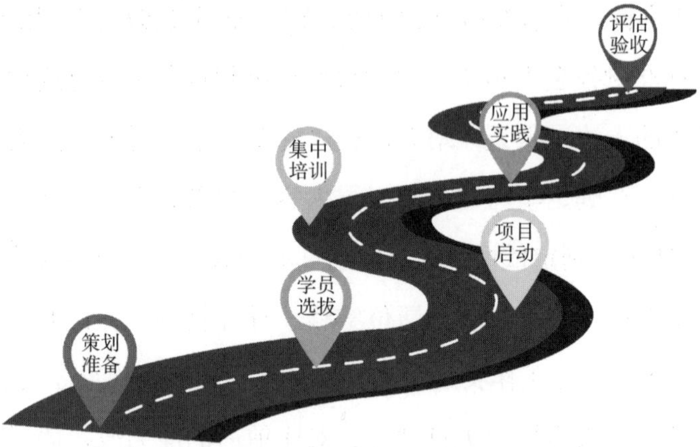

图 5–9 关键人才培养之旅

1. 策划准备

“凡事预则立，不预则废。”在项目开始前，培训发展部门一定要精心策划，细致准备，稍有不慎就会使人才培养项目陷入被动，甚至失败。在本阶段，需要注意以下几个关键点：

（1）明确培养目标

企业都以盈利为目的，无论制定任何决策、采取任何行动，企业管理者都会把经济效益放到首要位置。企业投资员工的培养活动也是一样，一定是期望能够改善员工的能力和绩效，进而提升企业整体的业绩水平。投与不投，投入多少，都是由员工培养与其他投资活动相比对组织绩效的贡献程度决定的。正如一家公司的 CEO 所言：“我们在制定战略过程中，提出想法、策略和愿景，然后决定投资的方向以达到我们想要的目标。我们会去看我们在材料采购上要花多少钱，在开发新产品上要花多少钱，也会为了达到目标看需要在培训上花多少钱。我们在战略规划过程中已经假定未来需要做哪些培训，因此我们认为在投资决策的过程中，培训和其他方面的投资没有什么不同。”因此，我们在开展人才培养项目之前，一定要确保我们的项目目标是对企业的经营发展有意义的，能够对业绩目标的实现起到促进作用，只有这样才能获得公司领导和业务部门的认可和支持。

项目的培养目标如何确定?

首先是分析需求，探寻痛点。我们通过对组织、业务和人员三个层面的调研分析，找到企业发展过程中遇到的挑战和难点问题。组织层面更具前瞻性，主要是考虑：未来几年公司如何发展；如何发掘新的业务增长点；要做哪些变革和创新；为了满足未来发展需求，人才的能力要做哪些提升。而业务层面主要关注当前，比如：今年的业绩目标如何达成，业务开展过程中有哪些困难，如何提高工作积极性和团队凝聚力，员工能力存在哪些不足。在完成了组织分析和业务分析之后，需求分析的重点就要转向员工。通常是对那些在重要和关键岗位上工作或拟任的高潜人才进行分析以最后确定是否需要对其进行培养以及培养的内容是什么。人员分析必须建立在任务分析成果的基础上，根据任务分析提供的绩效标准以及相应的知识、技能标准来衡量员工存在的具体差距和问题，并结合员工个人的发展意愿，最终确定培养的内容和要求。

需求调研的方式有多种，如现场访谈、问卷调查、实地观察、资料研读、专家座谈、能力测评等，可以根据本企业的实际情况进行选择。

其次是问题研讨，重点排序。我们通过调研会获得许多信息，看起来都是与业务发展和个人能力相关的，但是公司的培训资源毕竟有限，我们的精力也有限，不可能所有的需求都能照顾到，也没这个必要。选择并做好一个精品培训项目要比做一大堆无效的项目强。所以，我们要同业务部门一起进行研讨，将所有问题一一罗列出来，然后按照重要性和紧迫性两个维度进行排序（图 5-10）。

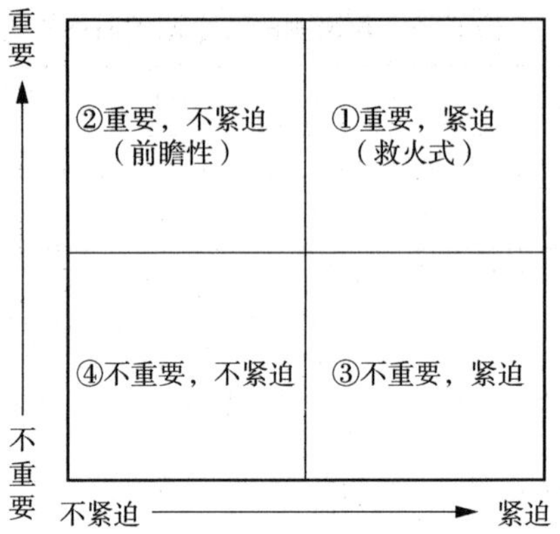

图 5–10　优先级排序

什么是重要性？就是实施这些培训项目能够带来的价值和业绩的大小。那些重要且紧迫的问题就是重点关注的问题，放到首位；重要但不紧迫的问题其次；不重要但紧迫的问题再其次；最后是不重要也不紧迫的问题。这里我们重点关注①和②，而③和④则建议通过其他方式去解决。比如明天就要去拜访客户，新来的销售员还不知道自己公司的产品特性和使用方法，既重要又紧迫，就属于救火式培训；而 HR 或培训部门组织的管培生和后备人才培养项目，虽不紧急，但对公司未来发展非常重要，因此属于前瞻性培训。如果企业能够提前规划和实施好人才培养工作，多关注重要而不紧迫的问题，就会减少“火烧眉毛”的救火式培训，化被动为主动。

最后是精确制导，明确目标。通过对问题的逐个排查，精确制导，找到培训可以解决并能够给公司和业务发展带来切实帮助的关键点，然后制定相应的项目培养目标。根据项目的大小和周期，可以设置一个目标，也可以设置一个总体项目目标，然后按照里程碑节点设置若干阶段性工作目标。如某综合性金融集团要在 3 年选拔和培养 1000 名综合金融管理培训生，为了完成这个总体目标，将管培生的培养分为“获取、培育、发展”三个阶段（表 5–9）。

表 5-9　管培生的三个培养阶段

阶段	工作目标
获取阶段	通过严格的招聘环节识别优才，招募一批认同本公司文化、对综合金融有浓厚兴趣、素质全面、具有创新意识的储备人才
培育阶段	通过 18 个月集中化、专属化、精细化的培养，历经集中培训、导师辅导、在岗实践三个培养阶段，让管培生由下至上、由点及面全面了解本公司的经营模式
发展阶段	根据双向选择，在管培生定岗到综合金融产品经理、客户经理等岗位后，人力资源部将进行为期 18 个月的直线跟踪，了解其工作表现及绩效情况，积极帮助其成就自我，避免流失

（2）规划项目思路

明确了培养目标后，下一步的重要工作就是基于这个目标规划和设计项目开展的思路。项目思路是指导项目开展的原则、思想和路径，也就是为了达成预定目标，我们将按照什么样的原则、采取什么样的方法开展一个培养项目。

例如，某 IT 公司高潜人才发展项目的思路，是按照该公司的“人才发展体系框架”CAD 模型（Competency，定标准；Assessment，做评估；Development，促发展），将高潜人才发展项目规划为五大步骤，见图 5-11。

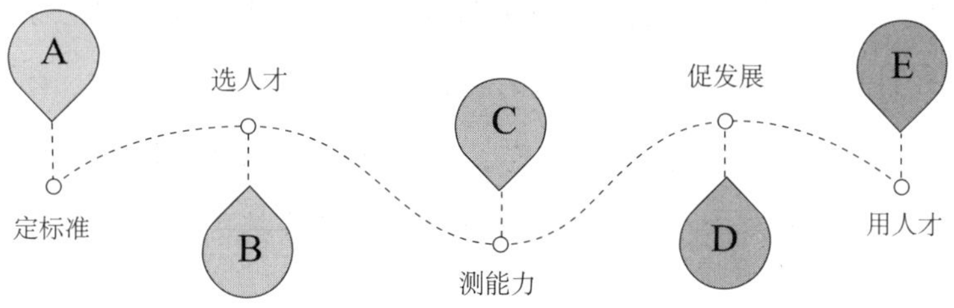

图 5-11　高潜人才发展项目规划的五大步骤

- 定标准：构建领导力素质模型，为目标岗位制定科学的标准；
- 选人才：公布项目选拔要求，通过员工自荐和组织推荐的方式，结合 360 度评估结果和高管审核确认入围学员名单；

- 测能力：选取评价中心的测评工具，对入围学员进行领导力及行为风格测评，形成能力测评报告；
- 促发展：以公司发展要求为导向，兼顾高潜人才个人发展需求和个性化特点，采用混合培养方式，力求能力发展落在实处；
- 用人才：保证高潜人才由潜入高，从可用到能用。

（3）确定培养模式

近年来，混合培养模式越来越成为企业人才培养的常用方法。根据培训的721法则，要在不同培养阶段合理搭配不同培训方式，强调“实践出真知”。除集中面授外，加入导师辅导、行动学习、轮岗锻炼、标杆学习、项目复盘等多元化方式，可以更好地促进人才培养效果的提升。

1）导师辅导

导师辅导是很多优秀企业经常采用的员工培养办法。导师利用自己丰富的工作和生活经验，根据自己的观察和思考，针对学员实际工作中遇到的问题提供建设性的意见，解答思想疑惑，有助于学员少走弯路，并能有效激发学员的潜能。

2）行动学习

行动学习最早起源于欧洲，近些年在我国得到广泛普及。行动学习，实际上就是“在学中干，在干中学”，即让学员组成行动学习小组，承担一项具体的工作难题，如业务拓展、技术攻关、降本增效、团队管理等，然后通过群策群力、互相协作，达到解决问题或提出有效解决方案的目的，同时能够有效提升参与学员的问题解决能力、创新能力、领导能力等。

3）轮岗锻炼

轮岗锻炼主要适用于有培养前途和发展潜力的年轻员工，以及因工作要求，需要学习了解其他岗位工作的人员，对于扩展视野、丰富经验、发现潜能有重要作用。轮岗锻炼可以向上轮岗、向下轮岗，也可以横向轮岗。一般每次轮岗的时间为3~12个月，最少不低于2周。

4）标杆学习

标杆学习主要是针对某个主题，组织学员前往其他有代表性的标杆企业进行实地参观、观摩体验，以开阔眼界，并学习借鉴标杆企业的优秀经验，促进自身的发展提升。不管企业还是个人，在成长发展阶段，都有一个学习、模仿和创新的过程。只有通过对标，才能发现自身的差距；只有向标杆学习，才能重新思考和改进经营管理方式，进而创造自己的独特打法，形成核心竞争优势。

5）项目复盘

项目复盘是一项非常实用、高效的方法。复盘最早来源于围棋术语，本意是对弈者下完一盘棋之后，重新将对弈过程摆一遍，看看哪些地方下得好，哪些地方下得不好，有没有更好的下法。现在复盘常用于学习成长和企业管理，是指当一项工作或项目结束后，不管成功与否，都要对照原定目标进行回顾分析，找出导致成功或失败的根本原因，制定后续的改进方案，并总结反思从这个过程中学到了什么。一次完整的项目复盘主要包括四个步骤（图5–12）。

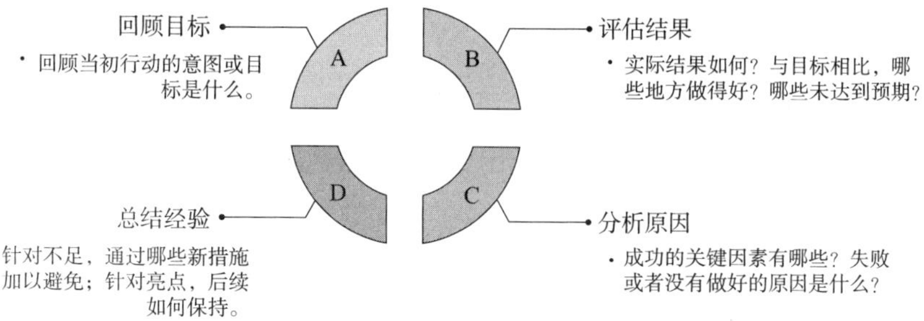

图5–12　项目复盘的四个步骤

每种培训方式都有其特点和适用范围，企业可以根据人才培养目标进行选择和组合。例如，某公司为了适应和满足新形势下公司转型升级的要求，设计和实施了为期6个月的中层干部培养项目，以系统提升中层干部的综合管理能力，打造一支有素质、有担当、有干劲、有作为的中层干部队伍。该项目在培养方式上进行了创新，根据训前的充分调研和能力测评结果，运用了混合培养模式（图 5-13）。

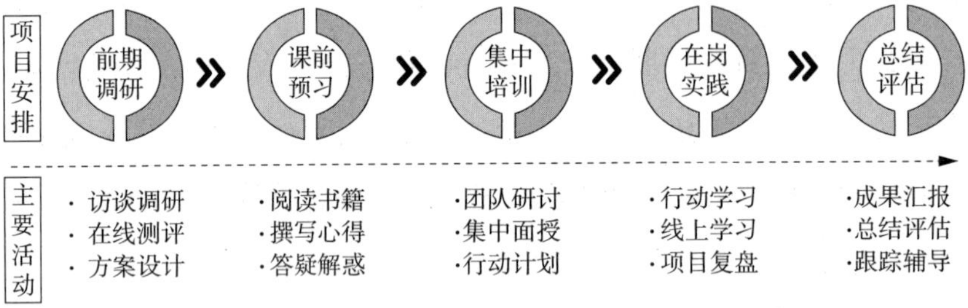

图 5-13 某公司中层干部培养项目实施框架

首先，在集中培训开始前，根据学习主题推荐 1 本经典管理书籍供学员课前阅读。要求学员在 1 个月内完成阅读，并结合本职工作进行思考和运用，同时每周上传阅读学习心得。

其次，安排 2 次各为期 3 天的集中培训，两次集训间隔 3 个月时间。在集训中，学员以小组为单位，组织悦读分享会，交流阅读心得。同时，邀请专业讲师围绕每次集训的学习主题进行深入讲解，并请学员根据所学内容制订课后行动学习计划。

再次，学员根据行动学习计划，开展在岗实践活动，有意识地对所学知识加以应用，解决实际工作问题，并加深对知识的理解和掌握程度，进而真正沉淀为自己的经验。在下一次集训时，由学员对在岗实践的情况采用 ORID 研讨工具（O，实践——客观事实；R，感受——客观反射；I，意义——事实分析；D，行动——基于事实的下一步行动）进行复盘研讨，互相促进。同时开展第二阶段的专题培训，进一步巩固提升。

最后，在培养项目结束时，组织行动学习成果汇报会，由学员代表向公司领导层进行汇报。公司统一按照考核标准分别从课前阅读、学习表现、笔试成绩和成果汇报等几个维度对学员综合学习效果进行评审，并对表现优异的学员和团队进行公开表彰。此外，结束返岗后，定期跟进学员的学以致用情况，由专业顾问提供在线辅导，答疑解惑。

（4）营销造势

罗辑思维创始人罗振宇说过，“每个人的时间只有固定的 24 小时，每天的精力有限，所以时间已经成为各家公司争相抢夺的稀缺资源”。对此，我深表认同。培训的目的就是努力把员工们用在刷微信微博、电商购物、娱乐逛街等活动上的时间争取过来，分得更多的时间份额，得到员工们更多的关注和参与。“酒香不怕巷子深”早已成为过去，企业培训也要学会营销造势，在员工面前展现出培训的优势，才能获得更多的关注和支持。

因此，我们在人才培养项目的准备阶段，也要做好宣传推广，为项目的成功运作打好基础。在内部营销推广方面，这里分享几个技巧，供大家参考。

1）介绍项目价值

成人学习的特点是目的性非常强，只有学习对他来说有帮助，能产生实际的收益，才能激发他学习的积极性。所以，要在开始前明确告知学员，通过这个培养项目，能获得哪些收益，而不仅是对课程的内容、特点的介绍。如时间管理的课程，能给学员带去的好处是“将会提高你的工作效率，减轻压力，获得更多的闲暇时间”。

2）设计项目名称

一个特色鲜明、响亮大气的项目名称，会起到易于宣传、过目不忘的功效。但是项目名称不能过于标新立异、哗众取宠，一定要紧扣主题、寓意深刻。具有代表性的人才培养项目名称如招商银行面向分行中基层管理者的“金鹰计划”、腾讯公司的后备管理干部加速发展项目“飞龙计划”等。

3）创新宣传方式

随着移动互联网的发展、技术工具的普及化，宣传方式和手段也在不断地推陈出新。除了内刊内网的软文推广外，可以适应新生代员工喜欢新鲜事物的特点，灵活运用 H5、公众号、图片漫画、视频等方式，还可以在明显的位置贴上宣传海报，摆上易拉宝，都能带来不错的宣传效果。

4）传播项目成果

在项目进行过程中，也要注意素材的收集，比如现场照片、典型案例、研讨成果、学习感受、优秀的讲师和学员等，及时地进行包装和传播。一是对项目精彩瞬间的记录；二是让其他未参加项目的员工能够及时了解项目动态，吸引更多人的眼球，提高“培训品牌”的知名度，对今后培养项目获得更多支持起到促进作用。

5）争取上级支持

学员的直接上级和部门负责人等管理者对学员的影响是最大的，很大程度上能够增加培养项目成功的可能性。员工本身要忙于工作，压力很大，每个人的时间也都很有限。如果培养项目得到了员工上级的推荐和支持，员工就会对该项目投入更多的时间和精力；反之，上级管理者表现得漠不关心或者持怀疑态度，员工就会受到影响，不会投入太多的时间和精力。因此，HR 或培训发展部门一定要在准备阶段让直线经理们了解培养项目对其业务发展的帮助，争取到直线经理的支持。

当然，项目品质才是最好的造势招牌。好的项目既有较高的人气，又能得到学员和业务部门的好评和大力支持，形成良好的口碑。

（5）后勤保障

“兵马未动粮草先行”，策划和运作一项长达数周甚至一年的人才培养项目，所需准备的事项非常多，除了软性内容的准备，还要做好物资的保障，如培训场地、食宿提供、活动设施、车辆接送、设备调试、教材印制、物料制作、预算审批、现场服务等，涉及领导、讲师、学员和工作人员“衣、食、住、行、训”等各方面。为了确保后勤准备工作万无一失，推荐一个办法就是提前制作一份 CHECKLIST 清单，按照项目进度检查各项准备工作。我曾经使用的培训项目 CHECKLIST 部分内容节选见表 5-10，供大家参考。

表 5-10　项目准备 CHECKLIST（节选）

项目阶段	工作事项	负责人	核查人	完成时间	完成标准
准备阶段	1. 学员名单：确定第 1 期中层后备人才人员名单	刘一	陈二	4 月 25 日	名单信息统计完整准确
	2. 场地预订（培训教室、食宿、活动场地、图书馆借阅证等）	张三	李四	4 月 28 日	正式签订培训场地租用合同
	3. 讲师预约：内外部讲师确定，出席领导预约	张三	李四	4 月 28 日	确认领导出席时间和内外部讲师的授课安排
	4. 物料准备：学员手册、宣传海报、横幅、学员桌签、教具用品、学员奖品等	王五	赵六	4 月 30 日	按数量要求申领和制作，无遗漏和差错
	……	……	……	……	……
实施阶段	1. 学员接待：学员报到、入住办理、资料发放、解答咨询等	孙七	周八	5 月 20 日	前一天到达现场，全程迎接，不出差错
	……	……	……	……	……
训后总结	1. 评估报告：制作培训项目评估报告	吴九	郑十	5 月 28 日	统计准确无误
	……	……	……	……	……

2. 学员选拔

要将有限的培训资源向重点关键人群倾斜，正如华为的学习发展理念所强调的，要把水洒在真正有希望的 20% 的人身上。同时，虽然被选拔进入培养项目的学员在当前岗位表现非常出色，从而在人才盘点中脱颖而出，但当他们成为更高级别的管理者后，必然会面临诸如视野、思维、方法等方面的新挑战。因此，为了帮助学员全面地认知自我，提高人才培养项目的精准度和成才率，针对自己的“短板”设计有针对性的学习发展计划，需要在人才培养项目正式开始前设置评估选拔环节。

此外，采用选拔制还有一个考虑，就是转变“培训是福利”的观念。按照培训是福利的“普惠式”做法，培训投入不要求回报，对员工参不参加、参加后是否有产出都没有明确要求，导致培训资源的浪费，而且轻易获得的培训机会，员工很少去珍惜。在华为大学，内部员工参加培训是要收费的。对学员个人或业务部门进行收费，实际上对培训管理部门和培训需求方是一种双向制约，既能倒逼培训管理部门不断提高培训质量和对业务部门的支持力度，争取内部客户的“买单”，也能保证业务部门不会滥用培训资源，参加培训的学员学习会更加认真。

选拔的主要步骤如下：

（1）发布公告

在企业内部提前发布人才培养项目计划，公开选拔的标准和要求，采用员工自荐和组织推荐的方式接受报名，并按照标准进行初步人才盘点。

（2）组织测评

报名结束后，由组织部门基于拟任岗位的胜任力标准，对初步筛选出的后备人员进行测评和考察。完成测评后，出具测评反馈报告，再结合被评价者的综合业绩表现，决定是否选入人才培养项目。

（3）确定名单

通过逐级筛选，确定最终入选培养项目的学员名单，正式开始培养计划（图 5–14）。

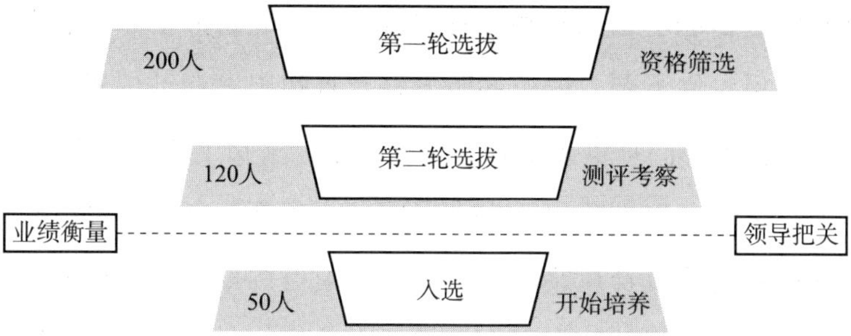

图 5-14　学员选拔入池

3. 项目启动

经过一番精心策划和筹备，人才培养项目即将闪亮登场。在正式启动之前，还有一件重要的事情，就是开班仪式。我们要力邀公司高层领导出席并争取讲授第一堂课。“上行下效”，学员非常在意培养项目是否得到了公司高层的重视和支持。只有高层领导在项目开始时出席，强调人才培养的重要性并提出期望要求，才能确保学员以及学员上级重视这个项目，促进学员在整个项目期间投入更多的时间和精力。

在开班仪式上可以安排拜师环节。各部门负责人作为后备人才的导师，接受所有学员奉上的拜师茶和所行的拜师礼，和学员签订师徒协议，并打开装有期许和祝福的锦囊，现场宣读对学员的深情寄语。这一刻，仪式感带给导师的不仅是荣誉，更是责任，学员感受到的不仅是要求，更是关怀，从而让师徒关系更加紧密，真正起到传帮带的效果。

为了保证开班仪式万无一失，在启动会前有必要先召开项目组内部准备会议，集思广益、查漏补缺，并重点对各个环节、各项任务进行安排和协调，责任落实到人，确保启动会议能按时、高效地进行。培训项目负责人可以提前邀请企业内刊记者亲临现场进行采访、拍照及报道，以扩大项目声势及影响（如果企业没有内刊，这些事情就得自己动手做了）。所有准备工作就绪后，培训项目负责人还要将启动会的安排情况向公司领导汇报，征求意见，并及时完善，同时应将准备好的讲话材料请公司领导过目。除了要力邀公司领导甚至老板出席启动仪式，还要邀请学员所在的各个部门负责人出席，目的就是让学员上级表态支持。因此，在开班仪式之前，培训项目负责人需要向业务部门负责人进行一对一的汇报，包括方案的设计思路、考核标准、项目周期、给他们的业务工作带来的收益产出、需要他们配合完成的事情等，努力争取他们的理解并在启动会上表态支持。

前期准备工作做完之后，需要下发开班仪式的通知。通知的主要内容是会议目的（Why）、时间（When）、地点（Where）、参会人员（Who）、会议主要内容和要求（What）。开班仪式一般安排在人才培养项目正式开始的第一天上午，持续2个小时左右。在正式开始前一定要提前做好场地布置、设备调试、PPT检查、材料摆放等，必要的时候提前进行预演彩排。

启动仪式的主要内容及流程如下（因各企业情况而异，仅供参考）：

- 培训项目负责人介绍项目整体概况、培养目标、学习内容、培养方式、考核办法、班级管理等；
- 业务部门的负责人提出建议和支持；
- 介绍本次培养项目的导师，学员向导师行拜师礼，分别宣读学习和辅导承诺，签订师徒协议；
- 公司领导做重要讲话，表达对人才培养项目的重视和殷切期望，并提出相应要求；
- 项目负责人表达感谢；
- 集体合影，启动会结束。

4. 集中培训

经过前期的充分准备和启动仪式上的战前动员，从本阶段开始就正式进入了学习进程。集中培训一直以来就是培训部门的重头戏，在很多传统培训项目中，衡量培训工作的好坏，关键看集中培训做得好不好。但在现代人才培养项目中，集中培训只是其中一个重要环节，主要目的是让学员能够充分理解和掌握所学内容，并为下一阶段的应用转化做好准备，而是否能给业务发展带来价值才是培训工作真正的评判标准。为了有效实现集中培训阶段的目的，应主要关注以下四点：

（1）学习内容

学习内容的选择要避免随意性，有些企业在培训课程的安排上经常拍脑袋做决定，市场上流行什么就培训什么，领导和员工喜欢什么就引进什么，毫无章法，对工作自然也没什么帮助。因此，关于学习内容的选择和确定，要注意以下两点：

1）课程安排要有系统性

著名的南宋哲学家、教育家朱熹提倡学习要“循序而渐进，熟读而精思”，“未得乎前，则不敢求乎后，未通乎此，则不敢志乎彼”。现代教学理论也认为，教学之所以要循序、系统、连贯地进行，是由于教学中传授和学习的学科知识本身具有内在的逻辑联系，学员认识活动也是有由已知导向新知的顺序的，学员的智力和学习能力的发展也是有顺序的。

所以，借鉴古今教学理论的研究成果，培训课程之间既要彼此独立又要相互关联，按照学员的理解接受能力及发展提升阶段，以“循序渐进”的方式将培训课程组合在一起。通常一个周期较长的人才培养项目会把培训内容分为 3 ～ 4 个模块，每个模块集中学习 3 ～ 5 天，模块间隔 1 ～ 2 个月。前后的学习模块之间具有一定的连贯性、系统性、渐进性。

如国内一家企业的后备人才管理能力提升项目，将管理能力提升分为“认知自我、成就团队、引领业务”三个阶段。每个阶段学员集中学习 3 天，间隔 2 个月，中间穿插进行岗位实践和行动学习。

2）内容设计要有实效性

实效性是指学了管用、用了见效。然而，现阶段中国企业的培训工作，最突出的问题莫过于“学”和“做”的脱离。大部分的培训还停留在“灌输”模式，在课堂上给学员输入了大量知识、技巧，想当然地认为学员“悟性很高”，能将传授的知识技巧根据工作需要进行自我“组装”并应用，然而这个“组装应用”的过程不会自动自发完成，造成“学”跟“做”之间的脱离。

所以，学习的内容一定要基于培训需求分析的结果，找准关键点，明确员工在工作上需要哪些知识和技能，然后纳入课程内容的设计中，同时配以恰当的教学方法，从而帮助员工解决实际问题。

打通“学”和“做”之间的桥梁，就是“情景式案例学习”。情景式案例学习是将员工真实工作场景中经常遇到的难点问题和最佳实践进行提炼和总结，开发成案例式课程，然后在课堂中运用建构式教学方法去研讨、分析事件背后的成功要素或者失败的原因，理解和掌握问题解决背后需要具备的思维方式和知识技能组合，不仅知其然还要知其所以然，并在课后的工作中加以应用、学习和提升。这样的学习内容，既锻炼了学员分析和解决问题的能力，又能对实际工作有所帮助。

此外，在培养内容的设计上，还要注意一定的前瞻性。根据企业未来1~3年甚至更长时间的发展战略需求以及外部环境的变化趋势，进行前瞻性的判断，主动满足企业未来发展对人才的能力要求，保证相关人才供应充足。

（2）学习方式

这里问大家一个问题：在你学完一节课程的两周后，你还能记得这节课程的多少内容呢？根据美国国家训练实验室1946年发布的一项研究成果：学习方式不同，学习者在两周以后还能记住学习内容的多少也不同，这就是著名的学习金字塔模型（图5–15）。

图 5–15　学习金字塔

数据来源：美国缅因州国家训练实验室。

根据学习金字塔模型，一个有效的学习方式能带来更好的学习效果。当然，并不是前几种学习方式效果低就完全没有必要，而是要根据培养目标、学习内容和学员特点，将被动学习与主动学习有机结合，将单向学习与互动学习合理搭配，从而设计出更行之有效的混合学习方式。

1）依据培养目标选择学习方式

培养目标是我们开展培训活动的出发点和根本点，所以为了培养目标的实现来选择恰当的学习方式是第一要考虑的。根据大家所熟知的布鲁姆教育目标分类法，教育目标从低到高分为六个级别，即认知、理解、应用、分析、综合和评价（表 5–11）。

表 5–11　布鲁姆教育目标分类法

目标层级	定义	举例
认知	对先前学习过的知识信息，包括具体事实、方法、过程、理论等的回忆	请问：什么是项目管理？项目管理的流程都有哪几部分？
理解	用自己的话或用与原先不同的方式来表达所学的内容	用你自己的语言描述你对项目沟通的理解
应用	把学到的新方法、新知识应用于新的情境并解决实际问题的能力	请计算 1+2+3+…+100 之和

续表

目标层级	定义	举例
分析	把复杂的知识整体分解为组成部分并理解各部分之间联系的能力	请分析这张 PPT 动画实现的步骤
综合	将所学知识的各部分知识重新组合，形成一个新的知识整体	制作一份市场策划方案
评价	根据一定标准进行判断和鉴别的能力	请判断这份市场策划方案做得怎么样，并说明原因

如果只要求学员达到认知的层级，可选用讲授法、阅读材料法、在线学习、移动学习等；要求达到理解的层次，可选择讲授法、演示法、课堂练习等；要求达到应用的层次，可以选用情景模拟、教练辅导、沙盘模拟等；对于高层级的目标要求，如分析、综合和评价，应选用案例分析法、研讨法、现场操作法、行动学习法等。培养目标一般是多层次的，教学环节也是多重性的，学习方式必然要求多样化。每一种学习方式都具有各自的优缺点，要保证培养目标的实现尤其是对技能和行为的掌握，往往要同时选用多种学习方式，并进行有机的组合。例如，如果想教会一个学员游泳，除了要讲授一些关于游泳的常识和动作要领外，教练还会进行动作示范，然后学员要在教练的帮助下到水中去练习技能，不断地获得教练的指导和反馈，最终熟练掌握技能。

2）依据学习内容选择学习方式

学习内容通常有两种：一种是已知内容，即企业内部或外部已经有人熟知并掌握的知识、技能，现在需要在企业内部更大范围地推广传播，让企业内部更多的人熟悉和掌握这些知识和技能；另一种是未知内容，即在业务发展中或新的环境下出现的业务问题和难题，尚未有公认的解决办法和方案去应对，需要学员自己去创造新的办法和解决方案。举例来说，财务知识、人力资源管理知识等这样的纯知识属于已知内容；有些企业在市场推广、客户关系管理等方面形成了标准的解决方案，也属于已知内容。而有些企业要研发新的产品，市场上尚未有成熟的产品可以借鉴，就属于未知内容；另外，传统企业在互联网转型过程中产生的大量问题，因为以前未曾经历过，因此也属于未知内容。

对于已知内容的学习，属于维持性学习，目的是使员工能够胜任岗位的工作要求和标准，让员工的行为与做事方法更加规范化。常用的学习方式包括课堂面授法、在线学习（移动学习）、案例学习、情景模拟、演练法等。已知内容的学习相对比较容易组织，知识、技能的传递以讲师为主导，讲师对学习效果起到很大的作用，学员更多扮演参与者和接收者的角色。

对于未知内容的学习，属于创新性学习，目的是使员工从无到有学习新领域的知识和技能，或者让员工在某些原来不太规范的问题解决方式上能够形成统一的标准化解决方案。未知内容的学习相对复杂，难度较高，注重发挥学员的主动性和创造性，结果较难以控制，需要培训管理者和讲师做好过程设计和积极引导。常用的学习方式有专家分享、跨界学习、行动学习、复盘、经验萃取、专题研讨等。对未知内容的学习以学员为主导，注重发挥学员的积极性和创新思考，讲师或者促动师只扮演引导者的角色。例如，腾讯公司在后备管理人才的培养项目中安排了行动学习的环节。参训学员以小组为单位，在了解行动学习的基本概念和方法并认领研究选题后，即开始为期半年的课题研究。行动学习选题紧贴腾讯公司的实际业务和管理挑战，比如互联网金融、互联网医疗、车联网等前沿领域的研究，或者是如何提升管理效能等管理难题。通过对这些课题的研究，能很好地提升学员的跨界思考、前瞻分析，以及解决复杂问题的能力。

3）依据学员特点选择学习方式

美国著名教育心理学家奥苏伯尔（D. P. Ausubel）曾说：“影响学习的最重要因素，是学习者已经知道了什么，要探明这一点，并应据此进行教学。”可见，学员原有的知识和经验是一切教学活动的起点，任何有效的教学都始于对学员已有经验的充分挖掘和利用。因此，在培训中，讲师在选用学习方式的时候，一定要根据学员特点来选择，主要关注学员两个方面的情况：一是学员学习的意愿；二是学员的基础水平。

一般来说，对于学习意愿高、基础水平低的学员，应选择以讲师为主导的单向学习方式，包括现场讲解、观看视频、操作示范等；对于这两方面水平都较高的学员，应选用以学员为中心的互动学习方式，如案例分析、团队研讨、沙盘模拟等；而学习意愿低的学员，不管原有基础水平如何，都不适合参加培训学习，而是要通过一定的辅助手段激发其学习意愿，如能力测评、绩效反馈、激励措施等，让其认识到自身的短板和学习的必要性，当学习意愿提升后，才可以安排相应的培训项目。

绩效和潜力双高的明星员工有时会觉得自己已经很强，不需要再提升。为了避免其盲目自大，就要引入更高的标准，从发展的角度提出要求，使其能持续地学习提升。

（3）师资安排

在人才培养项目中，师资的好坏直接关系到培养工作能否顺利开展，决定学习目标能否有效达成。我认为，企业的师资安排，应以“内部为主，外部为辅”的方式进行，即优先选择内部经验丰富的管理者和专业能力强的业务骨干作为主要的师资力量，进行知识和经验的有效传递。尤其是重点培训项目，第一堂课尽可能由公司最高领导亲自授课，既可以将自己积累的宝贵管理经验与学员分享，又能对内部讲师起到表率作用，可谓一举两得。

内部讲师队伍的建设和培养就不多介绍了，目前很多企业已有比较成熟的方法和流程。这里我只谈谈内部讲师激励方面的一些体会。我之前遇到一些培训经理，在谈到内部讲师时，常有苦恼：花了很大的精力培养出来的内部讲师，真正让他们上台讲课时往往“不灵”了，不是说工作忙抽不出时间，就是说还没准备好，总之是积极性不够高。也曾尝试过向内部讲师发放一定的授课津贴，并且把讲师的授课时数和效果与评优挂钩。可实际情况是，讲师授课积极性依然不高。被寄予厚望的内部讲师队伍不给力，这让很多培训经理感到头疼。

内部讲师之所以积极性不高，与其工作的特殊性有关。内部讲师大多是兼职，他们有自己的本职工作，有相关的考核要求，加薪和晋升主要依据本职工作的考核结果而定，因此自然会将主要精力放在本职工作上。而且，担任内部讲师还要有一些额外的付出，比如开发课程、制作授课 PPT、备课等，明显加大了工作量。因此，内部讲师的积极性难免会较低。

根据我个人的经验，在内部讲师的积极性调动上要打好“三张牌”：

1）荣誉牌

一是加强对内部讲师的宣传，树立讲师知名度，获得公司和学员的尊重，比如评选年度最佳内部讲师、最具人气内部讲师、×× 专业最佳讲师等，在公开场合进行表扬。二是建立内部竞争机制，有竞争才有动力，授课时数多、反馈效果好的讲师可以获得讲师级别的晋升，常见的如星级讲师、金牌讲师等。我曾经在万达集团的新员工培训项目中应用了整体排名法。在培训项目结束后，我会及时统计出每名内部讲师的现场评估成绩，然后进行整体排名，再根据现场观察和学员反馈分析每名讲师的优势和不足，再一一反馈，便于内部讲师不断改进提升。比如：

××老师您好，感谢您对培训工作的支持，受邀讲授《××××》课程。您在本次授课中，总体评分为 ×× 分，在所有授课讲师中排第 × 位。您在 ×× 方面令学员印象深刻，获得高度好评！如果您在 ×× 方面，适当增加 ××，减少 ××，会带来更好的效果。

最后，祝您身体健康、工作顺利！

此排名法应用后，内部讲师的积极性大增，尤其是排名靠前的，会很受鼓舞。经常在培训刚结束时，就迫不及待地想知道自己的排名以及改进点。

2）物质牌

很多企业对内部讲师的物质激励仅体现在课时津贴上，这就显得很单薄，无法起到激励的作用。激励应该成为一个体系，激励的内容和形式也要尽量丰富，例如课件研发费、创新课题奖励、外部学习机会等。同时，对于既承担工作责任，又担任内部讲师的人来说，可以将授课任务列入其考核指标中，同时适当地降低其他工作压力，从而让内部讲师把授课当成其本职工作来完成。除此之外，还可以采用一些新的玩法，比如学员可以通过发红包对讲师进行打赏。发红包代表对讲师的认可，同时讲师还可以将收到的红包再拿出来与学员互动，增加课堂的趣味性。

3）感情牌

虽说内部讲师做好了名利双收，既提升了内部知名度，也获得了一定的物质收益，但这些都是从企业角度给予他们的，我们作为培训管理者还应维护与内部讲师的良好私人关系，这样再找他们授课，于公于私他都不好意思拒绝了。比如平时有空的时候，可以邀请他们一起喝喝咖啡联络感情；在开发课程和制作 PPT 方面遇到困难，我们及时地提供帮助；教师节时组织内部讲师一起秋游，拉近关系；重要节日时赠送有纪念意义的礼品等。这些都是拉近与讲师关系的办法。我之前在三星（中国）公司组织培训项目时，由于培训基地在北京郊区，内部讲师经常会花较长的时间在路上，因此我常在他们返程时提前在车里准备一些小食品和纯净水，有时还安排培训基地的工作人员把自驾前往的内部讲师的车擦洗好。虽然这些花不了多少费用，但能于细微处体现出对他们的关心，还是很有效果的。

当然，在内部师资力量不足时，可以从外部邀请优秀师资作为补充。

请外部讲师时一般是下列三种情况：

● 需要外部讲师来帮助企业转换思路。

● 带有一定敏感性的主题内容。由于内部讲师也是企业的员工，所以有些敏感的话题不太适宜讲，而且讲了也没说服力。这时，以第三方身份出现的外部讲师会被认为讲得比较客观，比较有说服力，也很好地避免了企业中的矛盾。

● 对于一些非常专业和高端的培训课程，本企业没这方面人才，也需要聘请外部讲师。

在培训行业，一般按照讲师背景和风格特点等，将外部讲师大体分为三类：

● 学院派，主要是指以高校或研究院为背景的讲师，多数以大学教授或专家学者的身份出现，以理论研究见长。

● 实战派，主要是指在企业从事过多年的管理、技术或业务等方面的工作，并积累了丰富经验的讲师。

● 江湖派，主要是指有自己的独门绝技，自学成才，但缺乏系统的理论基础。

无论是学院派、实战派，还是江湖派，都各有其优势和不足，也存在良莠不齐的问题，所以我们一定要擦亮眼睛，多看、多听、多问，去伪存真，不能仅凭名头是否响亮来取舍。这里教给各位一个选讲师的“四字诀”，即审、看、听、问。

1）审阅历

现在的培训行业，存在讲师“包装过度”的问题。有少部分讲师，为了获得企业信任、争取合作，给自己的履历背景“贴金”：明明只是本科学历，却写着某某著名高校博士；在大学租借场地举办的短期培训班讲过一次课，就敢说自己是这所大学的客座教授；仅在一些小公司里做过主管经理等中基层职务，对外竟然说自己是著名外企高管出身；等等。面对这些“包装过度”的讲师履历背景，我们一定要用审慎的态度进行核实，比如：请被推荐的讲师提供最高学历复印件或扫描件；请其具体说明在哪些公司工作过，担任过什么职务，起止时间等，必要的时候请熟悉的HR同行帮忙核实。还有一点要注意的是，对讲师的授课领域也要进行分析判断，如果某些讲师的授课领域太广，几乎什么课都讲，那可要小心了，专业不聚焦，极可能出现内容不深入的问题。只有在一个专业领域至少有5年以上的实战经验，并在以往的工作经历中帮助所在企业或客户做出过成绩，有自己的深刻见解和体会时，才值得拿出来与他人分享。

2）看视频

一般企业的培训管理者都比较关心讲师的授课风格和现场效果，毕竟现在很多企业还是以学员满意度作为衡量培训工作有效性的一个主要指标。对这方面的考察，可以采用观看视频的方式。大多数讲师都有自己的现场授课视频，通常5~10分钟，便于企业了解和选择。如果讲师不能提供授课视频片段，那只能先打个问号，接着再通过第三种方式“听试讲”去考察。

3）听试讲

让外部讲师专门为了几天的课跑到企业里去试讲，有点儿不切实际，尤其是讲师与需求方不在同一座城市的。除非是一次集中采购10天以上的课程，才有可能作为谈判的筹码请讲师到企业中现场试讲。当然，这也要区分情况，往往那些知名的讲师不愁课量，基本不会接受试讲的要求。除了现场试讲，我们还可以了解该讲师近期是否有公开授课计划，如有这样的安排而且也离自己的所在地比较近，那就可以在征求该讲师同意的情况下到现场试听，2~3个小时基本就可以做出判断。

4）问口碑

第四种方式是靠谱系数最高的，当然前提是选择询问的对象不能是与此次培训有利益关联的人或机构，比如讲师经纪公司，只有找比较熟识的同行或朋友，才能了解到真实的信息。

以上四种考察和选择外部讲师的方式，结合使用更为有效。当授课讲师确定后，培训经理要主动与外部讲师进行深入对接，就公司概况、学员情况、培训需求进行沟通，以确保课程质量，提升培训效果。

（4）运营管理

由于人才培养项目一般持续时间比较长，往往在 1 年左右，而且中间会安排各种学习、培训和实践活动，因此项目的运营管理必不可少。运营管理不仅有现场培训的组织协调、活动安排、服务支持、氛围营造等，还有线上学习的督促跟进、运营主持等。要做好运营管理，有三项工作需要重点关注：

1）学员管理

成人教学不同于学历教育，在运营管理过程中，要充分发挥学员的主体作用，强调学员的自我管理和自我监督。可建立班主任管理和学员自主管理双重模式。由培训管理部门为每个班级专门选派一名专业人员，担任班主任职务，负责日常的教学安排、班级纪律及学习推进。同时，通过自荐、竞聘等方式选举出班委会（在部分国企会设置临时党支部）、小组长，负责日常活动组织、学员交流研讨、班级环境维护、开展学习实践等，实现“人人有事做，事事有人管”的学员自主管理模式。

同时，设立“龙虎榜”，在培训中实行小组的积分管理制度，对各小组的团队文化、5S 管理、课堂纪律、学习成果和参加活动等进行评价。班主任和培训讲师根据积分评价标准以及各小组的表现进行加减分，每天课程结束时公布成绩，实行可视化管理。在培训项目全部结束时根据“龙虎榜”成绩选取优秀的团队进行奖励，从而培养集体荣誉感。

2）活动安排

在培养项目开展期间，尤其是集中封闭式培训阶段，为了丰富学员的学习生活，调动学习氛围，可以定期组织开展多样化的团队活动，并尽量与培训内容结合起来，比如团队拓展、知识竞赛、翰林讲坛、情景剧拍摄等。例如在某企业大学的青年后备人才培养项目中，要求学员根据所学内容，在1天内以小组为单位，自编自导自演舞台剧，道具服装完全就地取材、自己制作，并由培训组织部门派人全程跟拍，最后参加戏剧节的演出和评选。通过舞台剧的形式，既深刻理解和演绎了所学内容，也培养和锻炼了团队的创新意识和协作精神，更能加深相互的了解，发现具有不同专长的人才。

3）组织服务

人才培养项目的组织服务是最考验培训管理者耐心、细心和热心程度的工作内容。由于讲师、学员从四面八方会聚在一起，性格特点、习惯偏好、经历背景等都各不相同，因此我们在做服务工作时必须要考虑到每个人的实际情况。除了要做好现场的教学、后勤服务工作外，还要细心观察每位学员的思想动态和健康状况，耐心解答疑惑，调解学员矛盾，以确保培训项目的顺利开展。前些年我在企业组织培训项目时，经常封闭半个月时间，就有过多次学员半夜生病后紧急送医的经历。

5. 应用实践

应用实践是整个人才培养项目中最重要的环节，评判一个培养项目是否有价值，关键在于有多少新知识和技能被应用于实际工作中。很多企业的培训之所以无效，就是因为所学的内容不能学以致用，不仅不能创造价值，反而是对时间和资源的浪费，培训"无用论"也由此产生。究其原因，主要是培训部门和业务部门责任不清、互相推诿。

业务部门的管理者认为，培训是培训部门的事，跟自己没关系，他们常说一句话："培训虽然很重要，但是你看我平时工作这么忙，哪顾得过来啊。而且培训部门负责培训工作，由他们去做就行了，是他们应该干的。"同样，培训部门也认为："这些学员都是你们业务部门自己的员工，回到工作岗位上我也管不了啊；而且我的职责是做好培训的准备和实施，确保学员对培训课程的满意度，之后的事情就不是我们培训部门能够掌控的了，属于你们业务部门内部的事情。"正因为双方"各扫门前雪"，"铁路警察各管一段"，学习和应用没有有效衔接，没有相应的跟进措施，才导致了培训项目的低效。

实际上，业务部门和培训部门都应当担负起学习转化的责任，缺一不可。只有双方携手合作，积极推动学习的应用和转化，才能让培训发挥出价值。否则，相互推诿，结果是双方都会受到损害。

（1）持续练习

在企业培训中经常出现"课上激动，课下不动"的现象，我们抛开培训内容本身的问题，即使讲师授课十分精彩，课程也非常实战，下课后很大一部分人仍旧会我行我素，回到以前的习惯上去。有一部分学员也许应用了培训中介绍的方法，但是在使用中有了困难，或者因为使用方法不当导致出现了负面的结果，他们很大可能会觉得那些新方法不好用而放弃继续使用，回到旧的习惯上去。

人面对改变，都有一种惰性。一旦习惯在我们的大脑中留下印记，就需要长时间的持续努力才能改变它们。同样，新行为习惯的养成也不是一朝一夕之功，也需要依靠持续的努力才能取代旧行为习惯，成为"新"的旧行为习惯。

如何能将新知识和新技能变成自己的新习惯和新行为呢？美国畅销书作家丹尼尔·科伊尔在其《一万小时天才理论》中给出了方法：有目的地持续练习（科伊尔称之为"精深练习"）。科伊尔认为任何领域的任何专家都需要经过10000小时专心致志的持续练习。持续练习指的是朝着正确的既定目标挣扎前进，深入练习，挑战自己的能力极限，然后不断犯错并加以改正。持续练习的三大秘诀：①模块化：首先，让学习者整体了解一项任务，尽可能把它分解成最基础的模块；然后花时间用慢动作练习，再加速，以了解其内在的结构。②重复练习：并不是练习的时间越多越好，持续练习的前提是你必须处于最佳状态，效率极高，实际上每个人每天的持续练习时间一般在3～5小时。③尝试体会：持续练习并不是简单的挣扎，而是有目标的奋斗，选定目标、努力争取、评估差距，再回到初始步骤，不断体会这个过程。

所以，虽然精彩的课程设计、多样的学习方式能有效促进学习，但是不管在哪个行业，要想成为某个领域的高手，都必须通过大量有目的的持续练习，没有其他捷径可走。

（2）提供支持

行为习惯的改变，除了依靠学员自己有目的地持续练习，还要借助一定的外力作用，多种途径联合发挥效力。这里，我向大家介绍几种促进行动的办法：

1）课后行动计划

为了有效地将所学内容应用转化，在集中培训课程结束时，首先要做的事情是制订一份课后的行动计划表或课后作业。

比如美国著名的卡耐基训练机构，有一种课程是间隔而连续的，每周一堂课。通常在这种课程中，讲师会给一个指令，请学员将这次上课所练习的原则和方法实际应用于工作生活中。大家承诺后，下一周就会请学员报告：这期间你都做了什么，给我们一个实际的例子，所以每个人都会与大家分享一个应用的实际经验。通过这样的活动，每一个人会真正地把上一周学到的东西应用到工作中，在下一次上课时再提交一个应用报告。在这个报告中，讲师再给予个别的辅导，包括学员在哪方面可以做得更好，学员就可以知道下一次如何将这种方法更好地应用到工作中。卡耐基训练可以有效地改变一个人的行为习惯，即使在培训结束之后，人们也不太容易变回原来的样子。

我常应用“531”行动计划表（表 5-12）去推动学员学以致用，即在课程结束时，请学员列出 5 个通过这门课所学到的要点、3 个能运用的要点和 1 个可以马上应用的要点，并要求针对这个点按照 PDCA 结构制订出详细的行动计划和完成标准，在培训结束后能马上学以致用，巩固和强化学习效果。

表 5-12 “531”行动计划表

课程主题： 学员姓名：

<table>
<tr><td>我通过本次课程所学到的
（5 个要点）</td><td colspan="2">我能运用到的
（从上述 5 点中选出 3 点）</td><td>我近期马上要用的
（从上述 3 点中选出 1 点，量化并详细描述，发誓做到）</td></tr>
<tr><td></td><td colspan="2"></td><td></td></tr>
<tr><td>计划（Plan）
（安排时间与执行事项）</td><td>实施（Do）
（如何去做）</td><td>检查（Check）
（让谁来监督）</td><td>总结（Action）
（心得体会）</td></tr>
<tr><td></td><td></td><td></td><td></td></tr>
</table>

使用方法：

针对“我近期要马上用的 1 点”，制定出详细、量化的行动计划（Plan），确定实施方案（Do），并明确监督检查人员（Check），最后总结出相应的心得体会（Action）。

时间： 年 月 日

有一些企业要求学员在培训课程结束后，与同事分享培训中的关键要点或课程学习体会。这样做的好处是，既能在更大范围内分享传播所学的内容，让更多员工受益，也能使学员巩固所学知识，实现学习效果的最大化。

此外，还有一种更有效的方法就是行动学习，前文已经介绍，这里就不再重复。

这里要注意的是，制订课后行动计划一定要有后续的跟进和检查，否则空有行动计划而不要求后续的结果，会使行动计划流于形式，最后不了了之，失去了原有的意义。

2）定期提醒

除了制订和执行课后行动计划，培训管理者也需要对参训学员进行定期的提醒，让学员不要忘记学以致用。因为学员完成培训课程回到工作岗位后，各种工作事务会接踵而来，面临着各种压力，就不可避免地会将主要精力和时间投入各类工作任务，当初制定的学习目标将逐渐被淡忘，甚至完全放在一边。如果没有及时地提醒学员，学习将难以持续，更谈不上有效转化。

提醒的方式有很多，包括邮件、电话、微信、座谈会等，但不管哪种形式，最重要的是让学员不要忘记完成的学习目标。比如课程培训结束后，组织微信学习群，邀请培训班的所有学员加入，定期地在群里组织讨论交流，及时回答学员的问题，请学员分享在实际工作中应用的案例。通过这种方式，让学员能在较长时间保持对学习内容的印象，还起到定期提醒之效。

3）辅导反馈

在学习转化阶段，学员需要相应的辅导和反馈，才能知道新知识和新技能的应用是否规范，是否有效，以此来强化有效的行为，修正无效的行为。如果学员在应用阶段遇到了困难，又无法得到及时的指导，他们很可能就会放弃继续尝试。

这个阶段，最能体现学员的上级或导师的作用。因为只有上级和导师与学员的接触最多，能够实时观察到学员回到工作岗位后学以致用的情况，针对发现的问题及时提出辅导建议，比如学员在培训中学习了“工作汇报技巧”，上级就可以在该学员汇报工作时，观察其是否正确使用了所学到的汇报技巧，对好的地方加以肯定，对不足之处提出改进建议。

4）明确责任

在培训课程结束之后，制订了明确的行动计划，培训部门定期进行了提醒，上级主管也提供了及时的辅导，学习转化就真的能发生吗？答案是不一定。因为学员本身对应用和转化的意愿和责任心是否强烈，也会影响到学以致用的效果。在应用转化阶段，三方的责任都很重要，即学员、学员上级和培训部门。

首先应树立员工学习转化的责任感。员工利用公司提供的各种资源条件来学习成长，不仅是一种权利，也是一种责任。所以，员工应当将所学积极应用到工作中，提升自身的工作业绩，这也是对公司投资于员工培训发展的一种回报。企业可以将员工学习转化的责任明确下来，比如要求学员提交学习应用的实践案例、将所学内容进行内部分享并培训出至少3名学员去应用、提出合理化建议等。

其次是明确学员上级的责任。在组织员工培训时，学员上级也要学习和熟悉培训的内容。如果上级管理者确实很忙，没有办法全程参加员工的培训课程，那可以为他们开设mini版的课程，利用尽可能少的时间讲授精华内容；或者制作成微课，请管理者自学知识要点。通过这些方式，使学员上级能够有效指导员工制订明确的行动计划，包括如何应用所学、如何实施计划、何时汇报进度及达成什么结果等。其实，对下级员工的辅导也会使管理者受益匪浅，既能提升员工能力，增强部门整体水平，同时也能使自身得到更好的职业发展。有很多世界500强企业规定，管理者只有培养出自己目前职位的合格继任者，才能有机会获得晋升。

最后是培训部门要在学习和应用的方法上提供更专业有效的支持。

培训部门需要发挥出自身的专业优势，根据学员特点和实际工作需要推进有效的学习转化措施等，更好地帮助业务部门和学员学以致用。

5）即时激励

哈佛大学心理研究所的斯金纳教授通过研究发现：如果某种行为产生了一种积极的后果，个体就可能重复它，称为“积极强化”；如果某种行为产生了消极后果，受到惩罚，个体可能减少这种行为，称为“消极强化”。所以，要想使某种行为持续发生，就必须在该行为发生后不久就得到及时的正向反馈，否则行为就会“消亡”。即时激励就是组织和管理者对员工的行为或阶段性成果及时做出肯定或否定的回应，以完成行为的塑造。

对于职场中的大部分人来说，都希望积极进取，获得事业上的成功。对于参加培训的学员也一样，只有告诉他们达成学习目标后将获得何种收益、奖励、认可等，才能促进学员的积极性并影响到学习的转化。比如，我曾经为一家企业的人才培养项目设计了“学习护照”，有效期为2年，分为课程学习和应用转化两个阶段。在2年内，员工按照培养计划接受某项培训并通过考核后，“学习护照”上就会盖上相应的印章，表明该学员已经学习了该课程。在应用转化阶段，学员向上级或导师提交了学习实践案例，或者利用所学解决了实际工作问题，则由上级或导师在相应位置签字，证明通过。以此类推，当学员完成了所有课程的学习和所有的实践任务后，就可以凭“学习护照”向公司申请奖励。

（3）营造氛围

企业要积极营造学以致用的环境氛围。

首先，参训员工的上级在工作中要安排、鼓励其应用所学，并及时给予正向反馈。在应用失败时，应该多一些宽容；在应用成功时，应该多一些表扬。

其次，企业要建立鼓励学以致用、保障培训转化的激励制度体系，形成推动员工将学习成果运用于工作的动力机制，使在工作中应用突出者能得到支持与鼓励。

如某星级酒店为了鼓励厨师不断学习创新，出台规定：后厨团队或厨师个人创新菜品并在餐厅推出销售后，就根据该菜品创造的营业额，给予 2% 的提成奖励。同时每年定期评选创新成果突出的厨师，公费安排旅游并参加各类培训班，提高业务水平，以激励厨师不断地学以致用、创新菜品。这样就形成了良性循环，实现厨师个人与酒店的共赢。

最后，要做好宣传推广，通过公司内网内刊、宣传栏、微信公众号等多种形式，大力推广学习应用的优秀案例和先进榜样，以带动更多的人，营造良好的学习氛围。

6. 评估验收

人才培养项目如不能与学员的晋升、绩效等有机结合，将会表现出“无力感”，流于形式。因此，要设计和推行有效的人才培养考评办法，将是否参加人才培养项目、参与的积极性如何以及学习成绩是否达标与员工的绩效、晋级紧密结合，让员工从“要我学”转为“我要学”，进而带来行为和业绩的改变。

如某集团公司，为了让学员全身心地投入培训，人才培养项目组在项目全程采用积分制作为奖惩和淘汰的依据，对个体和团队双线计分，各维度又分达标项和优秀项，前者为学员必须完成的规定行动，后者是考验学员主动性的可选行动。学员入选项目后并不能就此“高枕无忧”，而必须全程绷紧学习这根“弦”。

- 个人积分中，项目组在每个课程节点都设置了积分门槛，除了包含自身学习表现之外，还增加了对团队参与度以及对组员的支持和协作力度的考察。只有每个科目都顺利通关，才有资格进入下一科目，否则将从项目中出局。

● 团队积分则以项目推动、课题汇报、复盘成果为主要考核维度进行积分，每月定期公布排行榜，以督促学员将知识点固化到意识和行为层面。

在本书第六章将对人才培养项目的评估做详细介绍，这里不再赘述。

到这里，我们最终完成了人才培养项目所有的学习、实践和考核，每名学员和每个团队将带着自己的丰硕学习成果，到达本次人才培养之旅的最后一站：毕业典礼。毕业典礼是人才培养项目的收官之战，必须要给予高度重视。届时，将会邀请公司的主要领导出席，检阅整个人才培养项目所取得的各项成果，也是判断项目的投入是否有价值的一个主要依据。在毕业典礼上，通常会安排整体项目回顾、行动学习成果汇报、为优秀小组和学员个人颁奖、主要领导发表祝贺讲话、颁发毕业证书等内容。

案例 梯队人才培养项目

LX科技创立于2003年，是国内最大的公用事业行业信息技术解决方案提供商，是提供咨询规划、系统建设、系统运维和运营服务等全业务链服务的大型股份制公司。

在全球经济下滑、互联网急速发展带来新变化以及公司传统业务需求出现萎缩、新兴业务正在积极探索的形势下，未来2~3年LX科技急需在传统业务上实现引领客户需求、创新业务模式和产品定制化。为培养出一批具备企业家精神的总监级人才，以及管理水平成熟的经理级人才，以满足公司业务变革和结构调整对管理人才的更高需求，进而帮助企业实现跨越式发展，LX科技于2015年3月正式启动了为期一年的梯队人才培养项目，涵盖公司200余名总监级、经理级管理人员及后备人才。

为了让培训的内容更接地气，更贴近公司管理者的实际工作场景，在该梯队人才的培养项目中首次运用了案例教学的方式，在所有开设的培训课程中占比高达70%。同时，从公司对管理岗位未来2~3年的能力期望及目前管理岗位应具备的职责要求出发，明确了案例教学应着重解决“LX的事儿”，并通过模型构建、能力测评、IDP制定与导师辅导、案例课程开发与教学、内部讲师赋能、管理集训营、行动学习、线上问诊等多种方式，快速传递和提升组织核心能力，使人才尽快达到公司的管理岗位胜任要求。梯队人才培养项目见图5-16。

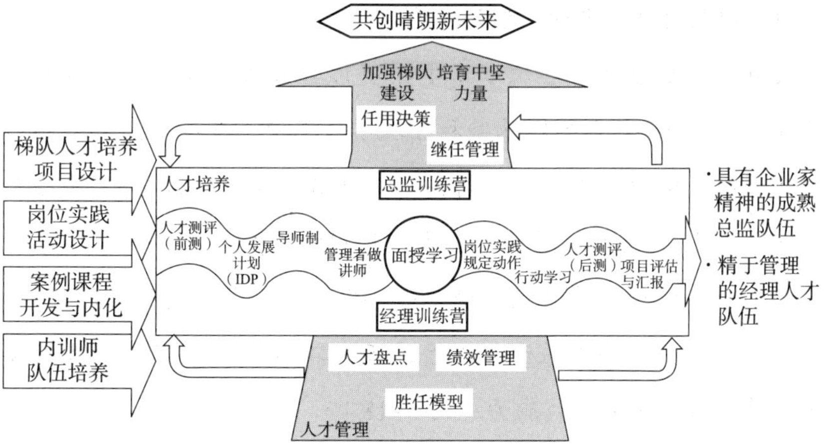

图5-16　LX科技梯队人才培养项目

我作为项目经理带领顾问团队为本次项目提供了方案设计与项目实施的专业支持，与时任LX科技学习发展经理的朱敏老师等内部专家组成联合项目组通力合作，克服诸多困难，确保了案例课程开发与应用项目顺利而高效地推进，取得了良好效果，得到该公司高层领导的高度赞扬和学员的广泛好评，并被国内权威机构《培训》杂志社评选为“2015年度最佳学习项目奖”。

下面，对LX科技梯队人才培养项目做一简要介绍。

（一）共创角色模型，明确培养主题

总监和经理等中层管理者作为公司的中流砥柱，对公司发展起到关键作用。过去，优秀的总监和经理代表着优秀的业务能力。但伴随公司的不断变革和调整，总监和经理的角色也需要随之转型，重新调整认知，不仅要有突出的业务能力，还要具有出色的管理能力，以适应公司的发展需要。通过与LX公司管理决策层商议后，项目组决定采取专家小组研讨的方式共创总监角色和经理角色模型，然后将研讨得出的“LX的事儿”迁移到梯队人才培养项目中。

（1）群策群力，研讨“LX的事儿”

项目组分别召集了2次专家小组研讨会来梳理和提炼总监与经理角色模型，共50余名绩优总监和经理参与其中。在项目组专家的引导下，大家群策群力，广泛深入讨论了“总监需要干什么事儿”“经理需要干什么事儿”，并将其作为角色模型构建的依据。

经过全体参与者的热烈讨论，最终提炼出总监角色模型的定战略、建团队、带队伍、创效益和谋发展这五大能力（图5–17）以及经理角色模型的管人和理事两大能力（图5–18）。

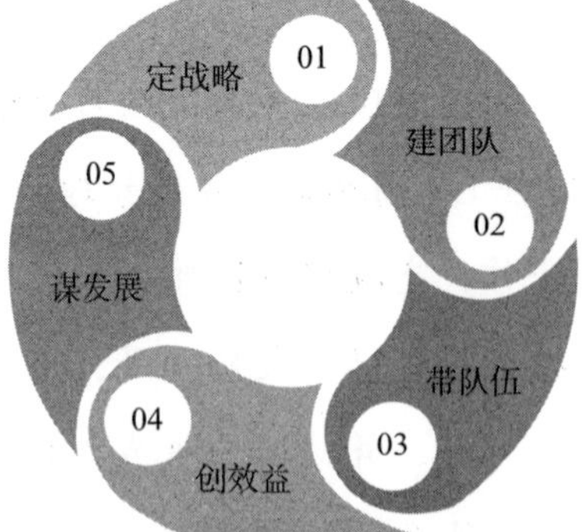

图5–17　总监角色模型

图 5–18　经理角色模型

（2）对标角色模型，明确培养主题

接下来，项目组依据提炼出的角色模型并参照能力素质词典，设计形成了能力测评"标尺"，采用 360 度反馈的评估工具，也就是选取学员上级、同事、下级以及学员本人作为评估者，对学员能力进行分项测评。项目组依据测评结果得出的能力素质项分布，迅速找到了总监、经理的优劣势，并结合公司未来发展对总监和经理的能力要求，确定了优先需要补足和储备的能力（表 5–13），以此作为本次梯队人才培养项目的主题方向。

表 5–13　公司管理岗位能力分析

培养对象	主要业务活动	角色定位问题	能力视角	优先级
总监层	· 战略管理 · 组织设计 · 团队建设与人才培养 · 绩效管理 · 组织流程管控 · 创新体系建立	· 管辖范围扩大，开始管理不熟悉的业务 · 需要平衡长短期利益 · 重点管理大型项目 · 需要勇于担当 · 角色认知不统一	· 判断决策 · 团队建设 · 沟通能力 · 认真负责 · 创新能力 · 变革管理 · 资源整合 · 监督反馈 · 抗压能力 · 适应转变 · 培养下属	· 判断决策 · 团队建设 · 创新能力 · 资源整合 · 适应转变

续表

培养对象	主要业务活动	角色定位问题	能力视角	优先级
经理层	· 目标管理 · 团队建设 · 项目管理 · 绩效管理 · 风险管理 · 时间管理 · 问题解决 · 组织流程管控	· 需要从习惯做个人贡献者转变为带领团队取得成功 · 需要从关注事转变到人和事兼顾	· 沟通能力 · 团队建设 · 认真负责 · 客户导向 · 培养下属 · 协调能力 · 抗压能力 · 项目管理 · 学习能力 · 整体把控 · 适应转变 · 问题分析与解决能力	· 沟通能力 · 团队建设 · 协调能力 · 适应转变 · 项目管理 · 问题分析与解决能力

（二）基于工作场景，开发案例课程

经过分析，将“总监级团队管理”“经理级团队管理”“沟通与协调”“业务问题分析与解决”等7门课程，采取案例课程的方式进行定制化开发并嵌入梯队人才培养项目训练营的课程设置中。

紧接着，项目组基于每门课程成立了7个案例开发项目小组，每组配备3~5名内部业务骨干和1名外部课程开发顾问。各小组依据角色模型，围绕案例主题进行访谈、整理、撰写与修订等工作，其中课程开发顾问主要从方法论角度提供支持，协助案例素材的收集和整理、案例的撰写和修改、案例课程的辅导和内化等。

从访谈启动到7门案例课程全部开发完成，整个周期历时3个月，主要包括以下四个步骤：

- 案例规划：项目组根据确定的案例课程主题，设计案例规划提纲，确定目标工作场景及访谈调研计划表，经过公司高管同意后正式启动案例素材的收集工作。

- 素材收集：依据规划好的访谈调研计划，以案例课程开发小组为单位，通过面谈、电话或邮件等途径，对案例课程涉及的绩优员工、内训师、管理层等内容专家展开深入访谈。
- 案例开发：项目组对访谈内容和收集的素材进行筛选和提炼，编写案例提纲及初稿，得到内训师和相关管理层的认同后，确定案例的类型与数量、场景与人物设计、知识点设置、难度系数、时长分配等。
- 教学设计：案例内容确定之后，项目组随即进行教学活动的设计以及教辅资料的开发，从教学 PPT、案例材料、授课指导、教学活动，到视频素材、课间游戏、漫画宣传等，涵盖了案例课程的方方面面，为后续的案例课程内化和迁移打下了良好的基础。

（三）赋能内部讲师，在实践中迭代

为了促进案例课程及教学方法的内化迁移，在梯队人才培养项目正式开营前，由公司领导亲自把关，从各部门及 HR BP 中选拔优秀的业务专家及管理者作为内部讲师候选人，并根据内部讲师的兴趣和特点进行课程分配。由于很多内部讲师虽然业务熟练，但缺乏授课经验和技能，因此为了让他们更好地承担案例课程的教学任务，项目组开展了 2 期讲师赋能班，每期 3 天。通过赋能班，帮助内部讲师学习和演练现场授课技巧以及案例教学的独特方法，同时由案例课程专家以小组为单位，为即将担任授课任务的内部讲师进行现场拆课和讲解指导。

3 天的讲师赋能班虽然短暂，但这种基于场景化和团队研讨的教学方式，深受讲师认可，也更易为新手讲师所接受。在赋能课程结束后，项目组组织讲师进行 10 天的备课。备课的主要目的是让内训师能全程独立授课，过程中遇到的授课内容、流程环节、知识点、工具运用等问题，随时可以和课程开发专家进行探讨与调整，确保课程顺利实施。

因为案例课程在 LX 人才培养中的应用还是首次，所以每门所开发

案例课程的第一次授课，通常由项目组专业讲师做示范讲授，同时邀请课程相关内训师、开发专家一并在现场观摩学习。课堂间隙，由学员进行现场反馈，如案例教学形式的接受度、场景化内容和知识点设置的合理性与针对性、对现有工作的启发性、工具的使用情况、对于个人和管理能力的提升等。

综合意见之后，项目组筛选出最重要的三点，组织三方（课程开发专家、内训师、学习发展经理）探讨并达成一致，对现有案例课程进行微调与迭代，如增加学员关注而没有涉及的知识点、去掉“比较浅”的部分案例场景、调整讨论环节等。

（四）线上线下并行，实现管理“转身”

在训练营中，以案例“研讨—共创—总结”的方式开展案例教学活动。同时，作为线下课程学习的补充，培养项目引入了“一事一问一得”的线上案例研讨模式。通过线上线下配合，LX的案例教学有效地帮助总监和经理级学员实现了管理“转身”。

（1）线下训练：研讨—共创—总结

在研讨环节，由讲师带领学员回顾案例、布置问题，并针对问题进行启发式引导，预留时间给学员探讨和分析问题。研讨方式根据问题设置的广度和深度，会进一步采取世界咖啡、小组内细分小组等方式进行。

在共创环节，针对所研讨的问题，学员以小组为单位，采用团队共创的方式，群策群力，形成解决办法和建议，并在小组内部达成共识。

在总结环节，每个小组代表要进行汇报式发言，由讲师归纳总结在板书上，必要时需要进一步追问。发言结束后，设置提问环节，其他小组成员可以提出质询和建议，发言小组要做出回应。最后，由讲师点评发言内容或强调某些观点，促使学员反思和总结所学的知识点，达到教学目的。

LX的每一期训练营都是一次课程迭代的机会。在每期训练营结束后，根据学员、授课讲师、课程开发专家的三方建议，对案例课程进行修订和完善，最后沉淀到公司，不断更新和迭代。

（2）线上门诊：一事一问一得

为配合线下训练营的案例课程，LX设置了线上案例门诊运营模式，以满足学员训后的应用需求。通过前期的运营策划，项目组按班级建立微信群，邀请对应学员入群，并以学员反馈的学习需求为“内容”来吸引学员。由项目组公布学习安排、学员收益和运营规则，为公司提供了一个全新的学习工具与平台（图5-19）。

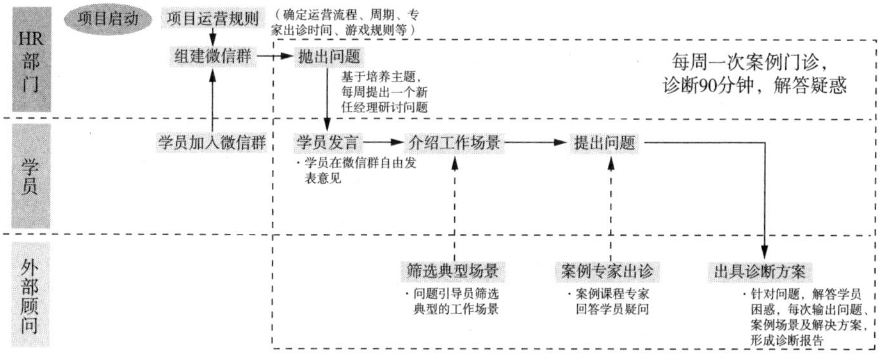

图5-19　线上案例门诊操作流程

线上案例门诊以内训师主持为主、外部专家顾问分享为辅，定期邀请公司高管、BU负责人或业务领域大咖做客进行分享。

最终，在LX公司高管的大力支持下，通过内外部联合项目组的精心策划、组织和运营，确保了公司所要求的各项知识和能力的有效传递和学习，达成了预期目标，取得了良好效果（因篇幅所限，本书只重点选取了部分内容进行介绍）。

四、与时俱进，移动互联网时代学习新变化

移动互联网的发展，不仅给生活、工作、消费带来了颠覆式变革，也给学习带来了许多新的变化，出现很多新的学习方式，如翻转课堂、移动学习、碎片化学习、MOOC（慕课）、游戏化学习等。现在，如果有培训经理不懂翻转课堂，不会移动学习，那就跟不上时代了。

1. 移动学习——时代发展的产物

当今时代，信息爆炸，竞争加剧，终身学习已成为现代人生存和发展的必需。在这样的需求背景下，同时又伴随着移动技术和智能终端的迅猛发展，一种全新的学习方式应运而生，那就是移动学习（M-learning）。人们不必把自己束缚在某个地点，无论身处何处，只要拿起手机和平板电脑，就可以迅速获取资讯和知识。尤其对于忙碌的上班族来说，上下班的路途中、出差的旅程中、购物排队结账的等待中，以及其他可以忙里偷闲的时间，都是进行移动学习的好时机。正如一位职场白领所说：“在手机上学习成为我每天上下班途中的必修课。”

除了个人学习越来越多地借助现代技术，现在很多的企业，也已经开始将互联网思维融入人才培养工作中。

国内领先的电商平台京东商城，2004年成立以来，业务迅猛发展，员工数量快速增长。为了有效帮助新加入京东的员工快速了解京东的理念和做法，加速培养其成为合格的京东电商人，京东商城于2013年成立京东大学，并将员工培训工作上升为企业战略之一。在原执行校长马成功老师的带领下，京东大学成功运用互联网思维在员工培训方面进行了一些创新性的探索，开创了独具京东特色的人才培养模式。我与马成功老师相识多年，亦师亦友，他每到一家企业都能带去不一

样的变化，在国内培训领域独树一帜，是我学习的榜样和标杆。

为了能够更好地提高培训效率，2013年初京东大学搭建了基于KM的E化学习平台，这个平台包含了E-learning、京东TV、know how、京东talk等多种丰富的学习创新技术。因篇幅所限，下面仅就京东TV和京东talk做简要介绍。

（1）京东TV：碎片化的创意

如何将公司老板的演讲内容丝毫不差地传递给每位员工？在这个快节奏的时代，并不能保证每位员工都愿意听完一个小时甚至更长的演讲视频，但如果把视频剪辑成几段十分钟左右的小视频，并配上一个吸引人的标题，效果则截然不同。当公司创始人演讲的第一集上线后，一个月的点击量就突破了10000次。

（2）京东talk：京东版TED演讲

京东talk，是一个模仿TED演讲秀的线下线上相结合项目。线下邀请公司内外各路牛人分享行业知识与经验，每月一期。京东talk邀请牛人们来到摄影棚，用八分钟、十八分钟或者半个小时，完整地讲述自己工作的一个案例或经验感悟，录制后上传至京东TV，引起内部员工的热烈反响。

京东大学有效运用了互联网思维打造专属于京东的人才培养模式及项目，为京东的战略发展提供了强劲的动力。

2. O2O培训——互补才能共赢

正是由于移动学习如此便捷，大大提高了培训的效率，降低了培训费用，因此有很多人断言线上学习（移动学习）将取代线下培训，成为主流学习方式。我认为，线上学习固然是一种非常好的学习方式，可以大大减少我们对时间、空间和老师的依赖，提高我们的时间利用率，在路上、在家中，甚至外出旅游，都可以自由学习，真正实现了随时、随地、随心学习。

但是，借助互联网技术的线上学习也有很多弊端：一是学习知识的碎片化，知识之间相互割裂，难以形成结构化的整体思维，不容易深入思考；二是一个人在战斗，不能与其他学员和讲师进行互动交流；三是缺乏自律性，经常会被其他事情干扰而中断学习。有的公司为了督促员工学习，规定了在线学习的时间，后台进行监控，但实际效果并不好。很多人开着视频，去干别的事情；或者想去学习的时候，突然发现其他更有趣的内容，或者刷朋友圈，结果原定的学习计划就被打乱了。

早在十几年前 E-learning 在国内刚开始兴起时，我就断定线上学习并不能完全取代线下课堂，它们应该是很好的互补关系。线下的面对面培训有线上学习无法替代的优点，比如学员之间的互动、研讨交流、演练讲师的现场辅导和对学习过程的掌控等。我们需要找到线上学习和线下培训最好的契合点，将其合理地利用起来，形成 O2O（Online to Offline）培训模式，即将知识类的内容通过移动学习的方式，由学员在课前自行预习，并在线下课堂上进行交流分享、现场演练、问题研讨，由学员研讨出解决方案和行动计划，课后再通过讲师和学员组成的线上学习圈，进行实际应用的心得交流和问题辅导，提高应用的效果。

3. 游戏化思维——顺应人性的学习方式

古希腊哲学家柏拉图曾说：“一个自由人不应该在被迫的情况下去学习任何事物。”因为“强制的学习不会在心灵里生根”。

随着社会的发展，以“90 后”为代表的“新生代”员工逐渐成为职场的主力军。他们是在新的社会经济环境中，伴随着互联网的发展而成长起来的，习惯于网络社交，追求参与感，喜欢新事物，希望学习更加简单、快捷、有趣。因此，如何增强他们在培训过程中的参与感和体验感，激发其学习兴趣，从而达成企业的人才培养目标，就成为培训管理者需要思考的问题。

面对“新生代”员工，我们需要把握他们的心理特点，融入游戏化的思维和设计元素，充分调动他们的学习动机和兴趣，有针对性地设计教学活动，使其更好地实现学习目标。例如，在一些学习网站中，有些运营者利用积分、徽章、排行榜等元素来激发学员的挑战欲望，非常有效果。

最近有一款APP特别火爆，就是“学习强国”，圈粉无数。作为学习类的APP，“学习强国”之所以广泛流行，一方面是组织要求，另一方面则是该款APP的游戏化学习设计，不仅可以及时、方便而全面地学习到党的思想、方针政策、时事政治以及中国传统文化知识，还能通过回答问题、发表评论、转发文章等方式，获得数量不等的学习积分，并且按学习积分由低到高分成十个星级段位，所有学习者都可以在自己的学习小组内进行排名PK，形成“争先恐后”的态势，同时，在有的组织，学习积分还可以兑换奖品，甚至有些单位还将学习积分排名作为年底评选先进员工的参考依据。

事实上，这种游戏化思维并非线上培训的专利，在传统线下培训中也可以应用游戏化思维进行教学活动设计和项目运营管理。例如，以往在组织党建参观学习时，只是让学员在党史展馆听讲解，自由观看，很少有参与互动。有些央企党校为了打破这种单一的学习方式，利用AR技术设计了寻宝答题的互动游戏，在不同的党史展区设计了若干个扫码答题环节，只有完成答题任务，才能进入下一个学习和任务环节，以此比较学员答题的速度和质量。

第六章

效果评估：人才培养的终极“闭环”

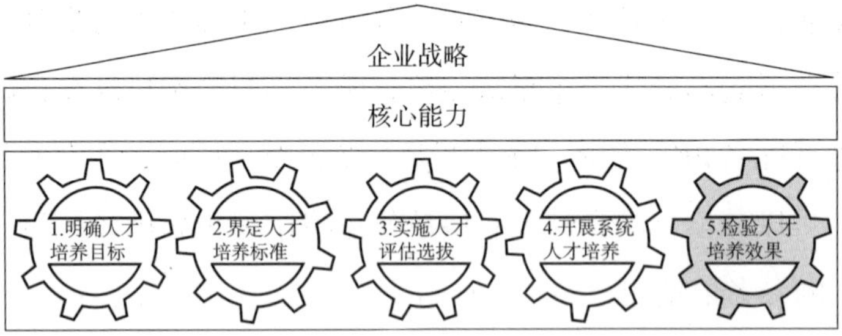

人才培养体系构建的最后一步是评估和检验人才培养的效果。

效果评估主要考察系统化人才培养项目的实施，是否实现了既定的培养目标，是否对企业发展起到了促进作用。这也是判断一个人才培养项目是否成功的重要标准。

一、价值体现：衡量人才培养效果的关键

有不少企业的培训经理在谈到人才培养项目取得的成绩时，经常会描述学员的满意度怎么样、选送了多少管理人才到高校进修、学员的结业考试成绩如何、学员的出勤率多少等。而且介绍完之后，培训经理往

往会自信地看着领导，心里想：这些培训没有白做，钱也没有白花，你看大家的满意度多高啊！但是，请先别高兴得太早。你能证明这些培训给企业绩效带来多少价值吗？如果不能证明，那些非常关注员工绩效和行为改善的企业领导，就会对人才培养项目的价值产生怀疑，无形中为以后的人才培养工作埋下隐患。一旦市场不景气，企业利润下滑，就会首先拿培训开刀。

当培训预算被压缩时，我们不要说企业领导者目光不够长远，问题的关键是培训价值还没有显现。我经常强调，培训管理者要学会从企业经营的角度看待问题，而不是局限于自己的专业范围。企业都以盈利为目的，即使非营利性组织，也需要用有限的资源去达成服务类目标。资源永远都是有限的，企业经营者包括各级管理者都必须合理地分配和使用有限的组织资源，去做各项必要的投入，争取企业利益的最大化。因此，培训部门就不可避免地与其他部门在资源的分配上发生竞争，以获取更多的资源。比如一笔资金，可以投入新产品的开发，满足客户的需求，赢得市场空间；或者是投放更多的广告，以提高市场知名度，增加销售额；或者是引进新的生产线，提高生产效率，降低成本；或者是投入到员工培养中，提高能力水平，增强竞争力；等等。投入每一个领域，都有可能帮助企业的发展。但是，我们又不大可能把这些资源平均分配到各个项目中。所以，面对这么多的项目，企业领导会综合考虑各个项目的战略价值、贡献度及成功的可能性等因素，经过对比权衡，再做出决策，按照项目的不同评估级别决定资源的投入程度。因此，各个部门和 BU（业务单元）为了获得更多的预算支持，都会尽力地提供完美的计划方案，并辅之以各种有效的佐证，以证明其方案的可行性。同样，培训部门要想使人才培养的预算方案得到支持，拿到资源，其计划也必须要有足够的说服力。

并不是说培训人数、学员满意度、考试成绩、出勤率、课程开发数量等数据指标不重要，而是它们实际上只属于人才培养的过程指标，而非人才培养的最终目标。曾经有一位知名培训师向我透露一个获得高学员满意度的秘诀，就是“讲故事、要幽默”，可以说这个秘诀百试不爽。但是，请想一想：学员满意度高一定会带来行为的改善、工作绩效的提升吗？就像培训师通过各种案例故事，幽默风趣地告知学员服务意识的重要性以及如何进行有效的客户服务，即使学员对授课效果非常满意，认识到了客户服务的重要性，也掌握了规范的服务流程和标准，但如果学员在实际工作过程中没有按照规范去做，没有减少服务投诉的数量，那么，无论学员的满意度有多高，对培训内容的掌握有多深刻，这样的培养项目也是没有效果的。

所以，要想赢得公司领导、业务部门和员工对企业人才培养项目的重视和支持，我们必须要拿出具有说服力的证据，来证明人才培养对企业发展、绩效提升确实产生了价值。

只有通过有效的评估，才能让我们了解到人才培养的效果如何，是否实现了既定目标；才能发现培养过程中需要改进之处，持续优化；才能促进学员不断学以致用，实现能力与绩效的提升；才能增强组织的学习能力，提高组织竞争力，助力组织的目标达成与长远发展。

二、运用好方法，增强说服力

人才培养的效果评估，是人才培养项目的“闭环”，可以着重从两个层面入手：

- 对高潜人才做个体评估。通过对高潜人才的个体评估，可以了解高潜人才通过系统化的培养，是否实现了能力提升和绩效改进，是否达到了既定的培养目标，以此作为高潜人才下一步的安排，如晋升、培养、调整等的决策依据。

- 对人才培养项目做整体评估。整体评估主要评价人才培养项目是否达成了既定的人才培养目标、与期望的目标还有哪些差距、如何改进等，以不断推动人才培养对企业战略的支撑作用。同时，人才培养项目小组以评估的形式，进行项目复盘，回顾人才培养工作的整个流程，查找薄弱环节，分析原因，制定改进方案，持续优化，并对较好的做法与经验及时进行总结和应用。

此外，企业战略、业务经营及组织架构的调整必定会影响到组织的人才培养目标，因此，也需要对上述方面进行定期回顾，从而对人才培养项目计划做出相应调整。

1. 高潜人才的个体评估

“没有评估，就没有结果”，员工只做上级检查的事情，而对没有要求的则会放置一边，哪怕是高潜人才也是如此。虽然他们追求自身成长进步的内在动力相比其他普通员工更大一些，但他们本身要承担很多重要的工作任务，时间和精力有限，如果不对他们的学习状况加以跟进和检查，恐怕他们也不会将学习放入优先事项清单中。而且，定期地评估反馈，也有利于身处人才培养项目中的学员了解到学习进展，距离目标的差距，及时调整个人发展计划，以便更好地实现培养目标。

曾有人做过一个实验：组织三队人，让他们分别沿着10公里以外的三条马路向三个村子步行。

第一组的人不知道村庄的名字，也不知道路有多远，只告诉他们跟着向导走就行。

第二组的人知道村庄的名字和路程，但路边没有里程碑。

第三组的人不仅知道村子的名字、路程，而且公路上每一公里就有一块里程碑。

您觉得：哪一队人最快到达目的地呢？

答案显而易见，肯定是第三组能获胜。

因为第三组的人有非常明确的目标，而且非常清楚地了解自己团队距离目标有多远，可以随时根据需要调整自己的步伐，很快就能到达目的地。

所以，为了促进员工学习的积极性，推动学以致用，同时也为了跟进学员的成长情况，做出相应的调整和安排，定期的评估检查非常必要。

关于高潜人才的培养效果评估，有几个要点需要把握。

（1）时间节点

一个完整的人才培养项目，通常把学员的培养分成2个阶段：集中学习阶段和应用转化阶段。集中学习阶段又分为线上学习和线下培训两种形式；而应用转化阶段又根据不同培养方式的运用，如行动学习、轮岗、导师辅导等，有不同的产出。虽然学习效果不是最终培养目的，但学习的效果及对内容的掌握程度是后续应用转化的前提和基础，所以，在每次集中培训结束后，应立即进行学习效果的检查，以判断学员的知识准备度是否适合开展后续的应用实践。随后在应用转化阶段，视实践的方式和内容的差异，选择评估的时机。比如服务类和操作类的内容，往往培训结束后的几天就可以看到效果，而管理类、问题解决类、创新类的内容，通常需要较长的时间，如几周、数月，甚至1年，才能看到期望的结果。所以，在应用转化的每个实践项目节点上，都要安排相应的评估。如国内某大型企业的管培生项目，整个培养周期持续3年时间，共分为4个阶段，每个阶段在学习和实践后都要进行相应的评估考核，只有通过考核才能进入下一阶段，最终通过系统培养，输出优秀的初级管理者（图6-1）。

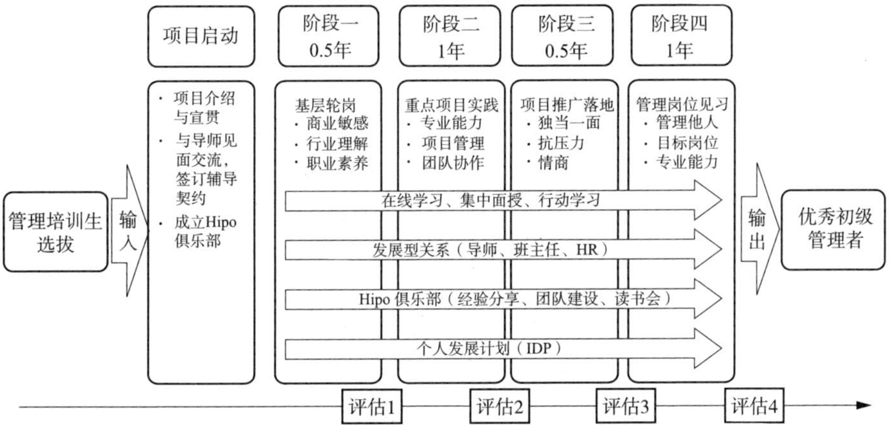

图 6-1　某大型企业的管培生培养项目示例

也有些企业对高潜人才的培养效果评估，会选择与公司年底例行的人才盘点工作一同进行，并将评估结果作为人才盘点的重要参考。

（2）评估主体

人才管理委员会（假设企业设有这样的机构，如果没有通常由公司领导办公会担任此角色）作为公司关键人才发掘、培养、任用和激励的常设管理机构，自然成为人才培养效果评估的主导者。人才管理委员会要具有企业长远发展的全局观，当短期业绩压力导致人才培养库成员的发掘或培养受阻（如调动、轮岗、脱产学习）时，人才管理委员会要做出公正决断。

为了使人才管理委员会有充分的数据信息进行讨论并做出判断，人力资源部或培训发展部门要提前做好相应的准备和配合工作，如收集和提供各方面的数据资料、组织召集学习项目汇报会等。有些评估环节，还可以邀请外部第三方专家参与，提高评估的客观公正性。

（3）评估方式

常见的个体评估方式见图 6-2。

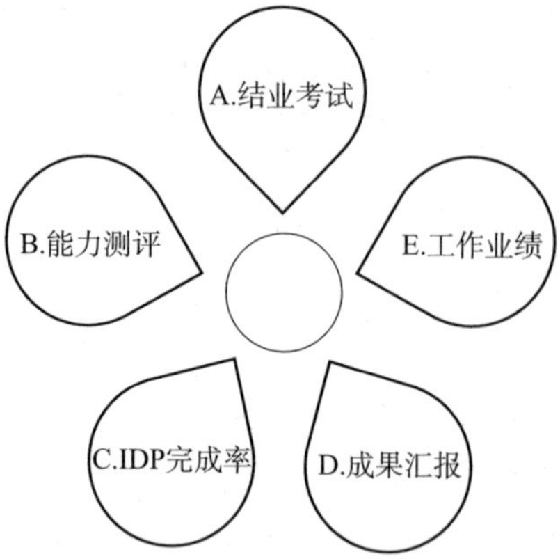

图 6-2 常见个体评估方式

1）结业考试

考试是比较常用也较易操作的评估学习效果的方式，主要考查学员在集中培训阶段对所学知识和技能的理解和掌握程度。考试方式可以是书面试卷、在线测试、现场提问，也可以是模拟操作演练。正如前文所谈到的，学习质量只作为监控指标评估学员的准备度而非最终评估结果。

2）能力测评

系统化的人才培养项目通常在项目启动时及项目结束后分别做一次能力测评。能力前测主要是通过测评发现高潜人才存在的问题并提升其自我认知，并结合测评中发现的能力短板设计培养模块；而能力后测主要是在实施了系统化的人才培养后，再次按照相同标准进行测评，以判断被培养人前后的变化是否实现了能力的提升。这种对同一个学员通过前后纵向对比的方式来进行的评估，效果非常好。比如，辉瑞公司在其领导力发展项目中，就在项目前和项目后分别采用了 360 度反馈的方式，对比项目前后学员的行为和绩效表现变化。

此外，还可以采用横向对比的方式，对比已经参加培训的员工与未参加培训员工之间在行为和绩效方面是否存在明显的差别。

3）IDP完成率

IDP是人才成长的路线图，每名学员都需要按照IDP规划的学习发展任务去积极落实。IDP的完成情况虽不与学员的绩效成绩挂钩，但能否认真完成也一定程度上反映了该学员对待学习和自我成长的态度，很多企业根据员工自省能力及其对个人发展的投入程度，来衡量其未来快速成长的可能性。

同时，回顾IDP的完成情况，也是发现执行问题的一个绝好机会。如果人才培养项目中的某些成员没能按计划取得进展或没能完成已确定的发展项目，人才管理委员会就应该了解问题的原因。如果是因为该培养对象没有得到足够的时间来完成发展项目，或者是支持资源不到位，人才管理委员会就需要采取积极的措施加以改进。

4）成果汇报

前文已介绍过，行动学习是一种十分有效的学习方式，是将学习与实践相连接进而促进学员学以致用的重要工具。

通过长达数月甚至一年的行动学习，各学习小组成员群策群力，按照学习、实践、反思的方式，最终对认领的实际工作问题输出解决方案。在行动学习项目的尾声，全体学员重新集中，向企业高管及内外部专家汇报行动计划的实施情况和取得的效果。

汇报会应邀请企业高管、各相关部门领导或内外部专家出席，多方评估行动学习成果价值，并针对行动学习过程形成的解决方案和实施成果提出建议，帮助学员深入反思并修订完善方案。

除了对行动学习成果的评估，行动学习成果汇报会还具有以下两个作用：

- 学员激励。尽可能邀请企业高管出席行动学习成果汇报会，聆听学员汇报。有机会在高管面前展示自己和团队，能在很大程度上激发学员的成就动机。此外，可以通过评选优秀成果奖和优秀学员的方式，给予学员激励。

● 组织发展。高管出席行动学习成果汇报会还有一个好处，就是对于一些创意好的、应用价值高的学习成果方案，他们能够直接在汇报会上拍板定夺，增加了行动学习成果真正在企业全方位铺开落地的可能。

5）工作业绩

评估业绩表现是促进学员更好地学以致用的一种方式。例如，某公司的电话销售部门，在培训之前，一个电话销售员平均打10通电话，会有4个客户有意向，最后也许成交1单生意。而在培训之后，一个电话销售员每打通10个电话，就会有5次面谈的机会，最后成交2单。他们的收入会提高一倍，而且不需要公司投入任何额外的营销费用。因为，这些电话销售知道自己的行为会被评估，而且知道销售业绩的提高会增加自己的收入，所以他们在工作时努力地使用所学内容。同时，业绩表现也是被选拔参加人才培养项目的前提，因此学习期间工作业绩和行为表现不能低于要求。

此外，也有企业在项目结束时组织学员进行述能或答辩，请学员介绍在人才培养项目期间，自己学到和应用了哪些新知识和新技能，能力上有哪些提升，取得了什么成绩，还存在哪些不足以及如何改进等。在学员述能时，邀请导师旁听，由公司高管进行点评。如联想集团规定总监及以上级别的管理者都要进行述能，从管理自我、管理团队、管理工作和管理战略四个方面向其上级进行个人能力的阐述。评估的方式有很多，这里就不一一介绍了，不同企业可以根据自己的实际情况选择应用。

（4）结果运用

评估阶段最后一项就是评估结果的运用。只有评估而没有兑现结果，将会使评估流于形式，失去对学员的激励作用。评估结果分为以下四类：

A级——通过培养，已具备晋升能力，且业绩表现持续优异，同时价值观和工作动机符合公司要求的，当出现新的岗位空缺时，要马上晋升，顺利实现人才出库。出库后，根据所担任岗位和新的发展需求，可以选拔进入更高一层级的人才培养项目，实现人才的持续发展。

B级——通过培养，已基本具备晋升能力，且业绩表现持续良好，价值观和工作动机也符合公司要求的，若尚无合适的岗位机会，要加以特别关注，可以推荐其牵头负责短期的项目，帮助其进一步成长。这类短期内暂无晋升机会的人才，最容易被挖墙脚或流失。为了避免优秀人才流失，有些企业采用的办法是让其担任总裁特别助理，虽无明确职权，但能体现出组织对其的关注，也能通过协助总裁处理一些重要任务而得到锻炼。

C级——还不具备晋升能力，业绩表现尚可的，留在项目中继续培养。

D级——培养期内业绩表现较差，配合度较低，不符合人才培养要求的，则淘汰出人才库。从人才库中剔除某个人是一个很艰难的决定，必须非常慎重，而且必须要有充分的数据支持，并经过认真的讨论。同时，需要向其说明，从人才库中离开，并不意味着组织已经放弃了对他的培养，当他的业绩表现再次提高时，可以重新加入人才库。

评估的结束，代表着系统化人才培养项目告一段落，即将开始下一个培养周期。评估是基石，既决定了高潜人才的进出，也是人才培养的前提和依据，而培养则是关键引擎，是帮助人才从潜力者走向胜任者、从明日之星成长为卓越人才的助推力量。

2. 人才培养项目整体评估

高潜人才的个体评估虽可作为人才培养项目整体效果检验的一个重要方面，但仍旧不能构成对人才培养项目的完整评价。项目之初设定的目标是否达成、是否实现了内部客户的期望、对公司的业务发展有哪些支持、培养的过程环节有什么值得推广的优秀经验或者需要改进的不足之处等，这些都需要通过整体评估来进一步检验。

确定项目的成功标准是人才培养效果评估的关键，这需要在培养项目启动前就明确下来。这样，在效果评估阶段，只需对照标准进行衡量即可。如果过程中项目发生了变化，就需要再次确认评估标准、评估方法、评估时间和数据来源等。

我认为人才培养的整体效果可以采用4S模型进行评估。4S模型是指4个评估维度，即内部满意度（Internal Satisfaction）、案例故事（Case Story）、人才结构（Talent Structure）和业务得分（Business Score）（图6-3）。4S模型按照从短期到长期的顺序进行评估，并且评估的难度和意义也是逐级递增的。

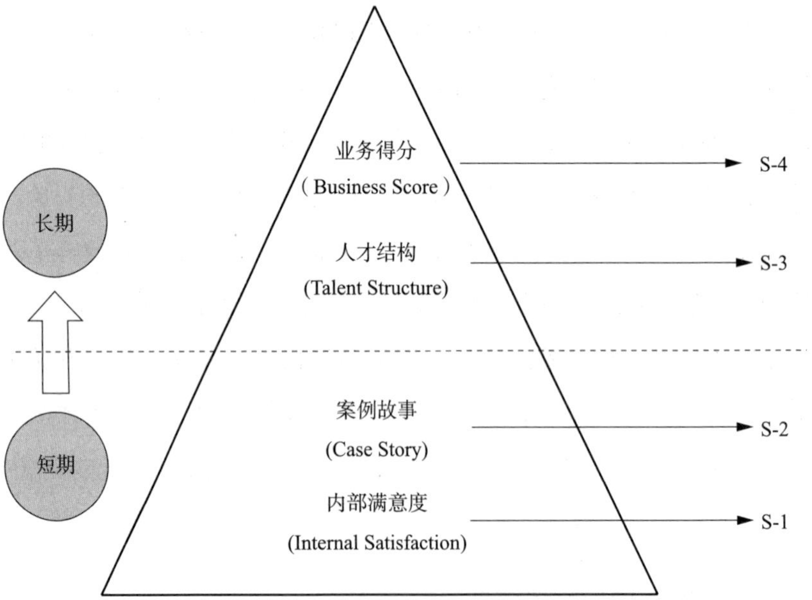

图6-3　人才培养效果整体评估的4S模型

（1）内部满意度（Internal Satisfaction）

在商业社会，无论企业自己认为某一产品或服务有多么棒，最终还是要由客户来决定它能否满足其需求。只有客户认为企业所提供的产品或服务满足了他们的期望和需求，才愿意掏钱购买。实际上，这样的商业规则同样适用于人才培养领域。培训部门自认为培养的效果有多好并不重要，重要的是内部客户说“好”，也就是培训部门提供的服务符合内部客户的期望与需求，能给他们带去帮助。这些内部客户，通常指公司的高层、各部门管理者以及员工等培训部门所提供服务的对象，有的甚至包括外部合作伙伴、客户等。他们会根据培养的效果决定是否继续购买培训部门所提供的服务。

为了提高内部客户的满意度，培训部门需要从培养内容、培养方式、师资力量及运营流程等多个方面进行精心设计、认真准备和细致实施，不断改进和提升培养工作水平，提高培养质量。

某国内知名地产企业的“新航线培训”，主要是针对该公司新入职的各地商业管理项目总经理、副总经理开设的新员工培训班，每期学员 60 人，集中培训 5 天。新航线培训旨在使这些新入职的项目管理者尽快了解、适应、融入企业，坚定在该企业发展的信心。该企业的培训部门针对新员工入职后急需了解的知识内容以及可能遇到的困惑、问题等做了精心的设计安排，设置了企业文化解读、专业课程、案例教学、学员论坛、案例回帖、团队竞赛等多个环节内容，让很多参加培训的学员们大呼过瘾。该企业的学习管理系统显示，培训班学员评价“有用度”平均达 9.77 分（满分 10 分）。

下面是几条摘抄的学员语录，均反映了学员对培训工作的高度认可。

“入职一段时间了，工作中有许多迷茫。如何才能尽快适应并融入新环境？新航线有如及时雨！短短 5 天培训，扭转了我初进企业时迟疑、观望的态度，我为大家追求卓越的精神所感动、感染，我知道了钢铁是怎样炼成的！ 5 天的培训安排紧凑、高效、丰富、严谨，这是我职业生涯里最宝贵、最‘有用’的一课！”

“这次新航线课程安排让我们非常震撼，我每天就像一块海绵，拼命不知疲倦地吸啊吸。这几天的课程是我进入这个行业十多年来见到数据最全、分析最专业的地产课程，老师高屋建瓴的讲解，令我受益匪浅！”

“参加了新航线才知道什么是卓越，才明白什么是国际级的优秀企业。我来对了！”

常用的内部满意度评估方式包括访谈、问卷调查、座谈会。在此不再赘述。

（2）案例故事（Case Story）

企业最大的浪费就是人在经验在，但经验没有被发掘和使用；

企业最大的损失就是人走经验就跟着走掉了；

企业培训最容易见到的成果就是案例经验的萃取。

企业培训，其实就是经验传递和推广的过程，不仅要依靠外部师资力量传递，还要将隐藏在企业里的优秀经验提炼出来，进行内部传播。实际上，企业并不缺乏成功的经验，只是没有被提炼出来，导致直到宝贵的经验流失了企业也不知道。

在人才培养阶段，来自各个岗位不同背景的学员聚集在一起，自然也就形成了智慧和经验的集散地。学员们相互交流和分享，培训部门将学员认为有用、符合企业实际情况的案例经验汇总成册，让更多的内部员工学习、借鉴。这也是企业知识管理一种非常重要的方式。例如万达学院提倡“复盘学习法”，每一次集训都要求学员对工作中有价值的案例进行总结，然后拿到课堂上研讨和交流，相互补充完善，再由万达学院专业部门对这些案例成果进行编辑加工，拍摄成微电影，开发成案例课，在集团内部进行推广学习。

此外，学员在参加完培训回到工作岗位后，在应用转化的过程中，会有很多难忘的经历。可以请他们将应用转化过程中所发生的案例故事描述出来，对其他人产生教育、激励的效果。同时，因为“案例故事”够详细、有情节、接地气，都是来源于实际工作，更具有说服力，故而带来的影响是持续的。无论是成功案例还是失败案例，都能给其他员工一定的启示。

案例故事主要是通过调研、访谈、经验萃取以及学员在知识管理系统上传的方式来获取。

（3）人才结构（Talent Structure）

人才培养的另外一项重要成果就是企业人才结构的优化。如果企业希望保持一个合理的人才梯队结构，在需要人才的时候，永远有合适的人选，就必须明确企业在现阶段及未来所需的人才类型和数量，然后持续地从企业内外部发掘、培养和储备相应的人才，并定期对企业的人才状况进行盘点和管理，晋升和激励优秀人才，调整和淘汰不适合人员，持续优化人才的配置。

而人才培养作为人才结构优化的一种重要手段，可以从人才梯队建设、人才能力提升等方面入手，根据企业的战略发展规划，未雨绸缪地培养和储备关键岗位人才，形成结构合理、层次分明的关键人才梯队。

某机械制造公司 2005 年成立，是中国 ×× 机械装备制造市场最早的开拓者，也是中国目前最具规模、最具实力的制造生产厂家。公司产品市场占有率、销售量、销售额连续七年排全国首位，发展势头迅猛。2018 年底，公司制定未来 5 年发展的“SLIM 522 战略”，即用 5 年时间，实现 2 个翻倍（规模翻倍、效益翻倍），再造一个制造公司。战略的实现离不开人力资源的支持。而公司 2018 年向新事业输出大量人才后，人才断层已开始显现，最突出的问题就是管理人才和专业技能人才缺乏，年龄结构不够合理，专业技能人才的年龄偏大，40 岁以上的专业人才超过 30%，给技能人才队伍的新老交替、血液更新带来隐患，未来10年将陆续有大批专业人才退休，而后备力量却无法弥补。如何改变公司人才不足的现状，为未来发展储备核心人才？人力资源如何支持“522”战略的顺利达成？选拔和培养后备人才成为当务之急。基于此，该公司启动了“122人才培养”项目，计划用3年时间，即到2021年，选拔培养出10名40周岁以内，能够开疆拓土、独当一面的事业部领导者，20名35周岁以内，具备创新精神、业务精湛的技术带头人，200名30周岁以内，具有发展潜力、业绩突出的年轻后备干部，从而支撑公司“SLIM 522战略”的实现。

人才结构的评估方法主要是在存量人才盘点的基础上，对比增量人才需求目标，来分析和评估关键人才培养的效果，计算公式如下：

人才培养完成率=（当前存量人才盘点结果—上一期人才盘点结果）/增量人才需求目标

这个比例的绝对值越趋近于1，人才培养的完成率越好，过低或过高都不利于人才的充分利用。过低，则造成企业发展可用人才不足；过高，则人才供应过剩，导致资源浪费。

（4）业务得分（Business Score）

业务得分是人才培养对一定时期内企业经营业绩的贡献得分，也是人才培养效果评估最重要指标和终极目标，主要包括销售数据、生产效率、质量指标、事故数量、客户满意度、新品开发数量等。

业务得分是与企业业务发展最直接相关的数据，是从理性角度所做的评价，具有非常强的说服力，也是企业最希望能够通过培养活动实现的目标，当然也最难以衡量。

常见的例子就是，一个新到岗的员工在培训前每天可以生产50件合格产品，经过10天的短期培养训练后，每天的合格产量达到80件；而没有经过培训的新员工，完全靠自己的经验积累增加熟练度的话，需要花费30天的时间才能达到每天80件的产量。通过计算，经过培养训练的员工要比没有经过培养训练的员工多生产600件（20天 ×30件/天）合格产品。但业务得分评估，会受到内外部诸多因素的影响，不是所有工作岗位的业绩都能准确判断有多少比重是由人才培养所产生的，比如说销售代表拿到销售合同后，你无法判断他之前所学的销售技巧对业绩的达成贡献了多少。只有在干扰因素较少而且可控的情况下，采用此类评估才最有效。同时，评估方式要与企业高层、相关部门达成一致。据我了解，某些外部培训机构为了取得客户信任，签订“对赌协议”。协议规定只有在培训后的一定期限内，学员的业绩实现一定比例的增长才能获得相应的酬劳，超出比例则获得超额奖励；如未实现约定的业绩增长，客户无须支付酬劳。虽然，业绩的增长存在很多不确定的因素，但这种创新的模式也值得企业内部培训部门学习和借鉴。

我个人认为，不是所有成果都必须靠直接的量化指标来衡量，有些成果不能单纯看个体的绩效改变，而要看部门团队和组织整体的业绩变化，就好比新产品研发项目，从创意、设计、开发、测试、定型，再到量产投放市场，中间会经历很多环节，投入很多人力物力财力，也有失败概率，产生沉没成本，而一旦研发成功，获得的价值回报是不可限量的。而对新产品研发所获得的业绩，也不好衡量研发部门、生产部门、市场部门，甚至外部的市场环境都分别做了多少贡献。同样，对于人才培养所带来的业绩变化评估，也可以从组织长远发展的层面去评价，只要培训投入与企业业绩呈正相关关系，就可以说明人才培养是有价值的。

因此，对于某些培养项目来说，评估的标准是行为的变化；而某些培养项目的成功与否以内部客户满意度为依据；还有一些培养项目需要具体的量化指标。总之，培养效果的评估需根据人才培养的目标而定，不可千篇一律，搞“一刀切”。

三、制作人才培养总结报告

在完成人才培养的整体评估与个体评估之后，无论评估结果好与坏，都需要对整个人才培养项目做一次全面总结，并汇报给公司管理层。汇报的目的有两个：一是向公司报告人才培养项目的成果以及下一步的行动和改进计划；二是向所有的利益相关方做“推销”，争取持续的支持。

培训部门花费公司的资源在人才培养项目上，有义务向出资人汇报他们得到了什么回报。而出资人也需要对项目产生的价值进行分析，以判断继续投资这些项目是否值得。

汇报的形式可以是口头介绍、书面文件或幻灯片演示（PPT），这要根据企业文化而定。不过，面对面的正式汇报效果更好。如果条件允许，除了向公司领导汇报外，最好邀请学员所在部门管理者参加汇报会。报告的内容一定要简明扼要、条理清晰、证据确凿。同时，要注意的是，管理者时间有限，没有时间也没有耐心看完所有内容来寻找他们需要的信息，如果不能在报告的前两页中找到关键信息，他们很可能把该报告放到一边或者不愿意继续听下去。因此报告一定要突出重点，去除华而不实的内容。最有效的办法，是在报告的第一页做一个项目概要，因为这是公司管理者最想看的部分。项目概要需将项目背景、培养目标、执行情况、完成结果及建议等用清晰、简洁的语言描述出来，长度要控制在两页之内。

总结报告的主要格式如下：

- 项目概要；
- 项目背景；
- 培养目标；
- 设计思路；
- 实施情况；

- 评估方法；
- 项目成效；
- 项目亮点；
- 存在问题及改进措施；
- 附录。

通常，管理者比较注重量化的信息，所以尽量在报告中将一些定量的数据用表格和图形清晰直观地展现出来。报告要重点使用总结性的语言、表格和图形，而将细节性的信息如调研数据、考核成绩、学员成果等放到附录中。同时，对于培养项目存在的问题和改进措施，也要在报告中体现，无论优点还是缺点，都要勇于公开，以表达出培训部门精益求精的工作态度和不断努力提升人才培养项目品质和效果的决心，增强培训部门的可信度。别忘了，要在报告中感谢公司各级领导提供的支持以及内部师资、导师、学员做出的贡献。

此外，项目结束后，建议培训部门开展一次项目复盘。通过多维度的访谈调研，获取反馈建议，总结项目的关键成功要素，发现项目中存在的不足之处，并制订下一步的改进计划，不断迭代完善。

四、酒香也怕巷子深——人才培养离不开品牌宣传

人才培养项目到此就结束了？且慢，还有一项重要的工作别忘了，那就是“趁热打铁”。我们需要趁着热情还没有完全消退的时候，及时对培养项目进行营销推广，再次掀起一股热潮，“让子弹飞得更远一点儿”。

每种产品都有自己的品牌，人才培养项目也不例外。正如通用磨坊食品公司的首席学习官所言：“你需要营销——告诉别人你在做的事情，展示它们的价值并且让他们知道重要性。不要谦虚、天真地等待，不要指望他们自己会发现。”如果你有非常好的结果，为什么不主动宣传呢？

所以，品牌宣传对培训部门非常重要。通过品牌宣传主要能达到三个目的：一是让人才培养项目的出资人清楚，我们有效地使用了金钱和时间，这些投入在业务发展上都获得了很好的产出。二是让参与培养项目的学员及其上级知道，他们在人才培养项目中积极地学习和应用，贡献了时间和智慧，获得了好评；同时也要感谢他们的上级在此过程中扮演的重要角色，为学员能够顺利完成学业所提供的支持。三是让未来即将参加培养项目的员工了解，这些培养项目对他们的工作和成长非常有帮助，让他们对参加后续的培养项目充满期待。

宣传推广主要有以下几种方式：

（1）拍视频

邀请优秀学员分享自己的学习心得，邀请导师分享自己的辅导感言，拍摄一些述职汇报的片段，并选取项目期间的精彩片段，最终剪辑成5~8分钟的视频，在公司内网或者显著位置循环播放。当然，有些素材需要在过程中注意积累，如培训过程、学员研讨、成果汇报等场景的图文素材。

（2）发软文

撰写一篇描述培养项目全程的报道，列举过程要点和各项成果，编辑成图文并茂的文章，通过微信公众号或者内部刊物，让更多的人了解发生了什么、有什么故事、有什么结果，作为视频的深度补充，更好地展现项目的成果。

（3）编案例

培训管理者都知道做好“组织经验萃取”对一个组织的成长有多重要。在完成一个重点培养项目以后，培训部门可以将学员学以致用的经验和体会，尤其是行动学习的优秀成果，编写成一份成果集，呈送给公司高管以及相关部门的领导，以赢得内部客户对人才培养的认可和支持。

（4）树形象

除了内部品牌宣传，对外也可以在一些比较权威的行业媒体上发表主题文章，参加项目评奖，或在专业自媒体上发表一些经验分享。除此以外，还可以在一些活跃的社群俱乐部做线上或线下的主题分享。我的一位朋友，在某知名企业担任培训总监，就经常受邀出席各种培训行业论坛，分享自己的培训管理经验，结果是在宣传本企业实践经验的同时，也提高了自己在业内的知名度。

总之，培训发展部门可以通过多维度多渠道的宣传，达到对内打造培训专业品牌、对外树立企业品牌形象的目的。

到现在为止，我们已经一同走完了人才培养项目的整个过程，以明确培养目标作为起点，然后界定培养标准、实施人才选拔，再开展系统培养，最后对培养效果进行检验，形成闭环，接着再开始新一轮的人才培养周期。这样循环往复的过程，就像不断旋转的车轮一样，带动着企业这辆列车高速前进，驶向更广阔的天地。

致　谢

终于停笔了！此时有一种如释重负的感觉。此书从酝酿到完稿，中间断断续续，已三年有余，几易其稿，未敢付梓。一则因为写作的过程比较艰苦，需要付出很多的时间和精力，经常被一些事务打断；二则我个人对专业有一种敬畏之心，未考虑成熟之事不敢妄下结论，唯恐误导读者。而促使我下定决心最终完稿的原因是到2020年我已进入培训领域整整十年。这十年，从甲方到乙方，从培训新兵到业内老将，虽个人学识远未修炼到著书立说的程度，但一路走来，感受颇多，遂将本人之所学、所思、所获，整理成文字。如能给读者带去一些启发，将甚感欣慰。

本书原计划2020年初出版，但因一场突如其来的新冠肺炎疫情，推迟至今。虽然全球疫情仍在肆虐，但值得庆幸的是，在中国共产党和中国政府的坚强领导下，我国各族人民各界人士团结一心、守望相助、共克时艰，用很短时间就成功阻止了疫情在国内的传播和蔓延，有力地保障了人民群众的生命健康安全，复工复产复市复学有条不紊，并为其他国家的抗疫斗争提供了积极援助，体现了中国作为负责任大国的国际担当。这次抗疫斗争的决定性胜利，让我们再次深刻感受到我们党以“以人民为中心”的坚定初心，再次深切体会到中国集中力量办大事、一方有难八方支援的制度优越性，也更加为身为中国人而感到自豪！借此机会，我要向在这次抗疫斗争中奋不顾身、冲锋在前的广大医务工作者等所有“最美逆行者”们表达最衷心的感谢！

“莫道浮云终蔽日，总有云开雾散时”，尽管前进的道路充满艰辛与坎坷，但若我们始终抱着一颗坚定的初心，锲而不舍，定能收获光明的未来！

本书能顺利完成，除了我的坚持不懈，也离不开亲朋好友的大力支持。首先，感谢我不同职业阶段所结识的朋友、同事和客户，是你们的学识和经验，以及在工作和项目中的启发、帮助甚至批评，才让我不敢止步，促进着我的学习和成长。其次，感谢厦门中锐电力科技公司的胡锐董事长，他将10年前一家单一组织培训的地方小公司，发展为今天初具规模、横跨多个领域的科技型企业，让我见证了一家公司的创始人强大的信念和能力。正是他的鼓励以及所提供的平台，给了我施展所学的空间。最后，要感谢的是我至亲的家人们。我的爱人在一家央企领导力学院从事教学管理工作，正因为是同行，所以相互间能够学习和切磋。我爱人在本书的后期修订过程中仔细校阅，并提出了很多宝贵的意见。本书也要献给我刚满2周岁的儿子赵彬宇小朋友，他是上天赐给我和爱人最珍贵的礼物，他的到来，给全家人增添了无尽的欢乐和希望，祝福他健康快乐成长！同时，我更要感谢不辞辛劳，帮我们细心照看孩子的岳父母，以及远在家乡的父母亲。因为工作，我疏于对家人的关心和陪伴，没有担负起应尽的责任，未能在父母膝下尽孝，内心充满歉意，在此衷心感谢他们的理解、包容和支持！

知识无限，学习不止。由于本人经验和能力有限，本书见解粗浅，难免有疏漏之处，恳请各位读者批评指正。

赵晓光

拙笔于2020年春